EBS
교육방송교재

인터넷 강의
검스타트
www.gumstart.co.kr

KB024967

# 2025 고졸 검정고시
# 사회

**검정고시 합격을 위한 최적의 교재!**

- 기본이론 정리와 예상문제 분석을 한번에!
- 2024년 1·2회 기출문제 수록!

# 시험 안내

고졸 검정고시는 부득이한 이유로 정규 고등학교 과정을 마치지 못한 사람들을 대상으로 실시하는 국가 자격시험으로, 고졸 검정고시에 합격한 자는 고등학교를 졸업한 자와 동등한 자격을 인정받습니다.

※ 자세한 사항은 각 시 · 도별 공고문을 참고하십시오.

## ❶ 시행 기관

- 시 · 도 교육청 : 시행 공고, 원서 교부 및 접수, 시험 실시, 채점, 합격자 발표
- 한국교육과정평가원(KICE) : 문제 출제, 인쇄 및 배포

## ❷ 시험 일정*

| 구분 | 공고 기간 | 접수 기간 | 시험일 | 합격자 발표 |
|---|---|---|---|---|
| 제1회 | 1월 말 ~ 2월 초 | 2월 초 ~ 중순 | 4월 초 · 중순 | 5월 초 · 중순 |
| 제2회 | 5월 말 ~ 6월 초 | 6월 초 ~ 중순 | 8월 초 · 중순 | 8월 하순 |

※ 상기 일정은 시 · 도 교육청 협의에 따라 변경될 수 있습니다. 반드시 해당 시험 공고문을 참조하세요.

## ❸ 시험 과목 및 시간표

| 구분 | 1교시 | 2교시 | 3교시 | 4교시 | | 5교시 | 6교시 | 7교시 |
|---|---|---|---|---|---|---|---|---|
| 시간 | 09:00~ 09:40 | 10:00~ 10:40 | 11:00~ 11:40 | 12:00~ 12:30 | 중식 12:30~ 13:30 | 13:40~ 14:10 | 14:30~ 15:00 | 15:20~ 15:50 |
| | 40분 | 40분 | 40분 | 30분 | | 30분 | 30분 | 30분 |
| 시험 과목 | 국어 | 수학 | 영어 | 사회 | | 과학 | 한국사 | 선택 과목 |

※ 필수 과목 : 국어, 수학, 영어, 사회, 과학, 한국사(6과목)

※ 7교시 선택 과목은 '도덕, 기술 · 가정, 체육, 음악, 미술' 중 1과목(따라서 총 7과목 응시)

## ❹ 출제 형식 및 배점

- 문항 형식 : 객관식 4지 택 1형
- 출제 문항 수 및 배점

| 구분 | 문항 수 | 배점 |
|---|---|---|
| 고졸 | 각 과목별 25문항(단, 수학은 20문항) | 각 과목별 1문항당 4점(단, 수학은 1문항당 5점) |

## ❺ 합격자 결정 및 취소

- 고시 합격 ➜ 각 과목을 100점 만점으로 하여 결시 없이 평균 60점 이상을 취득한 자(과락제 폐지)
- 과목 합격 ➜ 과목당 60점 이상 취득한 과목
- 합격 취소 ➜ 응시 자격에 결격이 있는 자, 제출 서류를 위조 또는 변조한 자, 부정행위자

## ❻ 응시 자격 및 제한

◆ 응시자격 및 응시과목

| 응시자격 | 응시과목 |
|---|---|
| 중학교 졸업자 | • 국어, 수학, 영어, 사회, 과학, 한국사【필수 : 6과목】<br>• 도덕, 기술 · 가정, 체육, 음악, 미술【선택 : 1과목】 |
| 중학교 졸업학력 검정고시 합격자 | |
| 초 · 중등교육법시행령 제97조 · 제101조 및 제102조 해당자 | |
| 보호소년 등의 처우에 관한 법률 시행령 제69조 제3호의 규정에 의한 자 | |
| 3년제 고등기술학교 및 고등학교에 준하는 각종학교 졸업자 또는 졸업예정자 | 국어, 수학, 영어<br>【총 3과목】 |
| 3년제 직업훈련과정의 수료자 | |
| 3년제 고등기술학교 및 고등학교에 준하는 각종학교 졸업자 또는 졸업예정자, 3년제 직업훈련과정의 수료자 해당자로서 '89.11.22 이후 국가기술자격법에 의한 기능사 이상의 자격 취득자 | 국어, 수학 또는 영어<br>【총 2과목】 |
| 3년제 고등기술학교 및 고등학교에 준하는 각종학교 졸업자 또는 졸업예정자, 3년제 직업훈련과정의 수료자 해당자로서 '89.11.21 이전 국가기술자격법에 의한 기능사 이상의 자격 취득자 | 수학 또는 영어<br>【총 1과목】 |
| 만 18세 이후에 평생교육법 제23조 제2항에 따라 평가인정한 학습과정 중 고시과목에 관련된 과정을 교육부장관이 정하는 바에 따라 과목당 90시간 이상 이수한자 | 국어, 수학, 영어【3과목】와 미이수 과목 |

◆ 응시 자격 제한

- 고등학교 또는 초 · 중등교육법 시행령 제98조 제1항 제2호의 학교를 졸업한 자 또는 재학 중인 자(휴학 중인 자 포함)
- 공고일 이후 중학교 또는 초 · 중등교육법 시행령 제97조 제1항 제2호의 학교를 졸업한 자
- 고시에 관하여 부정행위를 한 자로서 2년이 경과되지 아니한 자
- 고등학교 또는 초 · 중등교육법 시행령 제98조 제1항 제2호의 학교에서 퇴학된 사람으로서 퇴학일부터 공고일까지의 기간이 6개월이 되지 않은 사람(다만, 장애인복지법에 제32조에 따라 등록한 장애인으로서 신체적 · 정신적 장애로 학업을 계속하는 것이 불가능하여 퇴학된 사람은 제외)

## ❼ 제출 서류

◆ 응시자 전원 제출 서류(공통)

- 응시원서(소정 서식) 1부(현장 접수 시, 온라인 접수 시는 전자파일 형식의 사진 1매만 필요)
- 동일한 사진 2매(탈모 상반신, 3.5㎝×4.5㎝, 응시원서 제출 전 3개월 이내 촬영)
- 본인의 해당 최종학력증명서 1부(아래 해당 서류 중 한 가지)
  - 중졸 검정고시 합격자 : 합격증서 사본(원본 지참)
  - 고등학교 재학 중 중퇴자 : 제적증명서
  - 중학교 졸업 후 상급학교 미진학자 : 상급학교 진학 여부가 표시된 '검정고시용' 중학교 졸업(졸업 예정)증명서, 미진학사실확인서

◆ 과목 면제 대상자 추가 제출 서류

- 과목합격증명서 또는 성적증명서, 평생학습이력증명서 등(이상 해당자만 제출)

◆ 장애인 시험 시간 연장 및 편의 제공 대상자 제출 서류

- 복지카드 또는 장애인등록증 사본(원본 지참), 장애인 편의 제공 신청서

## 8 출제 수준, 세부 출제 기준 및 방향

◆ 출제 수준

- 고등학교 졸업 정도의 지식과 그 응용 능력을 측정할 수 있는 수준

◆ 세부 출제 기준 및 방향

- 각 교과의 검정(또는 인정) 교과서를 활용하는 출제 방식
  - 가급적 최소 3종 이상의 교과서에서 공통으로 다루고 있는 내용으로 출제
    (단, 국어와 영어 지문의 경우 공통으로 다루고 있는 교과서 종수와 관계없으며, 교과서 외 지문도 활용 가능)
- 문제은행(기출문항 포함) 출제 방식을 학교 급별로 차등 적용
  - 초졸 : 50% 내외, 중졸 : 30% 내외, 고졸 : 적용하지 않음.
- 출제 난이도 : 최근 5년간 평균 합격률을 고려하여 적정 난이도 유지

## 9 응시자 시험 당일 준비물

◆ 중졸 및 고졸

**(필수) 수험표, 신분증, 컴퓨터용 수성사인펜**
(선택) 아날로그 손목시계, 수정 테이프, 도시락

※ 수험표 분실자는 응시원서에 부착한 동일한 사진 1매를 지참하고 시험 당일 08시 20분까지 해당 고사장 시험 본부에서 수험표를 재교부 받을 수 있다.

※ 시험 당일 고사장에는 차량을 주차할 수 없으므로 대중교통을 이용해야 한다.

## 10 고졸 검정고시 교과별 출제 대상 과목

| 구분 | 교과(고시 과목) | 출제범위(과목) |
|---|---|---|
| 필수 | 국어 | 국어 |
| | 수학 | 수학 |
| | 영어 | 영어 |
| | 사회 | 통합사회 |
| | 과학 | 통합과학 |
| | 한국사 | 한국사 |
| 선택 | 도덕 | 생활과 윤리 |
| | 기술 · 가정 | 기술 · 가정 |
| | 체육 | 체육 |
| | 음악 | 음악 |
| | 미술 | 미술 |

나이스 검정고시 서비스 ×

http://kged.sen.go.kr

# 검정고시 온라인 원서 접수, 이렇게 해요!

※ 사전 준비 : 본인의 '공동인증서' 발급 받기

1. 온라인 접수 기간에 시 · 도 교육청의 검정고시 서비스 사이트에 접속

   http://kged.sen.go.kr

2. 검정고시 전체 서비스 메인 화면에서, 화면 왼쪽의 **검정고시 온라인 접수** 클릭

3. 왼편의 검정고시 온라인 접수에서 해당하는 '시 · 도 교육청'을 선택하여 이동

4. 상단의 〈온라인 원서 접수〉 메뉴에서 본인이 희망하는 자격의 검정고시 선택
   ☞ 해당 자격의 **원서 접수하기** 버튼을 클릭하면 '온라인 원서 접수 페이지'로 이동

5. 성명과 주민등록번호(또는 외국인등록번호)를 입력하고, 원서 접수 허위 사실 기재에 관한 안내 및 서약서와 개인식별번호 처리 동의에 체크(✓)한 뒤, **인증서 로그인**을 클릭한 후 본인의 공동인증서를 통해 로그인

6. 응시자 정보 → 학력 과목 정보 → 고사장 선택 → 접수 완료 순으로 작성

   (1) 응시자 정보에서 본인의 기본 신상 정보와 검정고시 응시 기본 정보를 입력한 후 **저장** 버튼을 클릭하여 저장 (*표시는 필수 입력 항목으로, 미입력 시 다음 순서로 진행되지 않음) → **다음** 버튼 클릭
   - 사진 파일은 100kb 크기 미만의 jpg와 gif 파일만 저장 가능

   (2) 학력 과목 정보에서 응시자 본인의 학력 정보와 과목 응시 정보를 등록, 관련된 서류를 첨부한 후 **저장** 버튼을 클릭하여 저장 → **다음** 버튼 클릭

   (3) 고사장 선택에서 금회차의 고사장이 조회되며, 고사장별 수용 인원이 도달할 때까지 응시자가 신청할 수 있음 → **다음** 버튼 클릭
   ※ 고사장을 변경할 시에는 상단의 〈원서 조회〉 메뉴에서 '3. 고사장 선택 입력 단계 화면'에서 수정

   (4) 접수 완료에서 이전 단계에서 등록했던 주요 항목을 다시 한번 확인한 후, **제출** 버튼을 클릭하여, 최종적으로 원서 제출
   ※ 입력을 완료하였으나 제출을 하지 않을 경우 오프라인으로 재접수를 해야만 응시 가능
   ※ 제출 완료한 응시원서에 수정이 필요한 경우, 〈수정후제출〉 버튼을 클릭하여 수정

7. 상단의 〈원서 조회〉 메뉴를 통해 본인이 응시한 검정고시 원서 조회 가능(공동인증서로 로그인)

8. 상단의 〈수험표 출력〉 메뉴에서 수험표 출력 가능(해당 자격의 '**수험표 출력하기**' 버튼 클릭)
   ※ 식별이 가능하도록 가급적 컬러프린터로 출력하여 시험 당일 소지할 것

# 이 책의 구성과 특징

## 알찬 개념 정리

개정 교육과정 완벽 반영!

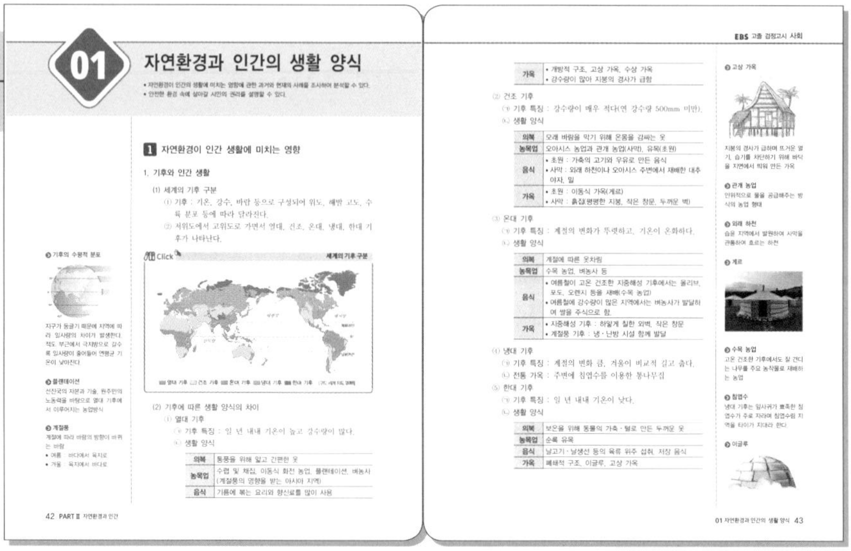


- 해당 단원에서 자주 출제되는 핵심 키워드 제시
- 사진, 지도, 그래프 등의 자료를 충분히 활용하여 핵심 이론 정리 끝

## 실전 감각 UP

'적중 예상 문제' ➜ '실전 모의고사'로 실전 감각을 최상으로 UP!

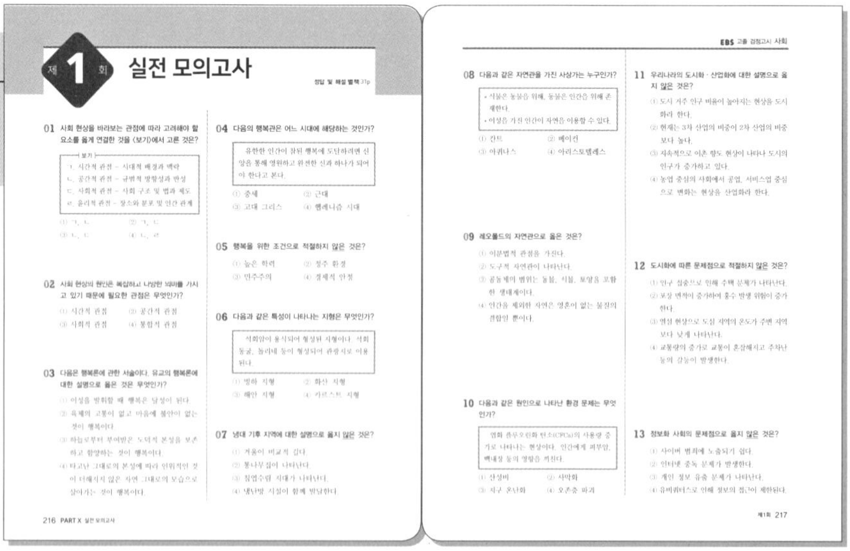


- 시험에 꼭 나올 만한 예상 문제를 풀어본 후 최종 점검 실전 모의고사로 마무리

최신 기출문제(2024) 수록

기출을 보면 합격이 보인다!

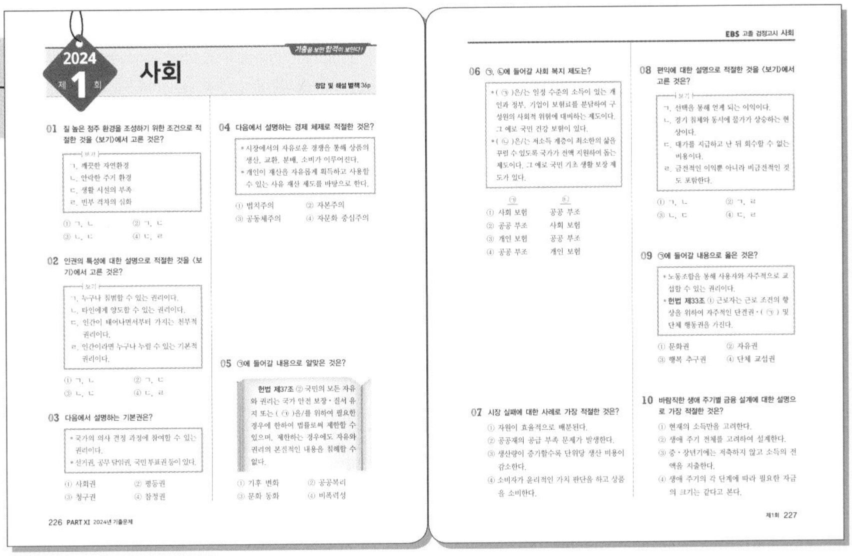


- 2024년 제1회, 제2회 기출문제를 수록하여 최신 기출 유형을 정확하게 파악

친절하고 상세한 해설

정답으로 직행하는 명쾌하고 알찬 해설 수록!

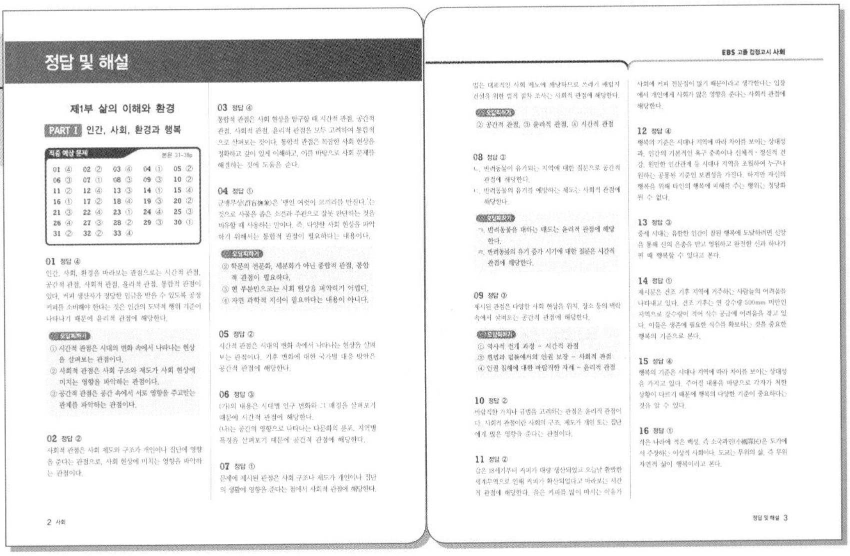


- 정답이 왜 정답인지, 오답이 왜 오답인지를 정확하게 알 수 있도록 명쾌하게 해설
- 중요하거나 이해가 잘 안 될 수 있는 부분은 선생님이 알아서 콕, 더 상세하게 해설

# 고졸 검정고시 사회 출제 경향 분석

## 단원별 출제 빈도

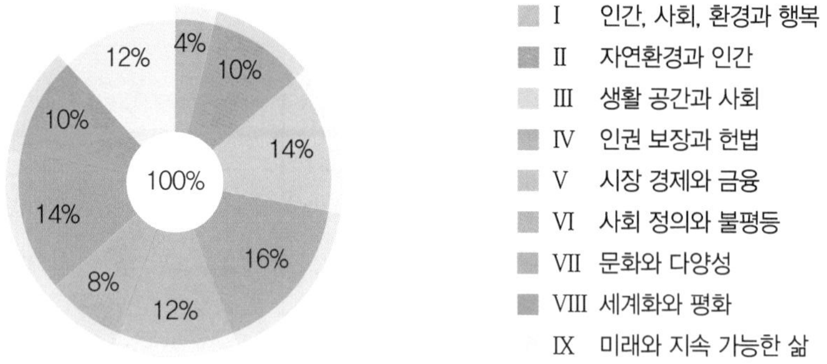


### 사회 출제 경향

검정고시 사회 시험에서 가장 많은 문제 유형은 개념을 명확하게 알고 있는지 확인하는 문제이다. 평가원은 지속적으로 기존의 출제 경향을 유지할 것으로 보이기 때문에 기본 개념과 용어의 의미를 명확하게 이해하고 있어야 한다. 'PART I 인간, 사회, 환경과 행복'은 1문항만이 지속적으로 출제되고 있으며 'PART VI 사회 정의와 불평등'의 출제 비중은 낮은 것을 확인할 수 있다. 하지만 'PART VI 사회 정의와 불평등'은 출제 비중이 늘어날 것으로 예상된다. 'PART III 생활 공간과 사회', 'PART IV 인권 보장과 헌법', 'PART VII 문화와 다양성'의 단원은 매회 출제 비중이 높게 출제되고 있다.

### 기출 분석에 따른 학습 포인트

검정고시 사회의 학습 포인트는 용어와 개념의 명확화이다.

기출 문제를 중심으로 반복적으로 출제되는 개념은 정확하게 학습해야 한다. 기출 문제로 시험 난이도를 파악하고 용어와 개념 중심으로 학습하면 좋은 결과가 있을 것이다.

기출문제에 선지로 제시된 개념들은 충분히 학습하고 익히는 것을 추천한다.

❶ 1부 삶의 이해와 환경(I. 인간 · 사회 · 환경과 행복, II. 자연환경과 인간, III. 생활 공간과 사회)

- I. 인간 · 사회 · 환경과 행복 : 교육과정 변경에 따라 편성된 단원으로 아직 출제 비중은 낮다.
- II. 자연환경과 인간 : 기후에 따른 생활 양식의 차이, 자연재해, 환경 문제의 유형 등의 문제가 매회 출제되고 있다.
- III. 생활 공간과 사회 : 산업화와 도시화에 따른 변화, 교통 통신의 발달과 정보화에 따른 변화를 주제로 많이 출제되고 있다.

❷ 2부 인간과 공동체(IV. 인권 보장과 헌법, V. 시장 경제와 금융, VI. 사회 정의와 불평등)

난이도가 높은 파트에 해당한다.

- V. 시장 경제와 금융 : 수험생들이 어려워 하지만 출제 비중이 높은 단원으로, 심화 내용보다 기본적인 개념과 용어를 중심으로 반복 학습하는 것이 중요하다.
- VI. 사회 정의와 불평등 : 사상가 중심으로 학습을 해야 한다. 민주적 기본 질서를 위한 제도와 기본권, 경제와 관련된 개념은 100% 매회 출제되고 있기 때문에 많은 학습이 필요한 부분이다.

❸ 3부 사회 변화와 공존(VII. 문화와 다양성, VIII. 세계화와 평화, IX. 미래와 지속 가능한 삶)

최근 가속화되고 있는 세계화 시대에 대한 긍정적 영향과 부정적 영향에 대한 출제 비중이 높다.

- IX. 미래와 지속 가능한 삶 : 저출산 고령화에 따른 문제점과 해결 방법이 많이 출제되고 있다.

# 합격으로 가는 든든한 동반자, 검스타트

여러분의 고졸 검정고시 준비, 검스타트가 함께 하겠습니다.

기본이론 정립에서 고득점 완성까지

## EBS검정고시 방송교재 저자 직접 강의

기초가 없는 초보 수험생들도 쉽게 이해할 수 있는 쉬운 개념 설명
기출유형과 출제경향 심층분석을 통한 적중 예상문제 엄선 및 해설
출제 예상 핵심 포인트 정리와 합격 노하우 전달
수험생의 궁금증을 풀어주는 학습 Q&A 진행

## 교재 저자 직접 강의가 중요한 이유

저자의 전문지식과 강의 경험을 통해
시험출제가 예상되는 핵심 내용을 직접 엄선하여 교재를 저술하고
그 내용을 저자가 온전히 강의에 반영함으로써
교재와 강의가 하나되는 일체형 강의가 완성되어 학습효율성이 배가됨

검스타트

www.gumstart.co.kr | 1644-7590

# 검스타트 합격 스토리!
# 다음 합격 스토리의 주인공은 바로 당신!

고득점 합격

k******

**선생님들의 좋은 강의와 교재로 열심히 공부한 결과 고득점(평균 98.86점)을 받았습니다.**

검스타트는 검정고시 관련 정보를 다양하게 제공하고 있어 시험 준비에 많은 도움을 받았습니다.
특히 다양한 학습자료가 정말 맘에 들었습니다.

**수험생들의 학습을 위해 많은 배려를 하고 있다는 느낌을 받았고, 저렴한 수강료도 좋았지만 수험생의 합격을 위한 진실함이 있다고 느꼈습니다.**

**이 모든 것들이 검스타트를 선택한 배경이었습니다.**

고득점 합격

동*

**전체에서 한 문제 틀렸습니다.**
과학에서 아쉽게 틀려서 만점을 못 받았습니다.

첫 관문을 잘 넘었으니 이제 대학 진학이라는 더 큰 목표를 위해 더 열심히 공부하려고 합니다.

강의해 주신 선생님들 정말 감사합니다.
**핵심을 잘 정리해 주시고 이해하기 쉽도록 강의를 잘 해주신 덕분에 높은 점수를 받았습니다.**

**검스타트 최고 !!!**

고령 합격

합***

**인강 선택을 위해 제 아들과 상의하고 합격수기가 많은 검스타트를 선택했습니다.**

공부한 지 오래되어 기초실력이 없기에
제일 처음 기초강의부터 반복해서 들었습니다.
이어서 이론공부를 시작했습니다.

강의와 교재를 반복해서 공부하다 보니 어느새 틀이 잡혀지고 자신감이 생겼습니다.

이론을 마치고 문제풀이, 기출풀이를 공부하니 검정고시가 그다지 어렵지 않게 느껴졌습니다.

시험을 마치고 채점을 해보니 총점은 합격점수를 충분히 넘었습니다.

고령 합격

t***

50대 중반 주부입니다.
38년 만에 처음으로 도전해 보았는데 혼자 공부하는 거라 처음엔 막막하고 지루하고 어려웠습니다.

**검스타트 상담선생님께서 말씀해 주신 대로 쉬운 과목부터 완벽하게 준비해 나갔습니다.**
**기본강의, 예상문제, 모의고사, 기출문제 순서로 공부했고 무엇보다도 문제를 많이 풀어보았습니다.**

특히 핵심총정리가 많은 도움이 되었습니다.
향후 사이버 대학에 도전해보려 합니다.

열심히 강의해 주신 선생님들께 감사드립니다.

중+고졸 합격

심****

검스타트와 인연을 맺은 지 1년.

**훌륭하신 선생님들의 헌신적인 강의에 힘입어 70 가까운 나이에 중학교 과정과 고등학교 과정을 잘 마쳤고 특히 고등학교 과정은 7과목 중 4과목을 만점을 받을 정도의 성적으로 무사히 마쳤습니다.**

이 모두가 검스타트 임직원 여러분과 각 과목 선생님들의 땀과 아낌 없는 희생 덕분이라 생각합니다.

고맙습니다.
이제부터는 대입 준비 열심히 하여 대입에 도전해 보려 합니다.

이젠, 여러분이
합격할 차례입니다!

# 차례

## 제1부 삶의 이해와 환경



## 제2부 인간과 공동체

## 제3부 사회 변화와 공존

### PART Ⅶ 문화와 다양성



### PART Ⅷ 세계화와 평화



### PART Ⅸ 미래와 지속 가능한 삶



## 제4부 실전 모의고사 및 기출문제

### PART Ⅹ 실전 모의고사



### PART Ⅺ 2024년 기출문제

# 100% 합격을 위한 나만의 학습 계획

◆『고졸 검정고시 사회』 학습 진도표

| 구분 | | | 진도 체크(✓)* | | | | |
|---|---|---|---|---|---|---|---|
| | | | 1회 | 2회 | 3회 | 4회 | 5회 |
| 제1부 | **PART I**<br>인간, 사회, 환경과 행복 | 01~03 | | | | | |
| | | 적중 예상 문제 | | | | | |
| | **PART II**<br>자연환경과 인간 | 01~03 | | | | | |
| | | 적중 예상 문제 | | | | | |
| | **PART III**<br>생활 공간과 사회 | 01~03 | | | | | |
| | | 적중 예상 문제 | | | | | |
| 제2부 | **PART IV**<br>인권 보장과 헌법 | 01~03 | | | | | |
| | | 적중 예상 문제 | | | | | |
| | **PART V**<br>시장 경제와 금융 | 01~04 | | | | | |
| | | 적중 예상 문제 | | | | | |
| | **PART VI**<br>사회 정의와 불평등 | 01~03 | | | | | |
| | | 적중 예상 문제 | | | | | |
| 제3부 | **PART VII**<br>문화와 다양성 | 01~04 | | | | | |
| | | 적중 예상 문제 | | | | | |
| | **PART VIII**<br>세계화와 평화 | 01~03 | | | | | |
| | | 적중 예상 문제 | | | | | |
| | **PART IX**<br>미래와 지속 가능한 삶 | 01~03 | | | | | |
| | | 적중 예상 문제 | | | | | |
| **PART X**<br>실전 모의고사 | | 제1회 실전 모의고사 | | | | | |
| | | 제2회 실전 모의고사 | | | | | |
| **PART XI**<br>2024년 기출문제 | | 제1회 기출문제 | | | | | |
| | | 제2회 기출문제 | | | | | |

*학습 완료한 날짜를 적으셔도 좋습니다.

● 진도 체크(✓) 요령

1회 • 해당 부분 모두를 정독(精讀)했을 때를 1회로 간주합니다. 단순히 체크(✓)하셔도 좋고 권하는 대로 해당 날짜를 적어 넣으셔도 좋습니다.

2회 • 해당 부분 모두를 두 번째로 정독했을 때를 2회로 간주합니다. 띄엄띄엄 부분적으로 공부한 것은 해당하지 않습니다. 반드시 해당 부분 모두를 두 번째로 정독했을 경우에만 표시하도록 합니다.

3회 • 해당 부분에서 취약하거나 중요한 부분을 중심으로 처음부터 끝까지 모두 공부했을 때를 3회로 간주합니다. 실력(이해와 암기)을 키우기 위한 집중 학습에 해당합니다.

4회 • 3회와 같은 방식으로 취약하거나 중요한 부분을 중심으로 처음부터 끝까지 다시 한번 모두 공부했을 때를 4회로 간주합니다.

5회 • 시험을 목전에 두고 최종적으로 해당 부분 모두를 정독했을 때를 5회로 간주합니다. 1회에서 4회까지의 학습 과정이 있었기 때문에 1회, 2회보다는 훨씬 빠른 속도로 끝마칠 수 있을 것입니다.

◆ 취약 부분 극복 계획

학습 진도 중에서 자신이 취약하다고 생각되는 부분을 적고 이를 극복할 수 있는 방안을 고민해 봅니다.

| 진도 중 취약 부분 | 극복 방안 | 극복한 날 |
|---|---|---|
| 예) 시의 비유법들이 잘 구분되지 않는다(특히 은유법). 어렵다. | 예) 교재와 강의에서 비유법 관련 내용이 나올 때마다 초집중한다. | 예) 7월 7일(화) 비유법 극복! |
| | | |
| | | |
| | | |
| | | |

◆ 나의 다짐과 소감

본격적인 학습에 앞서 다짐의 말을 적어 봅니다. 또 주변 사람들로부터 응원의 말을 받아 보세요. 물론 스스로에게 하는 응원의 말을 적으셔도 좋습니다. 마지막 포스트잇은 합격 후에 기분 좋게 작성하세요.

● (학습 전) 나의 다짐

● 응원의 말

● 합격 소감

# 1부

# 삶의 이해와 환경

EBS 교육방송교재

고졸 검정고시 **사회**

PART

I

# 인간, 사회, 환경과 행복

01 인간, 사회, 환경의 탐구와 통합적 관점

02 행복의 의미와 기준

03 행복한 삶을 실현하기 위한 조건

이 단원에서는 인간, 사회, 환경을 이해하기 위해 통합적 관점이 요청되는 이유를 파악하며, 시대와 지역에 따라 다르게 나타나는 행복의 기준을 살펴보고, 행복한 삶을 위해 어떠한 자세가 필요한지를 학습한다. 삶의 목적으로서 행복을 실현하기 위한 질 높은 정주 환경의 조성, 경제적 안정, 민주주의의 발전 및 도덕적 실천이 필요함을 통합적 관점에서 이해할 수 있다.

# 01 인간, 사회, 환경의 탐구와 통합적 관점

• 시간적, 공간적, 사회적, 윤리적 관점의 특징을 이해할 수 있다.
• 인간, 사회, 환경의 탐구에 통합적 관점이 필요한 이유를 파악할 수 있다.

## 1 인간, 사회, 환경의 탐구와 다양한 관점

**인간, 사회, 환경을 바라보는 관점**
• 시간적 관점
• 공간적 관점
• 사회적 관점
• 윤리적 관점
• 통합적 관점

### 1. 시간적 관점

(1) 의미 : 특정 사회 현상이 나타나게 된 배경과 맥락을 고려하여 살펴보는 것

(2) 특징 : 시대의 변화 속에서 나타나는 현상을 살펴봄으로써 현재의 사회 현상에 대해서 보다 정확하게 파악할 수 있다.
예 우리나라의 시대별 이주민 인구 변동과 그 배경을 살펴본다.
1, 2, 3차 및 4차 산업 혁명의 역사를 살펴본다.

### 2. 공간적 관점

(1) 의미 : 사회 현상이나 인간 활동을 장소, 영역, 네트워크 등 공간 정보에 대한 이해를 바탕으로 살펴보는 것

(2) 특징 : 공간 속에서 서로 영향을 주고받으며 얽혀 있는 인간, 사회, 환경의 관계를 파악하는 데 도움을 준다.
예 농촌 지역과 도시 지역의 고령화 양상에 대하여 살펴본다.

### 3. 사회적 관점

**사회 구조**
일정한 사회관계 속에서 지위와 역할에 따라 개인들이 상호 작용하면서 행동할 수 있는 범위나 행동 양식을 정하여 주는 사회적 정의나 틀을 말한다.

(1) 의미 : 특정 사회 현상을 사회 제도 및 사회 구조와의 관련성 속에서 이해하는 것

(2) 특징 : 사회 구조와 제도가 사회 현상에 미치는 영향을 파악하고, 사회 문제에 대한 정책 대안을 마련하는 데 도움을 준다.
예 사회 갈등을 해결하기 위해 법과 제도를 정비해야 한다.

### 4. 윤리적 관점

(1) 의미 : 인간의 어떤 행위가 도덕적 행위인지, 그 기준을 탐색하고 바람직한 삶의 모습을 살펴보는 것 ➜ 사회 현상을 좋고 나쁨, 선악, 옳고 그름과 같은 도덕적 가치 판단을 바탕으로 살펴본다.

(2) 특징 : 사회 현상은 인간의 의지에 따라 나타나기 때문에 가치 판단이 가능하며, 규범적인 판단을 통해 보다 바람직한 사회가 될 수 있도록 도움을 준다.

예 세계화로 인한 다문화 사회에 어떤 태도를 취하는 것이 바람직한가?

## 2 통합적 관점으로 사회문제 탐구하기

### 1. 사회 현상의 특징

(1) 사회 현상의 복잡성 : 사회 현상은 시·공간적으로 다양한 요인들이 서로 영향을 주고받으면서 일어나는 사실과 가치의 문제가 함께 섞여 나타난다.

(2) 개별 관점의 한계 : 개별 관점만을 통해 탐구하면 사회 현상의 다양한 측면을 종합적으로 파악하기 어려움.

예 군맹무상(群盲撫象)

### 2. 통합적 관점

(1) 의미 : 사회 현상을 탐구할 때 시간적 관점, 공간적 관점, 사회적 관점, 윤리적 관점을 모두 고려하여 통합적으로 살펴보는 것

(2) 필요성

① 다양한 측면에서 사회 현상을 종합적으로 이해할 수 있어, 인간과 사회에 대한 통찰력을 기를 수 있다.

② 복잡한 사회 현상을 정확하고 깊이 있게 이해하고, 이를 바탕으로 사회 문제에 대한 해결책을 찾아 개선할 수 있다.

**군맹무상(群盲撫象)**

무리 군(群), 소경 맹(盲), 어루만질 무(撫), 코끼리 상(象)이라는 한자를 합한 말

'맹인 여럿이 코끼리를 만진다.'는 의미로 사물을 좁은 소견과 주관으로 잘못 판단하는 것을 비유할 때 사용하는 말

Click **통합적 관점의 사례**

**시간적 관점**
우리나라의 시대별 인구 피라미드 변화의 원인을 살펴본다.

**사회적 관점**
저출산 · 고령화를 해결하기 위한 정부의 정책을 살펴본다.

**저출산 · 고령화 현상**

**공간적 관점**
농촌과 도시의 유소년과 노년 비중을 비교하여 살펴본다.

**윤리적 관점**
노인 문제를 해결하기 위해 노력하고 있는지 반성하며, 올바른 노인문제 해결 방안에 대해 살펴본다.

**인구 피라미드**
인구의 성별, 연령별 분포를 나타낸 도표로, 남녀별 인구를 좌우로 나누어 가로축에 잡고 나이를 세로축에 잡아 만든다.

**저출산 · 고령화 현상**
출산율은 낮아지는 반면, 평균수명은 증가하여 65세 이상 인구의 비율이 높아지는 현상

**유소년**
0세~14세의 나이에 해당하는 사람

**노년**
65세 이상의 나이에 해당하는 사람

## 개/념/체/크 TEST

**01** 빈칸에 들어갈 알맞은 말을 쓰시오.

(1) (　　) 관점은 시대적 배경을 토대로 사회 현상을 살펴보는 관점이다.

(2) (　　) 관점은 공간 정보에 대한 이해와 이를 바탕으로 사회 현상을 살펴보는 관점이다.

(3) (　　) 관점은 사회 구조와 사회 제도가 주는 영향을 고려해 사회 현상을 살펴보는 관점이다.

(4) (　　) 관점은 어떤 행위가 도덕적 행위인지 규범과 가치를 고려하여 사회 현상을 살펴보는 관점이다.

**02** 다음 설명에 해당하는 관점을 〈보기〉에서 찾아 기호를 쓰시오.

보 기

ㄱ. 공간적 관점　　ㄴ. 시간적 관점

ㄷ. 사회적 관점　　ㄹ. 윤리적 관점

(1) 산업 혁명 이전과 이후의 기온의 변화가 크게 나타나고 있다. (　　)

(2) 선진국과 개발 도상국의 산업화・도시화가 다른 방식으로 나타난다. (　　)

(3) 기후 변화에 대한 협약을 통해 자연재해를 예방해야 한다. (　　)

(4) 자연 개발에 따른 환경 오염이 미래 세대에 어떠한 영향을 주는지 성찰해야 한다. (　　)

**03** 다음 설명이 맞으면 ○표, 틀리면 ×표 하시오.

(1) 사회 현상은 점점 단순해지기 때문에 그에 따라 통합적 관점의 중요성도 줄어들고 있다. (　　)

(2) 사회 구성원들의 원활한 상호 작용이 가능하게 해주는 관습화된 절차 및 규범 체계를 사회 제도라고 한다. (　　)

개념체크 TEST **정답**

**01** (1) 시간적 (2) 공간적 (3) 사회적 (4) 윤리적

**02** (1) ㄴ (2) ㄱ (3) ㄷ (4) ㄹ

**03** (1) ×, (2) ○

# 02 행복의 의미와 기준

- 시대와 지역에 따라 다르게 나타나는 행복의 기준을 비교하여 평가할 수 있다.
- 삶의 목적으로서 행복의 의미를 성찰한다.

## 1 행복의 의미와 다양한 기준

**행복의 보편성과 상대성**
행복의 기준은 시대나 지역에 따라 차이를 보이지만(상대성), 인간의 기본적인 욕구 충족이나 신체적・정신적 건강, 원만한 인간관계 등은 시대나 지역을 초월하여 누구나 원하는 공통된 기준(보편성)이 있다.

### 1. 행복의 의미

(1) 행복의 일반적 의미 : 삶에서 충분한 만족감이나 기쁨을 느끼는 상태

(2) 행복의 성격

① 생활에서 느끼는 충분한 만족과 기쁨을 행복으로 본다는 점은 공통적이다.

② 행복의 구체적인 기준은 지역적 여건과 시대적 상황에 따라 다르게 나타난다.

### 2. 시대와 지역에 따른 행복의 기준

(1) 시대적 상황에 따른 행복의 기준

| | |
|---|---|
| 선사 시대 | 생존을 위한 식량 확보, 외부의 위험으로부터 안전한 삶 |
| 일제 강점기 시대 | 빼앗긴 주권을 되찾아 독립을 이루는 것 |
| 현대 사회 | 물질적 풍요뿐만 아니라 건강, 일과 취미, 인간관계, 사회 복지 등과 같은 다양한 요소 |

(2) 지역적 여건에 따른 행복의 기준

| | |
|---|---|
| 건조 기후 지역 | 생존에 필요한 식수 확보 |
| 가난한 지역 | 일정 수준의 물질적 안정, 빈곤 탈출, 의료 혜택 등 |
| 차별이나 구속이 있는 사회 | 자유 보장, 민족이나 종교 간 갈등의 해소와 평화, 정치적 안정 등 |
| 종교가 큰 영향을 미치는 사회 | 교리를 충실히 따르는 삶 |

## 2 동서양의 행복론

### 1. 동양의 행복론

| | |
|---|---|
| 유교 | 하늘로부터 부여받은 도덕적 본성을 보존하고 함양하면서 다른 사람과 더불어 살아가며 인(仁)을 실현하는 삶 |
| 불교 | 청정한 불성(佛性)을 바탕으로 '나'라는 의식을 벗어 버리기 위한 수행과 고통받는 중생을 구제하는 실천을 통해 해탈의 경지에 이르는 삶 |
| 도교 | 타고난 그대로의 본성에 따라 인위적인 것이 더해지지 않은 자연 그대로의 모습으로 살아가는 것 ➜ 무위자연(無爲自然)적 삶을 강조 |

### 2. 서양의 행복론

| | |
|---|---|
| 고대 그리스 | 아리스토텔레스는 행복을 삶의 궁극적 목적으로 보았으며, 행복은 이성의 기능을 잘 발휘할 때 달성된다고 봄. |
| 헬레니즘 시대 | 에피쿠로스 학파 : 육체에 고통이 없고 마음에 불안이 없는 평온한 삶 |
| | 스토아 학파 : 정념에 방해받지 않는 초연한 태도로 자연의 질서에 따라 사는 것 |
| 중세 | 유한한 인간이 참된 행복에 도달하려면 신앙을 통해 영원하고 완전한 신과 하나가 되어야 한다고 봄. |
| 근대 | 칸트(의무론)<br>• 행복을 자신의 복지와 처지에 관한 만족으로 간주함.<br>• 인간으로서 마땅히 지켜야 할 도덕 법칙을 실천하는 사람만이 행복을 누릴 자격이 있다고 봄. |
| | 벤담과 밀(공리주의)<br>• 행복을 쾌락과 같은 것으로 여기고, 이를 삶의 목적으로 제시함.<br>• 최대 다수에게 최대 행복을 가져오는 행위를 할 것을 강조함. |

## 3 삶의 목적으로서의 행복

### 1. 삶의 목적으로서의 행복과 노력

(1) 삶의 목적으로서의 행복

① 행복은 그 자체로 가치 있는 삶의 진정한 목적이다.

② 비교적 장기간에 걸쳐 자신의 삶 전체를 통해 느끼는 지속적이고 정신적인 즐거움

**인(仁)**
공자 사상의 핵심용어로 '사람을 사랑하는 것', '인간다운 마음씨'를 의미함.

**불성(佛性)**
부처를 이룰 수 있는 근본 성품, 중생이 본래 가지고 있는 부처가 될 성질

**인위(人爲)**
자연의 힘이 아닌 사람의 힘에 의해 억지로 이루어지는 것

**고대 그리스의 행복론**
고대 그리스 시대 철학자인 소크라테스, 플라톤, 아리스토텔레스는 진리에 대한 올바른 깨달음을 통해 덕을 실천할 때 행복해질 수 있다는 지덕복 합일을 주장한다.

**헬레니즘 시대**
알렉산드로스 대왕의 제국 건설 이후 고대 그리스의 뒤를 이어 나타난 문명. 제국의 출현과 정복 전쟁 등으로 정치적·사회적 혼란이 발생함. 행복은 전쟁과 사회적 혼란에 따른 불안에서 벗어나는 것

**정념(감정, pathos)**
모든 정념의 제거가 아니라 정념에 초연(超然)한 태도를 중시함.

**의무론**
결과에 상관없이 의무를 따르는 행위를 중시함.

**도덕 법칙**
이성적 존재가 따라야 할 절대적이고 보편타당한 실천 법칙

**공리주의의 특징**
- 결과주의 : 행위의 옳고 그름은 그 행위의 결과에 의해서 판단될 수 있음.
- 쾌락주의 : 결과를 평가하는 데 고려되는 유일한 요인은 행위에 의해 생겨날 쾌락과 고통임.

(2) 삶의 목적으로서의 행복을 위한 노력 : 자기 삶의 주인임을 자각하고, 적극적이고 궁극적인 자세와 좋은 습관을 가지기 위해 노력해야 한다.

① 물질적 · 정신적 가치를 함께 추구해야 한다.

② 의미 있는 목표의 설정과 추구 · 자아실현의 과정에서 행복에 더 가까워질 수 있다.

③ 개인이 내면적으로 느끼는 주관적 만족감과 사회 구성원으로서 누리는 사회적 여건도 중시해야 한다.

### 개/념/체/크 TEST

**01 다음 설명이 맞으면 ○표, 틀리면 ×표 하시오.**

(1) 모든 사람의 행복의 기준은 동일하다. ( )

(2) 행복은 일반적으로 생활에서 충분한 만족과 기쁨을 느껴 흐뭇한 상태를 말한다. ( )

(3) 타인과 비교하면서 자신의 삶을 더욱 치열하게 살아야 행복한 삶을 영위할 수 있다. ( )

(4) 오늘날에는 물질적 풍요뿐만 아니라 건강, 일과 취미, 사회 복지 등과 같이 다양한 측면에서의 만족감 역시 행복의 조건으로 여긴다. ( )

**02 다음 설명에 해당하는 동양의 행복론을 〈보기〉에서 찾아 기호를 쓰시오.**

보 기

ㄱ. 유교 ㄴ. 불교 ㄷ. 도교

(1) '나'라는 의식을 벗어 버리기 위한 수행과 고통 받는 중생을 구제하는 실천을 통해 해탈의 경지에 이르는 것 ( )

(2) 타고난 그대로의 본성에 따라 인위적인 것이 더해지지 않은 자연 그대로의 모습으로 살아가는 것 ( )

(3) 하늘로부터 부여받은 도덕적 본성을 보존하고 함양하면서 다른 사람과 더불어 살아가며 인(仁)을 실현하는 것 ( )

**03** 괄호 안에서 알맞은 말을 골라 문장을 완성하시오.

(1) 아리스토텔레스는 행복을 삶의 궁극적 목적으로 보았으며, 행복은 (이성, 감정)의 기능을 잘 발휘할 때 달성된다고 보았다.

(2) (고대, 중세)는 참된 행복에 도달하려면 신앙을 통해 영원하고 완전한 신과 하나가 되어야 한다고 보았다.

(3) (에피쿠로스, 스토아) 학파는 육체에 고통이 없고 마음에 불안이 없는 평온한 삶을 행복이라고 보았다.

(4) (칸트, 벤담)은(는) 최대 다수의 최대 행복을 가져다주는 행위를 할 것을 강조하였다.

(5) (칸트, 벤담)은(는) 인간으로서 마땅히 지켜야 할 도덕 법칙을 실천하는 사람만이 행복을 누릴 자격이 있다고 보았다.

**04** 다음 설명이 맞으면 ○표, 틀리면 ×표 하시오.

(1) 삶의 모습과 행복의 기준은 사람의 가치관이나 종교 등과 관련이 있다. (　　)

(2) 자신의 주어진 상황을 인정하고 최선을 다하여 만족을 추구하는 자세가 행복의 실현에 도움이 된다. (　　)

(3) 행복의 실현을 위해서는 물질적 가치와 정신적 가치의 조화로운 추구가 필요하다. (　　)

**개념체크 TEST 정답**

**01** (1) ×, (2) ○, (3) × (4) ○

**02** (1) ㄴ (2) ㄷ (3) ㄱ

**03** (1) 이성 (2) 중세 (3) 에피쿠로스 (4) 벤담 (5) 칸트

**04** (1) ○, (2) ○, (3) ○

# 03 행복한 삶을 실현하기 위한 조건

• 행복한 삶을 실현하기 위한 조건으로 질 높은 정주 환경의 조성, 경제적 안정, 민주주의의 발전 및 도덕적 실천이 필요함을 설명할 수 있다.

## 1 질 높은 정주 환경의 조성

### 1. 질 높은 정주 환경과 행복한 삶

(1) 정주 환경의 의미

| | |
|---|---|
| **좁은 의미** | 주거 환경 |
| **넓은 의미** | 문화, 여가, 자연환경 등 일상생활의 전 영역 |

(2) 질 높은 정주 환경을 위한 구체적 노력

| | |
|---|---|
| **자연환경** | 인간과 자연이 조화와 공존을 이룰 수 있도록 도심 내 녹지 공간을 확대 |
| **사회적 환경** | 편리한 삶을 위한 교통과 통신 시설 확충, 학교나 병원, 삶의 질 개선을 위한 문화·예술·체육·복지 시설 마련 |
| **주거 환경** | 국민들의 쾌적하고 살기 좋은 주거 생활을 보장하기 위한 정부의 주택 개발 정책 |

## 2 경제적 안정

### 1. 경제적 안정의 중요성과 이를 위한 국가의 노력

(1) 경제적 안정의 중요성

① 생계유지에만 급급하게 되면 삶의 여유를 갖거나 새로운 일에 도전하기 어렵다.

② 생활에 필요한 기본 조건을 충족해야 이를 바탕으로 자아실현의 기회를 가질 수 있다.

(2) 경제적 안정을 위한 노력

| | |
|---|---|
| **고용 안정** | 경제를 활성화하고 일자리를 창출하여 실업자를 줄이고 최저임금을 보장해야 함. |
| **복지 제도 확충** | 다양한 복지 정책을 통해 사회 구성원들이 인간다운 생활을 유지할 수 있도록 노력해야 함. |
| **경제적 불평등 해소** | 경제적 불평등으로 인해 사회 구성원이 느끼는 상대적 박탈감을 해소해야 함. |

**이중환 택리지의 이상적인 정주 환경**

- 지리(地理) : 풍수지리적으로 사람이 살기 좋은 곳
- 생리(生利) : 그 땅에서 생산되는 이익, 풍부한 산물로 사람이 살아가기 좋은 곳
- 인심(人心) : 넉넉하고 좋은 이웃 간의 정이 있는 곳
- 산수(山水) : 빼어난 경치가 있어 아름다운 곳

**최저임금제**

국가가 법으로 최저임금을 정하여 노동자의 생활 안정을 보장하는 제도

**상대적 박탈감**

다른 대상과 자신의 상황을 비교함으로써 자신이 불리하다는 것을 느끼는 것

**이스털린의 역설**

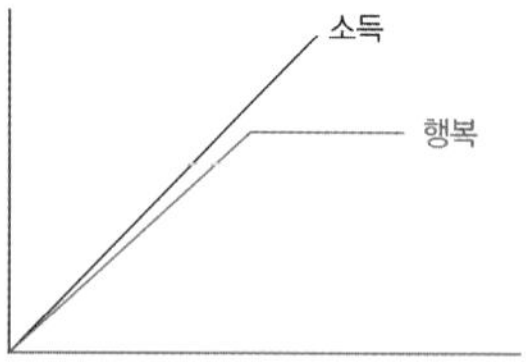


미국 경제학자 리처드 이스털린이 주장한 개념이다. 소득이 증가해도 행복이 정체되는 현상으로, 소득이 낮다가 어느 정도 높아지는 상태가 되면 비례적으로 행복도가 높아지지만, 소득이 일정 수준을 넘으면 행복도는 더 이상 비례적으로 증가하지 않는다는 주장이다.

## 3 민주주의 실현

### 1. 시민 참여가 활성화되는 민주주의의 실현

(1) 민주주의 실현의 필요성

① 독재 국가나 권위주의적인 정치가 이루어지는 국가에서는 국민이 기본적 인권을 누리기 어렵고, 사람들이 자신의 삶에 만족하고 행복감을 느끼기 어렵다.

② 민주 국가에서는 국민은 정치적 의사를 자유롭게 표출하고 국민의 의사가 정책으로 반영되기 때문에 국민들이 자신의 삶에 대한 만족감과 행복감이 높다.

(2) 민주주의 실현을 위한 구체적인 노력

| | |
|---|---|
| **민주적 제도의 마련** | 독재나 권력의 횡포 등을 막기 위한 의회 제도, 복수 정당 제도, 권력 분립 제도 등의 민주적 절차 마련 |
| **시민 참여 정치 문화** | 시민들이 자신의 권리와 의무를 이해하고 주인의식을 바탕으로 적극적으로 정치에 참여하는 정치 문화 형성 |

(3) 정치 참여의 다양한 방법

① 주권자로서 선거를 통해 자신의 의사를 표현

② 정당, 이익 집단, 시민 단체 등에 가입하여 참여

③ 집회, 시위, 언론 매체에 투고, 행정 기관에 건의 및 청원 등

**민주주의**
시민이 주권을 가지고 스스로 국가를 다스려야 한다는 이념

**정당**
정치적인 견해가 같은 사람들이 정권 획득을 통해 정치적 이상을 실현하기 위한 단체

**권력 분립**
국가 권력을 입법・사법・행정의 세 부분으로 나누어 서로 견제하여 균형을 이루려는 제도

## 4 도덕적 실천과 성찰하는 삶

### 1. 도덕적 실천과 성찰의 필요성

(1) 도덕적 성찰의 필요성 : 성찰하는 삶을 통해 자신과 타인의 행복을 함께 추구하여 공동체의 행복을 실현해야 한다.

(2) 도덕적 실천의 필요성

① 공동체의 행복을 실현하기 위해 도덕적 실천이 필요하다.

② 도덕적 실천을 통해 사회적 신뢰가 형성되고, 나와 공동체 모두의 행복 실현이 가능해진다.

③ 타인을 돕는 도덕적 실천은 자신이 필요한 사람이라는 인식을 높여 자존감과 만족감을 높이는 데 기여할 수 있다.

**성찰을 강조한 사상가**
- 소크라테스 : "성찰하지 않는 삶은 살 가치가 없다."
- 증자 : 일일삼성(一日三省), 하루에 세 번 자신의 행동을 반성함.

## 개/념/체/크 TEST

**01 다음 설명이 맞으면 ○표, 틀리면 ×표 하시오.**

(1) 정주 환경이란 주거 환경에서부터 문화, 여가, 자연환경 등 일상생활의 전 영역을 광범위하게 일컫는 말이다. ( )

(2) 행복은 정신적인 만족감이므로 경제적 안정과는 관련이 없다. ( )

(3) 국가의 부는 국민에게 의료 및 교육 등의 혜택을 제공하는 기초가 된다. ( )

(4) 행복한 삶을 실현하기 위해 다양한 시민의 의견을 정책 결정에 반영해야 한다. ( )

**02 괄호 안에서 알맞은 말을 골라 문장을 완성하시오.**

(1) (독재, 민주) 국가에서는 국민이 기본적 인권을 누리지 못해 자신의 삶에 대한 만족을 느끼기 어렵다.

(2) 질 높은 정주 환경이 조성되려면 편리한 삶을 위한 교통과 통신 시설 확충, 학교나 병원 등의 (자연적, 사회적) 환경이 필요하다.

(3) 정책 결정 과정에서 시민의 의사가 적극적으로 반영될수록 권력 남용이나 부패가 발생하기 (쉽다, 어렵다).

(4) 소크라테스는 (성찰, 권력)을(를) 통해 진정한 삶의 가치와 행복을 찾을 수 있다고 주장하였다.

**03 다음은 이중환의 택리지 내용이다. 알맞은 말을 넣으시오.**

이중환은 이상적 정주 환경으로 첫째로 풍수지리적 명당인 ( ), 그 땅에서 생산되는 이익과 풍부한 산물인 ( ), 빼어난 경치인 ( ), 넉넉하고 좋은 이웃 간의 정인 ( )을(를) 제시하였다.

**04 다음에서 설명하는 개념을 쓰시오.**

'소득이 낮다가 어느 정도 높아지는 상태가 되면 비례적으로 행복도가 높아지지만, 소득이 일정 수준을 넘으면 행복도는 더 이상 비례적으로 증가하지 않는다.'는 주장이다. 이것은 무엇인가?

**개념체크 TEST 정답**

**01** (1) ○, (2) ×, (3) ○ (4) ○

**02** (1) 독재 (2) 사회적 (3) 어렵다 (4) 성찰

**03** 지리, 생리, 산수, 인심

**04** 이스털린의 역설

PART I

# 적중 예상 문제

정답 및 해설 별책 2p

## 01 인간, 사회, 환경의 탐구와 통합적 관점

**01** 다음 글에서 설명하고 있는 사회 현상 탐구 관점은 무엇인가?

> 개발 도상국의 커피 생산자가 정당한 임금을 받을 수 있도록 공정 무역 커피를 소비해야 한다.

① 시간적 관점 ② 사회적 관점
③ 공간적 관점 ④ 윤리적 관점

**02** 다음 글에서 설명하고 있는 사회 현상 탐구 관점은 무엇인가?

> 사회 구조나 사회 제도가 개인이나 집단의 생활에 많은 영향을 준다는 점을 고려하여 사회 현상을 살펴본다.

① 시간적 관점 ② 사회적 관점
③ 공간적 관점 ④ 윤리적 관점

**03** '통합적 관점'이 필요한 이유로 가장 적절한 것은?

① 시대적 배경이 제일 중요하므로
② 가치문제를 고려할 필요가 없으므로
③ 공간 정보를 파악하고 이해하기 위해서
④ 사회 현상은 다양한 요인이 결합되어 나타나므로

**04** 다음 글에서 설명하고 있는 내용으로 옳은 것은 무엇인가?

> 사람들에게 눈을 가리고 코끼리를 만져 보게 한 뒤 코끼리가 어떻게 생겼느냐고 물었다. 코를 만진 사람, 다리를 만진 사람, 꼬리를 만진 사람들 각각 코끼리의 모습을 다르게 파악하였다.

① 통합적 관점이 필요하다.
② 학문의 전문화가 필요하다.
③ 한 부분을 제대로 파악하면 전체를 알 수 있다.
④ 사회 현상을 이해하려면 자연 과학적 지식이 필요하다.

**05** 다음 중 기후 변화의 원인, 양상, 해결 방안을 살펴보기 위해 필요한 관점별 탐구 주제로 적절하지 <u>않은</u> 것은?

① 공간적 관점 : 국가별 이산화 탄소 배출량
② 시간적 관점 : 기후 변화에 대한 국가별 대응 방안
③ 사회적 관점 : 국제 사회가 이행할 기후 변화 협약 내용
④ 윤리적 관점 : 남태평양 섬나라 국가들이 입은 피해에 대한 반성

**06** 다음 (가), (나)는 다문화 사회에 대한 정책을 수립하기 위한 내용이다. (가), (나) 관점을 가장 바르게 연결한 것은?

> (가) 우리나라의 시대별 이주민 인구 변동과 그 배경은 무엇인가?
> (나) 지역별 다문화 가구의 분포는 어떠하며, 지역별 특징은 무엇인가?

| | (가) | (나) |
|---|---|---|
| ① | 사회적 관점 | 윤리적 관점 |
| ② | 사회적 관점 | 공간적 관점 |
| ③ | 시간적 관점 | 공간적 관점 |
| ④ | 시간적 관점 | 사회적 관점 |

**07** 쓰레기 매립지 건설을 둘러싼 갈등을 알아보기 위해 다음과 같은 관점을 사용하고자 한다. 이와 어울리는 탐구 주제로 적절한 것은 무엇인가?

> 사회 구조나 사회 제도가 개인이나 집단의 생활에 많은 영향을 준다는 점을 고려하여 사회 현상을 살펴본다.

① 쓰레기 매립지 건설을 위한 법적 절차를 조사한다.
② 쓰레기 매립지 처리장이 들어설 수 있는 입지 조건을 분석한다.
③ 쓰레기 매립지 건설과 관련해 대립하고 있는 가치를 이해한다.
④ 쓰레기 매립지가 건설된 지역의 건설 전 환경과 건설 이후 환경을 조사한다.

**08** 학대당하거나 버려지는 반려동물에 대해 A~D의 관점에서 제기할 수 있는 적절한 질문만을 〈보기〉에서 고른 것은?

> A. 시간적 관점　　B. 공간적 관점
> C. 사회적 관점　　D. 윤리적 관점

> 보기
> ㄱ. A – 반려동물을 대하는 바른 태도는 무엇인가요?
> ㄴ. B – 반려동물이 유기되는 지역은 주로 어디인가요?
> ㄷ. C – 반려동물의 유기를 예방할 수 있는 제도는 무엇이 있나요?
> ㄹ. D – 반려동물의 유기는 어느 시기부터 증가하고 있나요?

① ㄱ, ㄴ　　② ㄱ, ㄷ
③ ㄴ, ㄷ　　④ ㄴ, ㄹ

**09** 다음에 제시된 관점으로 인권에 대해 탐구한다면 어떤 내용을 조사하는 것이 타당한지 옳게 설명한 것은?

> 세상에서 일어나는 다양한 현상을 위치와 장소, 분포 양상, 이동과 네트워크 등의 맥락 속에서 살펴보는 관점

① 갑 : 인권 확장의 역사적 전개 과정을 조사한다.
② 을 : 인권이 헌법과 법률에서 어떻게 보장되는지 알아본다.
③ 병 : 인권 침해 사례를 자연재해와 연관시켜 지역별로 조사한다.
④ 정 : 인권이 침해될 경우 어떻게 하는 것이 바람직한지에 대해 조사한다.

**10** 사회 현상을 바라보는 관점에 대한 설명으로 옳지 <u>않은</u> 것은?

① 시간적 관점은 시대적 상황이나 맥락을 강조한다.
② 사회적 관점은 바람직한 가치나 규범을 고려하여 사회 현상을 바라본다.
③ 통합적 관점에서 사회 현상은 다양한 요인들이 영향을 주고받으며 나타난다.
④ 윤리적 관점은 인간의 행위가 도덕적 차원에서 인정받기 위한 기준을 제공한다.

**11** 갑, 을의 관점에 대한 적절한 설명을 〈보기〉에서 고른 것은?

갑 : 커피가 전 세계로 확산된 것은 18세기부터 유럽인이 플랜테이션 방식으로 대량 생산하고, 오늘날 세계무역 발달로 교류가 활발해졌기 때문이라고 생각해.
을 : 우리나라가 커피를 많이 마시는 이유는 커피 전문점이 많아졌기 때문이라고 생각해. 커피 전문점이 많으니까 커피를 더 많이 선택하는 거지.

보기
ㄱ. 갑은 사회 현상을 바라볼 때 시대적 배경을 중요하게 여긴다.
ㄴ. 갑은 개인의 행동이 사회 제도의 영향을 가장 많이 받는다고 생각한다.
ㄷ. 을은 사회 구조를 중요하게 생각한다.
ㄹ. 을은 공간 정보를 토대로 사회 현상을 바라보고 있다.

① ㄱ, ㄴ ② ㄱ, ㄷ
③ ㄴ, ㄷ ④ ㄴ, ㄹ

## 02 행복의 의미와 기준

**12** 행복에 대한 설명으로 옳지 <u>않은</u> 것은 무엇인가?

① 삶에서 충분한 만족감이나 기쁨을 느끼는 상태이다.
② 생활에서 느끼는 충분한 만족과 기쁨을 행복으로 본다는 점은 공통적이다.
③ 행복의 구체적인 기준은 지역적 여건과 시대적 상황에 따라 다르게 나타난다.
④ 행복은 보편성과 상대성을 가지고 있으므로 행복을 위한 모든 행위는 허용될 수 있다.

**13** 시대적 상황에 따른 행복 기준은 다양하다. 이에 대한 설명으로 옳지 <u>않은</u> 것은?

① 선사 시대는 생존을 위한 식량 확보와 위험으로부터의 안전을 행복의 기준으로 본다.
② 일제 강점기 시대는 빼앗긴 주권을 되찾아 독립을 이루는 것을 행복의 기준으로 본다.
③ 중세 시대는 이성의 기능을 잘 발휘할 때 행복이 달성되며 이것을 행복의 기준으로 본다.
④ 현대 사회는 물질적 풍요뿐만 아니라 건강, 복지 등의 다양한 삶의 질 향상을 행복의 기준으로 본다.

**14** **다음 내용을 바탕으로 행복의 기준에 영향을 주는 요소로 가장 적절한 것은 무엇인가?**

> 우리 집은 사막에 있어 날씨도 덥지만 마실 물이 부족해서 오염된 물을 식수로 마시곤 하는데, 이 때문에 각종 질병에 시달리고 있어.

① 기후 등의 자연환경
② 종교와 같은 인문환경
③ 자유의 보장과 정치적 안정
④ 종교의 자유와 교리를 충실히 따르는 삶

**15** **㉠에 들어갈 내용으로 가장 적절한 것은?**

> 모든 사람은 행복한 삶을 살기를 원한다. 하지만 행복의 구체적인 기준은 시대와 사회에 따라 다양하게 나타난다. 오늘날에는 물질적 풍요뿐만 아니라 다양한 요소를 행복의 기준으로 여긴다. 이처럼 행복의 기준이 다양한 이유는 ( ㉠ )

① 행복은 인간의 삶에서 가장 중요한 가치이기 때문이다.
② 만족과 기쁨을 느껴 흐뭇한 상태가 행복이기 때문이다.
③ 물질적 풍요가 행복의 가장 중요한 요소이기 때문이다.
④ 각자가 처한 지역적 여건과 시대적 상황 등이 다르기 때문이다.

**16** **다음은 행복에 대한 내용이다. 이를 지지할 동양 사상은 무엇인가?**

> 작은 나라에 적은 백성이 타고난 그대로의 본성에 따라 인위적인 것이 더해지지 않은 자연 그대로의 모습으로 살아가는 것을 행복이라고 본다.

① 도교 ② 유교
③ 불교 ④ 무속 신앙

**17** **다음은 행복에 대한 내용이다. 이를 지지할 동양 사상은 무엇인가?**

> '나'라는 의식을 벗어 버리기 위한 수행과 고통받는 중생을 구제하는 실천을 통해 해탈의 경지에 이르는 것을 행복이라고 본다.

① 도교 ② 불교
③ 유교 ④ 무속 신앙

**18** **행복을 설명하는 유교의 관점으로 옳은 것은 무엇인가?**

① 윤회에서 벗어나 해탈의 경지에 이르는 삶이 행복이다.
② 인위적인 삶에서 벗어나 자연 그대로의 모습으로 살아가는 것이 행복이다.
③ 정념에 방해받지 않는 초연한 태도로 자연의 질서에 따라 사는 것이 행복이다.
④ 하늘과 사람이 하나로 합쳐진다는 천인합일을 바탕으로 인(仁)을 실현하는 삶이 행복이다.

**19** 다음은 서양 사상가의 대화이다. 갑과 을의 입장에 대한 옳은 설명은 무엇인가?

> 갑 : 육체에 고통이 없고 마음에 불안이 없는 평온한 삶이 행복이라오.
> 을 : 아닙니다. 정념에 방해받지 않는 초연한 태도로 자연의 질서에 따라 사는 것이 행복입니다.

① 갑과 을은 최대 다수의 최대 행복을 주장하였다.
② 갑과 을은 신과 하나가 되는 것이 행복이라고 보았다.
③ 갑과 을은 전쟁과 사회적 혼란에서 벗어나는 것을 행복이라고 보았다.
④ 갑과 을은 인간이 마땅히 지켜야 할 도덕 법칙을 실현하는 사람만이 행복을 누릴 자격이 있다고 보았다.

**20** 다음 주장은 어느 사상가의 주장인가?

> 쾌락은 선이고, 고통은 악이다. 최대 다수에게 최대 행복을 가져오는 행위를 할 것을 강조한다.

① 칸트
② 벤담
③ 공자
④ 아리스토텔레스

**21** 다음 내용에 대한 설명으로 옳지 <u>않은</u> 것은?

> 갑 : 행위의 결과가 아닌 도덕 법칙에 따른 행위의 동기, 과정을 강조한다.
> 을 : 과정과 동기보다는 행위에 나타난 쾌락, 유용성, 결과를 강조한다.

① 갑은 칸트 의무론에 대한 입장이다.
② 을은 벤담, 밀의 공리주의에 대한 입장이다.
③ 갑은 행위의 결과와 과정을 중시하는 입장이다.
④ 을이 행위를 평가할 때 고려되는 핵심 요인은 쾌락과 고통이다.

**22** 진정한 행복 실현을 위한 행동으로 적절하지 <u>않은</u> 것은?

① 자신의 삶에서 의미 있는 목표를 세워야 한다.
② 정신적 가치와 물질적 가치를 조화롭게 추구해야 한다.
③ 물질적・육체적 욕망을 인정하면서도 이를 절제해야 한다.
④ 주관적 만족이 아닌 객관적 행복 기준만을 고려해야 한다.

**23** 삶의 목적으로서 행복을 추구할 때 고려해야 할 점으로 적절한 것을 <보기>에서 고른 것은?

| 보기 |
|---|
| ㄱ. 의미 있는 목표를 설정하고 추구한다.<br>ㄴ. 개인적 측면과 사회적 측면을 모두 고려한다.<br>ㄷ. 물질적 가치를 우선으로 정신적 가치를 추구한다.<br>ㄹ. 물질적 풍요와 행복은 정비례 관계에 놓여 있음을 고려한다. |

① ㄱ, ㄴ　② ㄱ, ㄷ
③ ㄴ, ㄷ　④ ㄴ, ㄹ

**24** 삶의 목적과 행복에 대한 설명으로 옳은 것은?

① 모든 사람의 삶의 목적은 시대와 장소에 무관하게 동일하다.
② 정신적 가치보다 물질적 가치를 우선시해야 행복이 실현된다.
③ 행복의 실현을 위해서는 도덕적 가치를 배제하는 결단이 필요하다.
④ 자아를 실현하면서 삶의 목적을 성찰하는 자세를 내면화해야 행복이 실현된다.

## 03 행복한 삶을 실현하기 위한 조건

**25** 정주 환경에 대한 설명으로 옳지 않은 것은?

① 우리가 살아가는 터전을 둘러싼 환경이다.
② 인간의 지각, 태도, 감정에 영향을 미치기도 한다.
③ 한 사람이 생활하고 있는 주거 환경만을 뜻한다.
④ 그곳에 살아가는 사람의 기억과 역사를 담고 있다.

**26** 질 높은 정주 환경에 대한 설명으로 옳지 않은 것은?

① 질 높은 정주 환경은 쾌적하고, 범죄율이 낮으며, 정치적으로 안정된 곳이다.
② 정주 환경은 물리적 환경 이상의 의미로 인간에게 정서적 유대감을 불러일으킨다.
③ 정주 환경이란 넓은 의미로 문화·여가·자연환경 등 일상생활의 전 영역을 일컫는다.
④ 질 높은 정주 환경을 만들기 위해서는 자연과 인간의 공존을 추구하는 것이 불가능하다.

**27** 질 높은 정주 환경 조성과 관련하여 옳지 않은 것은?

① 자연과 인간이 공존하는 지속 가능한 생태 환경을 만들어야 한다.
② 정주 환경 문제는 도시화에 따른 빈곤과 불평등 해소 등의 문제와 관련이 있다.
③ 정주 환경은 물리적 환경의 한 부분으로 인간의 정서적인 부분에는 영향을 주지 않는다.
④ 질 높은 정주 환경 조성을 위해서는 주거뿐만 아니라 일상생활 전 영역에서의 노력이 필요하다.

**28** 다음 내용에 대한 설명으로 옳은 것은 무엇인가?

> 소득이 증가한다고 해서 반드시 더 행복한 것은 아닙니다. 일정 수준의 소득 수준에 도달하면 소득이 증가해도 행복에는 큰 영향을 미치지 않습니다.

① 부유한 국가일수록 행복 수준은 낮아진다.
② 일정 수준의 소득은 행복에 영향을 미친다.
③ 부와 국민의 행복 수준은 비례하여 증가한다.
④ 가난한 국가의 국민이 부유한 국가의 국민보다 행복하다.

**29** 행복한 삶에서 경제적 성장이 중요한 이유로 가장 적절한 것은?

① 소득 수준과 행복 수준은 비례하지 않기 때문이다.
② 삶의 질은 경제적 조건으로 충족될 수 없기 때문이다.
③ 질 높은 의료 및 교육을 제공하는 기초가 되기 때문이다.
④ 빈부 격차나 지역 격차 문제를 모두 해소할 수 있기 때문이다.

**30** 다음에서 강조하는 행복의 조건은 무엇인가?

> 독재나 권력의 횡포를 막기 위한 복수 정당 제도, 권력 분립 제도는 행복을 위한 조건이다.

① 민주주의　② 자본주의
③ 경제 성장　④ 복지 제도

**31** 다음 내용과 관련된 행복의 조건은 무엇인가?

> 옳고 그름, 선악을 인식하고 판단할 수 있어야 하며, 타인을 아끼고 배려하는 사랑과 공감을 가져야 한다. 양심에 어긋난 삶을 살아가는 사람은 진정으로 행복한 삶을 살아간다고 볼 수 없다.

① 질 높은 정주 환경의 조성
② 도덕 실천을 통한 행복 증진
③ 고용 안정을 통한 경제적 안정
④ 시민의 정치적 의사가 잘 반영되는 민주 국가 실현

**32** 시민 참여와 민주주의에 대한 설명으로 옳지 <u>않은</u> 것은?

① 권위주의적인 정치 제도 하에서는 국민이 기본적 인권을 누리기 어렵다.

② 기본적인 선거 참여만으로도 자신의 자유와 권리를 최대한 보장받을 수 있다.

③ 시민 참여가 불가능하거나 활발하지 않다면 권력 남용이나 부패가 발생하기 쉽다.

④ 민주주의 국가는 의회 제도, 복수 정당 제도, 권력 분립 제도 등과 같은 민주적 제도를 갖추고 있어야 한다.

**33** 증자가 주장하는 내용으로 옳은 것은 무엇인가?

| |
|---|
| 증자 : 일일삼성(一日三省) |

① 인간과 자연의 공존을 위한 자연보호의 자세이다.

② 노동을 통해 경제적 성장을 이루기 위한 자세이다.

③ 정치적 참여를 통해 민주주의의 실현을 위한 자세이다.

④ 성찰하는 삶을 통해 자신과 타인의 행복을 추구하는 자세이다.

memo

EBS 교육방송교재

고졸 검정고시 **사회**

PART
Ⅱ

# 자연환경과 인간

01 자연환경과 인간의 생활 양식

02 자연에 대한 다양한 관점

03 환경 문제 해결을 위한 노력

이 단원은 자연환경에 따라 나타나는 다양한 생활 모습을 탐구하며, 자연과 인간 생활의 관계 및 올바른 자연관을 바탕으로, 오늘날 나타나는 지구촌 곳곳의 환경 문제를 해결하는 방안을 제시한다.

# 01 자연환경과 인간의 생활 양식

- 자연환경이 인간의 생활에 미치는 영향에 관한 과거와 현재의 사례를 조사하여 분석할 수 있다.
- 안전한 환경 속에 살아갈 시민의 권리를 설명할 수 있다.

## 1 자연환경이 인간 생활에 미치는 영향

### 1. 기후와 인간 생활

(1) 세계의 기후 구분

① 기후 : 기온, 강수, 바람 등으로 구성되어 위도, 해발 고도, 수륙 분포 등에 따라 달라진다.

② 저위도에서 고위도로 가면서 열대, 건조, 온대, 냉대, 한대 기후가 나타난다.

**Click 세계의 기후 구분**

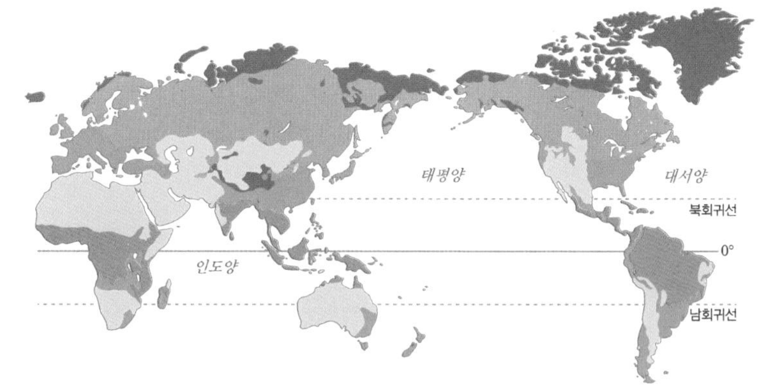

[구드 세계 지도, 2016]

(2) 기후에 따른 생활 양식의 차이

① 열대 기후

㉠ 기후 특징 : 일 년 내내 기온이 높고 강수량이 많다.

㉡ 생활 양식

| | |
|---|---|
| 의복 | 통풍을 위해 얇고 간편한 옷 |
| 농목업 | 수렵 및 채집, 이동식 화전 농업, 플랜테이션, 벼농사(계절풍의 영향을 받는 아시아 지역) |
| 음식 | 기름에 볶는 요리와 향신료를 많이 사용 |

**기후의 수평적 분포**

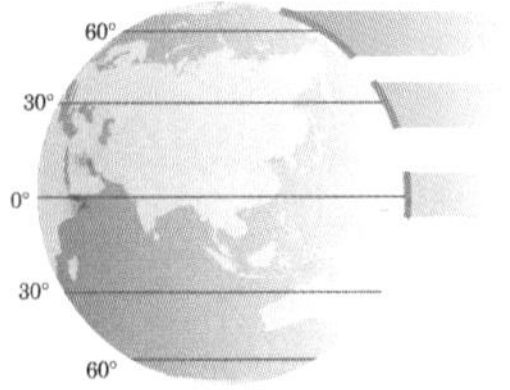


지구가 둥글기 때문에 지역에 따라 일사량의 차이가 발생한다. 적도 부근에서 극지방으로 갈수록 일사량이 줄어들어 연평균 기온이 낮아진다.

**플랜테이션**

선진국의 자본과 기술, 원주민의 노동력을 바탕으로 열대 기후에서 이루어지는 농업방식

**계절풍**

계절에 따라 바람의 방향이 바뀌는 바람

- 여름 : 바다에서 육지로
- 겨울 : 육지에서 바다로

| | |
|---|---|
| 가옥 | • 개방적 구조, 고상 가옥, 수상 가옥<br>• 강수량이 많아 지붕의 경사가 급함 |

② 건조 기후
㉠ 기후 특징 : 강수량이 매우 적다(연 강수량 500mm 미만).
㉡ 생활 양식

| | |
|---|---|
| 의복 | 모래 바람을 막기 위해 온몸을 감싸는 옷 |
| 농목업 | 오아시스 농업과 관개 농업(사막), 유목(초원) |
| 음식 | • 초원 : 가축의 고기와 우유로 만든 음식<br>• 사막 : 외래 하천이나 오아시스 주변에서 재배한 대추야자, 밀 |
| 가옥 | • 초원 : 이동식 가옥(게르)<br>• 사막 : 흙집(평평한 지붕, 작은 창문, 두꺼운 벽) |

③ 온대 기후
㉠ 기후 특징 : 계절의 변화가 뚜렷하고, 기온이 온화하다.
㉡ 생활 양식

| | |
|---|---|
| 의복 | 계절에 따른 옷차림 |
| 농목업 | 수목 농업, 벼농사 등 |
| 음식 | • 여름철이 고온 건조한 지중해성 기후에서는 올리브, 포도, 오렌지 등을 재배(수목 농업)<br>• 여름철에 강수량이 많은 지역에서는 벼농사가 발달하여 쌀을 주식으로 함. |
| 가옥 | • 지중해성 기후 : 하얗게 칠한 외벽, 작은 창문<br>• 계절풍 기후 : 냉·난방 시설 함께 발달 |

④ 냉대 기후
㉠ 기후 특징 : 계절의 변화 큼, 겨울이 비교적 길고 춥다.
㉡ 전통 가옥 : 주변에 침엽수를 이용한 통나무집

⑤ 한대 기후
㉠ 기후 특징 : 일 년 내내 기온이 낮다.
㉡ 생활 양식

| | |
|---|---|
| 의복 | 보온을 위해 동물의 가축·털로 만든 두꺼운 옷 |
| 농목업 | 순록 유목 |
| 음식 | 날고기·날생선 등의 육류 위주 섭취, 저장 음식 |
| 가옥 | 폐쇄적 구조, 이글루, 고상 가옥 |

**고상 가옥**

지붕의 경사가 급하며 뜨거운 열기, 습기를 차단하기 위해 바닥을 지면에서 띄워 만든 가옥

**관개 농업**
인위적으로 물을 공급해주는 방식의 농업 형태

**외래 하천**
습윤 지역에서 발원하여 사막을 관통하여 흐르는 하천

**게르**

**수목 농업**
고온 건조한 기후에서도 잘 견디는 나무를 주요 농작물로 재배하는 농업

**침엽수**
냉대 기후는 잎사귀가 뾰족한 침엽수가 주로 자라며 침엽수림 지역을 타이가 지대라 한다.

**이글루**

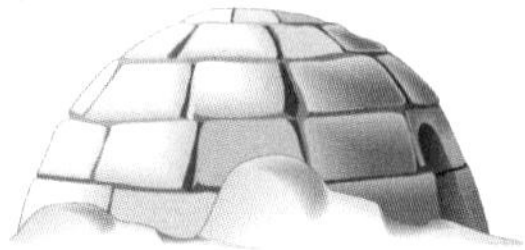

## 2. 지형과 인간 생활

### (1) 산지 지역

| | |
|---|---|
| **특징** | 해발 고도가 높고 경사가 급함 → 인간 거주에 불리 |
| **생활 양식** | • 밭농사, 가축 사육, 관광업 등 발달<br>• 열대 지역 중 해발 고도가 높은 지역은 연중 봄과 같은 날씨가 지속되어 고산 도시가 발달함. |

### (2) 평야 지역

| | |
|---|---|
| **특징** | 지표면이 평평하여 농경에 유리 |
| **생활 양식** | • 인구 밀도가 높으며 도시 발달<br>• 넓은 경지를 이용한 농업 발달(벼농사, 밀농사) |

### (3) 해안 지역

| | |
|---|---|
| **특징** | 육지와 바다가 만나는 곳으로 인간 거주에 유리함. |
| **생활 양식** | 농업과 어업, 항구 발달, 염전 또는 양식업 발달 |

### (4) 독특한 지형 경관이 나타나는 지역

① 화산 지형, 카르스트 지형, 빙하 지형 등이 발달한 곳

② 세계적인 관광지로 발달

**카르스트 지형**
카르스트 지형은 석회암이 물의 용식 작용으로 형성된 지형으로 탑 모양의 석회암 봉우리인 탑 카르스트, 석회 동굴, 돌리네 등이 형성된다.

**탑 카르스트**
석회암이 깎여 만들어진 봉우리로 베트남의 할롱베이, 중국의 구이린이 유명하다.

# 2 안전하고 쾌적하게 살아갈 시민의 권리

## 1. 자연재해의 특징과 유형

(1) 자연재해의 특징 : 기후, 지형 등의 자연환경 요소들이 인간의 안전한 생활을 위협하며 피해를 주는 현상

(2) 유형

| | | |
|---|---|---|
| **기상 재해** | 홍수 | • 일시적으로 많은 비가 내릴 때 발생<br>• 도시와 농경지 침수, 인명 및 재산 피해 |
| | 가뭄 | • 오랫동안 비가 내리지 않아 발생<br>• 식수 부족, 농업용수 부족으로 식물이 말라 죽음 |
| | 폭설 | • 많은 눈이 단시간에 집중해서 내리는 현상<br>• 교통 혼잡, 비닐하우스 붕괴 등 |
| | 열대성 저기압 | • 강한 바람과 많은 강수를 동반하여 피해를 유발함.<br>• 태풍, 허리케인, 사이클론 등 다양한 명칭으로 불림. |

| | | |
|---|---|---|
| | 황사 | • 주로 봄철 중국 내륙에서 발생한 흙먼지가 편서풍을 타고 우리나라로 날아옴.<br>• 호흡기와 안구 질환을 유발, 정밀기계 오작동의 피해 발생 |
| 지형(지질) 재해 | 화산 활동 | 용암, 화산 가스, 화산재 등에 의한 피해가 발생 |
| | 지진 | • 땅이 갈라지고 흔들리면서 건축물과 도로 등이 붕괴<br>• 바다 밑에서 지진이 발생하면 대규모의 지진 해일이 일어남. |

**지진 해일(쓰나미)**
해수면이 급격히 상승하여 바닷물이 육지로 밀려드는 현상

## 2. 자연재해에 따른 피해와 대응 방안

(1) 자연재해의 피해

① 인명과 재산상의 피해

② 농경지, 산업 시설, 주택 등 생활공간 파손

③ 재해 지역의 산업 및 경제에 악영향을 끼친다.

(2) 대응 방안

① 내진 설계 의무화, 조기 경보 체계 및 대피 요령 마련 등

② 재해민에 대한 보상과 지원 대책 마련

## 3. 안전하고 쾌적한 환경에서 살아갈 시민의 권리

(1) 시민의 권리 : [헌법 제35조] 모든 국민은 건강하고 쾌적한 환경에서 생활할 권리를 가지며, 국가와 국민은 환경 보전을 위해 노력해야 한다.

(2) 정부의 의무 : [헌법 제34조] 국가는 재해를 예방하고 그 위험으로부터 국민을 보호하기 위한 노력을 해야 한다.

## 개/념/체/크 TEST

**01** 지도는 세계 기후 지역을 나타낸 것이다. 이에 대한 설명이 옳으면 ○표, 틀리면 ×표 하시오.

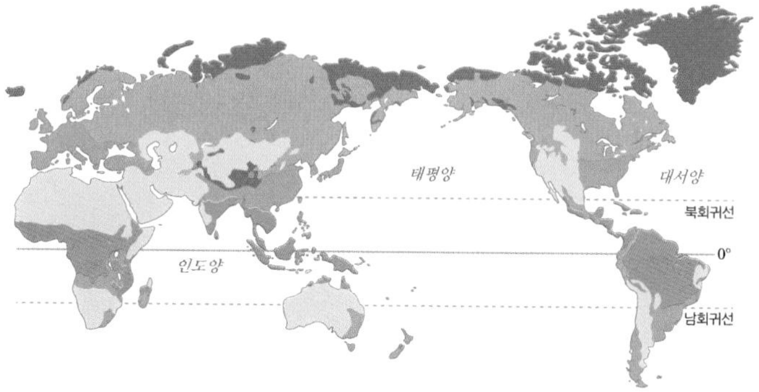

[구드 세계 지도, 2016]

(1) A는 열대 기후 지역, B는 건조 기후 지역을 나타낸 것이다. ( )

(2) B의 전통 가옥은 지붕의 경사가 급하다. ( )

(3) C는 사계절의 변화가 뚜렷하며, 인간이 거주하기에 유리하여 인구 밀도가 높다. ( )

(4) E는 냉대 기후 지역이다. ( )

(5) B는 C보다 연 강수량이 많다. ( )

(6) D는 침엽수림이 넓게 분포하여 통나무집을 짓는 경우가 많다. ( )

**02** 다음 설명이 맞으면 ○표, 틀리면 ×표 하시오.

(1) 세계의 기후는 크게 기온과 강수량에 따라 열대, 건조, 온대, 냉대, 한대 기후로 구분된다. ( )

(2) 일반적으로 고위도에서 저위도로 가면서 열대, 온대, 냉대, 한대 기후가 나타난다. ( )

(3) 일 년 내내 기온이 높은 지역에서는 기름에 볶거나 튀긴 요리를 많이 먹는다. ( )

**03** 다음 설명이 맞으면 ○표, 틀리면 ×표 하시오.

(1) 평야 지역은 농경지로 개간하기에 유리하여 벼농사와 밀농사 등이 이루어진다. ( )

(2) 산지 지역은 밭농사와 임업이 발달한다. ( )

(3) 해안 지역은 양식업이 발달한다. ( )

(4) 화산 활동이 나타나는 지역은 관광지로 이용된다. ( )

(5) 관개 농업, 오아시스 농업은 열대 기후에서 나타난다. ( )

**04** 다음 빈칸에 알맞은 말을 쓰시오.

(1) 지중해성 기후 지역은 여름에 고온 건조하여 포도, 올리브 등과 같은 (　　) 농업이 이루어진다.

(2) 건조 기후의 초원과 한대 기후는 동물을 이동하여 풀을 먹이는 (　　)이(가) 나타난다.

**05** 다음 설명에 해당하는 자연재해를 〈보기〉에서 고르라 기호를 쓰시오.

보기

ㄱ. 홍수　ㄴ. 폭설　ㄷ. 가뭄　ㄹ. 태풍　ㅁ. 지진

(1) 내진 설계 의무화를 통해 피해를 대비해야 한다. (　　)

(2) 열대성 저기압으로 많은 비와 바람을 동반한다. (　　)

개념체크 TEST **정답**

**01** (1) ○, (2) ×, (3) ○ (4) ×, (5) ×, (6) ○

**02** (1) ○, (2) ×, (3) ○

**03** (1) ○, (2) ○, (3) ○ (4) ○, (5) ×

**04** (1) 수목 (2) 유목

**05** (1) ㅁ (2) ㄹ

# 02 자연에 대한 다양한 관점

- 자연에 관한 인간의 다양한 관점을 사례를 통해 설명할 수 있다.
- 인간과 자연의 바람직한 관계를 제안할 수 있다.

## 1 자연을 바라보는 다양한 관점

### 1. 인간 중심주의

#### (1) 인간 중심주의의 의미와 특징

| | |
|---|---|
| 의미 | 인간을 다른 자연적 존재들보다 가치 있는 존재로 여기고, 인간과 자연의 관계에서 인간의 이익이나 행복을 먼저 고려하는 관점 |
| 특징 | • 이분법적 관점 : 인간을 자연과 구별되는 우월한 존재로 인식함.<br>• 도구적 자연관 : 자연을 인간의 욕구 충족을 위한 도구로 봄 ➜ 인간은 자신의 이익과 행복을 위해 자연을 수단으로 이용할 수 있음. |

**Click** 인간 중심주의 서양 사상가

| | | |
|---|---|---|
| 고대 | 아리스토텔레스 | "식물은 동물의 생존을 위해, 동물은 인간의 생존을 위해 존재한다." |
| 중세 | 아퀴나스 | "신의 섭리에 따라 동물은 인간이 사용하도록 운명 지어졌다." |
| 근대 | 베이컨 | "아는 것이 힘이다. 방황하고 있는 자연을 사냥해 노예로 만들어 인간의 이익에 봉사하도록 해야 한다." |
| | 데카르트 | "우리는 자연의 주인이자 소유자가 될 수 있다. 육체와 영혼의 혼합체인 인간과 달리 자연은 영혼이 없는 물질이다." |
| | 칸트 | "자연에 대한 우리의 의무는 인간성 실현을 위한 간접적인 도덕 의무에 불과하다." |

#### (2) 인간 중심주의에 대한 평가

| | |
|---|---|
| 긍정적 평가 | 과학 기술의 발전과 경제 성장을 이루는 데 도움을 줌. |
| 부정적 평가 | 인간의 필요와 물질적 욕망을 지나치게 강조하여 자연을 남용하고 훼손한 결과 자원 고갈, 생태계 파괴, 환경 오염 등과 같은 환경 위기를 초래함. |
| 극복 방안 | 인간 중심주의 관점에서 벗어나 인간과 자연을 유기적 관계로 바라보는 인식의 변화가 필요 |

**유기적 관계**
전체를 구성하고 있는 각 부분이 서로 밀접하게 관련되어 있어서 떼어 낼 수 없는 관계

## 2. 생태 중심주의

### (1) 생태 중심주의의 의미와 특징

| | |
|---|---|
| 의미 | 자연 그 자체의 가치를 인정하고 무생물을 포함한 자연 전체를 도덕적 고려 대상으로 여기는 관점 |
| 특징 | • 인간뿐만 아니라 동물, 식물, 그리고 무생물을 포함한 생태계 전체를 도덕적으로 고려해야 할 대상으로 봄.<br>• 인간은 자연으로부터 독립된 우월한 지배자가 아니라 자연의 한 구성원이라고 보는 관점 ➜ 전일론적 관점<br>• 자연의 가치는 인간의 이익과 무관하게 그 자체로 가치를 지니고 있음 ➜ 자연의 내재적 가치 강조<br>• 인간과 자연은 상호 보완적 관계로서 서로 조화와 균형을 이루어야 함을 강조 |

### (2) 레오폴드의 대지 윤리

① 대지 윤리 : 생태계 전체를 하나의 유기체로 보고 공동체의 범위를 동물, 식물, 토양, 물을 포함한 대지까지 확대하려는 입장

② 대지는 경제적 가치로만 평가될 수 없으며, 인간 역시 생명 공동체의 한 구성원으로 자연과 조화와 균형을 유지해야 함.

➜ "어떤 것이 생명 공동체의 온전성, 안정성, 아름다움의 보존에 이바지한다면 그것은 옳고, 그렇지 않다면 그르다."

③ 생태 중심주의의 의의와 한계

| | |
|---|---|
| 의의 | 인간과 자연의 공존을 모색하는 새로운 관점을 제시하여 오늘날의 환경 문제를 해결하기 위한 시사점을 제공함. |
| 한계 | 생태계 전체의 이익을 우선하여 개별 구성원의 희생을 강요할 수 있다는 점에서 환경 파시즘으로 흐를 수 있음. |

**생명 공동체**
생태계 내의 무생물과 생물들이 상호 의존하고 있는 균형 잡힌 먹이 사슬

**환경 파시즘**
생태계 전체의 선(善)을 위해 개체의 선을 희생할 수 있다고 보는 생태 중심주의의 한 입장을 비판적으로 가리키는 용어

## 2 인간과 자연의 바람직한 관계

### 1. 인간과 자연의 유기적 관계

인간과 자연을 분리하여 바라보는 인간 중심주의에서 벗어나 인간과 자연을 유기적 관계로 바라보는 변화가 필요하다.

### 2. 인간과 자연의 조화를 강조한 동양의 자연관

| | |
|---|---|
| 유교 | 만물이 본래적 가치를 지닌다고 보며, 인간과 자연이 조화를 이루는 천인합일(天人合一)의 경지를 지향함. |
| 불교 | 만물이 서로 연결되어 상호 의존하고 있다는 연기(緣起)를 깨닫고 모든 생명을 소중히 여기며 자비를 베풀 것을 강조함. |
| 도교 | 인간이 자연의 한 부분으로서 자연의 섭리에 순응하고 자연과 조화를 이루어야 함 ➜ 자연 그대로의 질서에 따르는 무위자연(無爲自然)의 삶을 추구함. |

**천인합일(天人合一)**
하늘과 인간이 하나로 일치하는 유교의 이상적인 경지

**연기(緣起)**
만물이 서로 독립적으로 존재할 수 없는 상호 의존적인 존재임을 나타내는 불교 용어

### 3. 인간과 자연의 조화로운 공존을 위한 노력

(1) 다른 생명체를 존중하고, 인간의 욕망을 절제할 수 있어야 한다.

(2) 자연 친화적인 삶을 살기 위해서 생태계 전체를 도덕적으로 고려하는 생태 공동체 의식을 정립해야 한다.

**개/념/체/크 TEST**

**01** 괄호 안에서 알맞은 말을 골라 문장을 완성하시오.

(1) (인간, 생태) 중심주의는 자연을 그 자체로 가치 있는 존재가 아닌 인간의 생존과 복지를 위한 수단으로 여기는 관점이다.

(2) (인간, 생태) 중심주의는 인간과 자연을 하나로 보는 전일론적 관점으로 자연 전체의 균형과 안정을 먼저 고려하는 관점이다.

**02** 다음 설명이 인간 중심주의 입장에 해당하면 '인', 생태 중심주의 입장이면 '생'으로 표기하시오.

(1) 자연이 인간에게 주는 유용성을 중시한다. ( )

(2) 식물은 동물을 위해, 동물은 인간의 생존을 위해 존재한다. ( )

(3) 신의 섭리에 따라 동물은 인간이 사용하도록 운명 지어졌다. ( )

(4) 인간은 정신을 소유한 존재이지만, 자연은 의식이 없는 물질일 뿐이다. ( )

(5) 공동체의 범위를 동물, 식물, 토양, 물을 비롯한 대지까지 확대해야 한다. ( )

(6) 자연에 대한 우리의 의무는 인간성 실현을 위한 간접적인 도덕 의무이다. ( )

(7) 인간은 생명 공동체의 온전성, 안정성, 아름다움의 보존에 이바지해야 한다. ( )

**03** 다음 설명이 맞으면 ○표, 틀리면 ×표 하시오.

(1) 인간 중심주의는 자연 안의 모든 생명은 평등한 가치와 권리를 지닌다고 본다. ( )

(2) 생태 중심주의는 오직 인간만이 이성을 지닌 존재라는 점을 강조한다. ( )

(3) 생태 중심주의는 무생물을 포함한 자연 전체를 도덕적 고려 대상으로 여긴다. ( )

(4) 인간 중심주의는 자연은 인간의 이익과 무관하게 그 자체로 가치를 지니고 있다고 본다. ( )

(5) 생태 중심주의는 개별 구성원의 희생을 강요할 수 있다는 점에서 환경 파시즘으로 흐를 수 있다. ( )

**04** 다음 설명에 해당하는 동양의 자연관을 〈보기〉에서 찾아 기호를 쓰시오.

보기

ㄱ. 유교　　ㄴ. 불교　　ㄷ. 도교

(1) 인간과 자연이 조화를 이루는 천인합일(天人合一)의 경지를 추구한다. ( )

(2) 자연 그대로의 질서에 따르는 무위자연(無爲自然)의 삶을 추구한다. ( )

(3) 만물이 서로 연결되어 상호 의존하고 있다는 연기(緣起)를 깨닫고 모든 생명을 소중히 여기며 자비를 베풀 것을 강조한다. ( )

**개념체크 TEST 정답**

01 (1) 인간 (2) 생태

02 (1) 인 (2) 인 (3) 인 (4) 인 (5) 생 (6) 인 (7) 생

03 (1) ×, (2) ×, (3) ○ (4) ×, (5) ○

04 (1) ㄱ (2) ㄷ (3) ㄴ

# 03 환경 문제 해결을 위한 노력

• 환경 문제를 해결하고자 하는 정부, 시민 단체, 기업과 개인적 차원의 실천 방안을 제안할 수 있다.

## 1 다양한 환경 문제

### 1. 환경 문제의 발생 원인과 특징

(1) 발생 원인

① 산업 발달, 인구 증가에 따른 자원 소비의 증가

② 무분별한 자연의 개발에 따른 생태계의 자정 능력 상실

(2) 환경 문제의 특징

① 피해를 복구하는 데 오랜 시간과 비용이 들어간다.

② 오염 물질 발생 지역과 피해 지역이 일치하지 않는 경우가 많아 전 지구에 영향을 준다.

### 2. 환경 문제의 유형과 주요 국제 협약

(1) 지구 온난화 : 온실가스 농도 증가로 지구의 평균 기온 상승 현상

| | |
|---|---|
| 원인 | 화석 연료 사용 증가, 삼림 파괴, 가축 사육 증가, 무분별한 경작지 확대 등 |
| 영향 | 빙하 축소, 해수면 상승, 이상 기후 현상 발생, 생태계 변화 등 |
| 대책 | 화석 연료 사용량 감축, 조림 사업 실시 등 |
| 국제 협약 | 기후 변화 협약, 교토 의정서, 파리 기후 변화 협약 |

**화석 연료**
석탄·석유·천연가스와 같은 지하 매장 자원을 이용하는 연료

(2) 오존층 파괴 : 프레온 가스(CFCs) 사용 증가로 오존층 파괴

| | |
|---|---|
| 원인 | 염화 플루오린화 탄소(CFCs)의 사용량 증가 |
| 영향 | 피부암·백내장 발병률 증가, 식물 성장 저해 등 |
| 대책 | 염화 플루오린화 탄소 배출 규제, 대체 냉매제 개발 등 |
| 국제 협약 | 몬트리올 의정서 |

**염화 플루오린화 탄소(CFCs)**
주로 냉장고와 에어컨의 냉매제, 발포제 등으로 사용되는 화합물

(3) 산성비 : pH 5.6 미만의 강한 산성의 비

| | |
|---|---|
| 원인 | 공장·자동차 등에서 나오는 황산화물과 질소 산화물 |
| 영향 | 삼림 파괴, 호수의 산성화와 무생물화, 구조물 및 건물의 부식, 오염 물질의 이동으로 인한 주변 국가와의 분쟁 |

| | |
|---|---|
| 대책 | 공장, 자동차에 탈황 시설 설치, 대체 에너지 자원 개발, 국가 간 협력 등 |
| 국제 협약 | 제네바 협약 |

(4) 사막화 : 건조, 반건조 지역의 토양이 황폐해지면서 사막화하는 현상

| | |
|---|---|
| 원인 | 사막 주변의 장기간 가뭄, 인간의 과도한 방목·개간 |
| 영향 | 식량 생산 감소, 황사 현상 심화 등 |
| 발생 지역 | 사헬 지대, 사막 주변 지역 |
| 국제 협약 | 사막화 방지 협약 |

## 2 환경 문제 해결을 위한 노력

### 1. 정부

(1) 적정한 환경 기준에 대한 법률·제도 정비
① 환경 영향 평가 제도 실시
② 친환경 사업자에 대한 보조금 지급, 오염 물질 배출 사업자 처벌, 부담금 부과

(2) 환경 문제 해결을 위한 국제 협약에 참여 예 탄소 배출권 거래제 참여

### 2. 기업

생산 과정에서의 환경 보호 노력
① 오염 물질 정화 시설 설치
② 친환경 기술 개발 및 제품 생산
③ 신·재생 에너지 개발

### 3. 시민 단체

(1) 환경 문제의 심각성 홍보
(2) 환경 보호 활동에 시민의 참여 유도
(3) 정부의 환경 정책과 기업의 환경 오염 유발 활동 견제 및 감시

### 4. 개인의 노력

(1) 자원 및 에너지 절약 실천
(2) 친환경적 제품 구매 등의 녹색 소비
(3) 시민 단체에 가입하여 환경 감시 활동

**사헬 지대**
아랍어로 변두리를 뜻하는 단어로 사하라 사막의 남쪽

**기타 국제 협약**
- 바젤 협약 : 유해 폐기물의 국가 간 이동 및 그 처리 통제 협약
- 생물 다양성 협약 : 지구상의 생물 종을 보호하기 위한 협약
- 람사르 협약 : 습지의 파괴를 막고 물새가 서식하는 습지대 보호 협약

**환경 영향 평가**
정부 기관 또는 민간에서 대규모 개발 사업 계획을 수립할 때 개발 사업이 환경에 미치는 영향을 미리 예측, 평가하는 제도

**탄소 배출권 거래제**
정부에서 기업에 온실가스 배출 허용량을 정해 주고, 기업에서는 그 범위 내에서 온실가스를 사용해야 함. 남거나 부족한 배출권은 시장에서 거래할 수 있다.

**신·재생 에너지 개발**
태양광, 풍력, 수력, 지열 등의 재생 에너지와 연료 전지, 수소 에너지 등의 신에너지의 합성어

## 개/념/체/크 TEST

**01** 다음 설명에 해당하는 환경 오염 유형을 〈보기〉에서 찾아 기호를 쓰시오.

보 기

ㄱ. 지구 온난화　　ㄴ. 오존층 파괴

ㄷ. 사막화　　ㄹ. 산성비

(1) 화석 연료 사용 증가로 인한 이상 기후 현상이 나타난다. (　　)

(2) 황산화물과 질소 산화물의 영향으로 인한 건물 부식 현상이 나타난다. (　　)

(3) 염화 플루오린화 탄소(CFCs)의 사용량 증가로 백내장, 피부암이 발생한다. (　　)

**02** 다음 설명이 맞으면 ○표, 틀리면 ×표 하시오.

(1) 몬트리올 의정서는 지구 온난화를 해결하기 위한 국제 협약이다. (　　)

(2) 산성비 문제 해결을 위해 제네바 협약을 체결하였다. (　　)

(3) 지구 온난화 현상이 심화되면서 해수면이 상승하여 저지대 침수 피해가 우려되고 있다. (　　)

(4) 환경 문제 해결을 위한 정부와 기업의 역할에 비해 개인의 노력은 중요하지 않다. (　　)

**03** 환경 보호를 위한 다음 노력의 해당 주체를 쓰시오.(단 정부, 기업, 시민 단체 중 선택)

(1) 유통 과정 간소화 (　　　　)

(2) 환경 관련 법 제정 (　　　　)

(3) 환경 오염 행위 감시 (　　　　)

**04** 정부 기관 또는 민간에서 대규모 개발 사업 계획을 수립할 때 개발 사업이 환경에 미치는 영향을 미리 예측, 평가하는 제도를 무엇이라고 하는가?

**05** 괄호에 들어갈 알맞은 말에 ○표 하시오.

(1) 지구 온난화로 인해 우리나라와 같은 온대 기후 지역에서는 (여름, 겨울)이 길어지는 현상이 나타나고 있다.

(2) (기업, 시민 단체)은(는) 환경 문제를 해결하기 위해 신・재생 에너지 개발을 담당한다.

**개념체크 TEST 정답**

**01** (1) ㄱ (2) ㄹ (3) ㄴ

**02** (1) ×, (2) ○, (3) ○ (4) ×

**03** (1) 기업 (2) 정부 (3) 시민 단체

**04** 환경 영향 평가

**05** (1) 여름 (2) 기업

PART Ⅱ

# 적중 예상 문제

정답 및 해설 별책 6p

## 01 자연환경과 인간의 생활 양식

**01** 다음 그림에 대한 설명으로 옳은 것은?

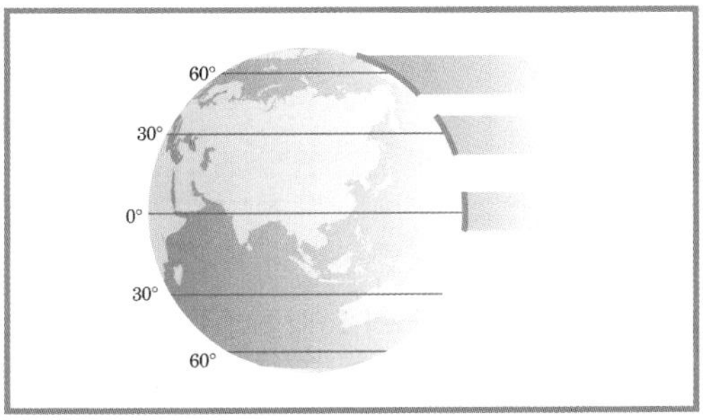


① 위도에 따라 시간 차이가 발생하게 된다.
② 위도와 관계없이 지표가 받는 일사량이 동일하다.
③ 고위도 지역은 햇볕이 수직으로 닿아 기온이 높다.
④ 적도 부근에서 극지방으로 갈수록 일사량이 줄어든다.

**02** (가) 지역의 기후는?

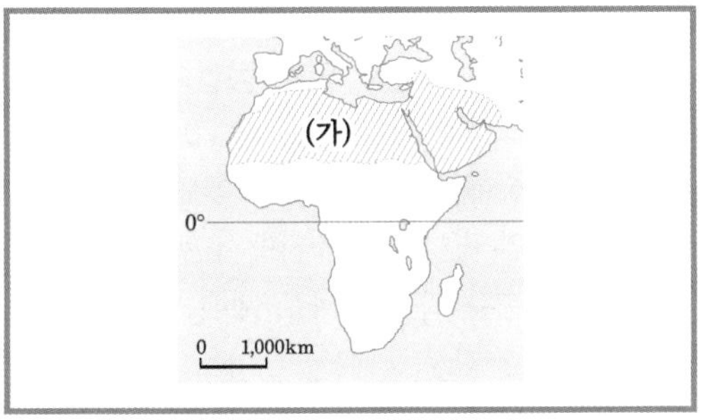


① 열대 기후　　② 건조 기후
③ 온대 기후　　④ 고산 기후

**03** 다음 그래프가 나타내는 기후는?

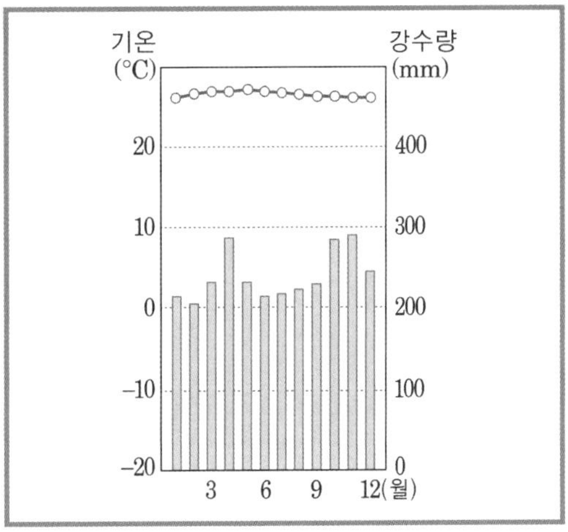


① 건조 기후　　② 냉대 기후
③ 열대 기후　　④ 온대 기후

**04** 열대 우림 지역의 식생활로 옳은 것은?

① 계절별 과일이나 음식을 즐길 수 있다.
② 기름에 튀기거나 향신료를 많이 사용한다.
③ 기업적 목축을 통해 가축을 사육하여 수출한다.
④ 주로 유목을 하여 유제품이나 육류를 주로 먹는다.

**05** 열대 우림 지역의 주거 생활 특징으로 옳은 것은?

① 고상 가옥이 발달하고 폐쇄적 가옥 구조를 이룬다.
② 유목 생활에 편리한 이동식 가옥인 게르를 사용한다.
③ 열기와 습기, 해충의 피해를 막기 위해 고상 가옥을 사용한다.
④ 벽은 두껍고 창문은 작으며, 지붕은 평평한 흙집을 지어 사용한다.

**06** 열대 우림 지역의 전통 농업의 설명으로 옳은 것은?

① 계절풍을 이용한 벼농사를 한다.
② 초지를 찾아 이동하는 이동식 유목이 발달한다.
③ 사료 작물 재배와 목축을 함께하는 혼합 농업을 한다.
④ 숲에 불을 질러 만든 밭에서 카사바, 얌 등을 재배한다.

**07** 다음에서 설명하는 농업 형태는?

> 선진국의 자본・기술과 저개발국의 노동력을 이용하여 상품 작물을 재배하는 방식이다. 열대 기후 지역을 중심으로 카카오, 커피 등이 주로 재배된다.

① 낙농업 ② 수목 농업
③ 혼합 농업 ④ 플랜테이션 농업

**08** 다음과 같은 생활 모습을 볼 수 있는 대표적인 기후 지역은?

> • 오아시스 농업과 유목이 발달함.
> • 낙타를 이용하여 사막을 이동하며 상업 활동을 함.

① 건조 기후 ② 온대 기후
③ 냉대 기후 ④ 한대 기후

**09** 건조 기후 지역의 의식주에 대한 설명으로 옳지 <u>않은</u> 것은?

① 온몸을 천으로 감싸는 헐렁한 옷을 입는다.
② 사막은 오아시스 농업, 스텝은 유목을 한다.
③ 유목 생활에 편리한 이동식 가옥인 게르가 존재한다.
④ 큰 연교차로 인해 벽이 두껍고 창문이 작은 흙집을 사용한다.

**10** 다음 설명과 관련 있는 농업 형태는?

> • 지중해 연안의 여름철 고온 건조한 기후
> • 해안 평야나 구릉지에서 뿌리가 깊고 잎이 두꺼운 과수나 나무 재배
> • 주요 작물 : 레몬, 올리브, 포도, 코르크

① 낙농업 ② 혼합 농업
③ 수목 농업 ④ 고랭지 농업

**11** 다음 온대 기후에 대한 설명으로 옳지 않은 것은?

① 침엽수를 이용한 통나무집을 짓는다.
② 농업은 수목 농업 또는 벼농사를 한다.
③ 대표적인 온대 기후는 지중해성 기후이다.
④ 계절의 변화가 뚜렷하고 기온이 온화하다.

**12** 냉대 기후 지역의 특징으로 옳지 않은 것은?

① 연교차가 크며 눈이 많이 내린다.
② 타이가라고 불리는 침엽수림이 넓게 분포한다.
③ 눈이나 얼음을 이용한 축제와 스포츠가 발달한다.
④ 극지 생물 관찰, 오로라 관측, 빙하 체험 등의 관광이 발달한다.

**13** 한대 기후에 대한 설명으로 옳지 않은 것은?

① 일 년 내내 기온이 낮다.
② 순록의 유목이 나타난다.
③ 고상 가옥, 수상 가옥이 나타난다.
④ 날고기 등의 육류 위주의 식생활이 나타난다.

**14** 다음 설명에 해당하는 자연재해는?

> • 지각판이 충돌하는 경계 지역에서 주로 발생한다.
> • 건물 붕괴, 산사태, 화재 등의 피해가 발생할 수 있다.

① 지진　② 가뭄
③ 홍수　④ 황사

**15** 다음에서 설명하는 자연재해는?

> • 열대 지역 바다에서 발생하여 중위도 지방으로 이동하는 열대 저기압으로 우리나라에 영향을 준다.
> • 강한 바람과 집중 호우로 인한 피해를 가져온다.

① 태풍　② 가뭄
③ 지진　④ 폭설

**16** 다음에서 설명하는 자연재해는 무엇인가?

> • 주로 봄철 중국 내륙에서 발생한 흙먼지가 편서풍을 타고 우리나라로 날아옴.
> • 호흡기와 안구 질환을 유발, 정밀기계 오작동의 피해 발생

① 태풍　② 황사
③ 가뭄　④ 산사태

## 02 자연에 대한 다양한 관점

**17** 인간 중심주의의 입장으로 옳은 것은 무엇인가?

① 인간과 자연은 동등한 가치를 갖는다고 본다.
② 모든 생명체는 도덕적 고려 대상이라고 본다.
③ 자연이 지닌 내재적 가치를 중시해야 한다고 본다.
④ 이분법적 관점과 자연을 도구적 관점으로 파악한다.

**18** 다음과 같은 주장을 한 사상가는?

> "아는 것이 힘이다. 방황하고 있는 자연을 사냥해 노예로 만들어 인간의 이익에 봉사하도록 해야 한다."

① 베이컨 ② 데카르트
③ 아퀴나스 ④ 아리스토텔레스

**19** 다음 사상가의 입장에 대한 설명으로 옳은 것은?

> "자연에 대한 우리의 의무는 인간성 실현을 위한 간접적인 도덕 의무에 불과하다."

① 이분법적 세계관을 반대하고 있다.
② 자연을 위한 도덕적 의무가 없다고 본다.
③ 자연의 가치를 인간의 관점에서 판단한다.
④ 인간과 자연은 본래적 가치를 지닌다고 본다.

**20** 인간 중심주의의 긍정적 의의로 옳은 것은?

① 인간이 자연을 보전하게 해준다.
② 인간이 생태계의 구성원임을 인식하게 해준다.
③ 환경 문제를 해결하기 위한 시사점을 제공해준다.
④ 인간이 자연을 탐구해 경제 성장을 이루게 해준다.

**21** 생태 중심주의에 대한 설명으로 옳은 것은?

① 인간과 자연을 상호 독립적인 존재라고 본다.
② 인간과 자연을 전일론적 관점에서 바라보게 해준다.
③ 자연의 가치를 경제적 효용성의 측면에서만 판단한다.
④ 인간은 우월한 존재로서 자연을 지배해야 한다고 본다.

**22** 다음과 같은 주장을 한 사상가는?

> 생태계를 하나의 유기체로 보고 공동체의 범위를 동물, 토양, 물을 포함한 대지까지 확장해야 한다.

① 칸트 ② 레오폴드
③ 아퀴나스 ④ 아리스토텔레스

**23** 자연에 대한 갑, 을의 입장으로 옳은 것은?

> 갑 : 방황하고 있는 자연을 사냥해서 노예로 만들어 인간의 이익에 봉사하도록 한다.
> 을 : 생명 공동체의 통합성과 안정성 그리고 아름다움의 보전에 이바지한다면, 그것은 옳다. 그렇지 않다면 그르다.

① 갑 : 자연에 대한 본래적 가치를 인정한다.
② 갑 : 인간은 물론 동물과 생태계도 도덕적 고려의 대상이다.
③ 을 : 인간을 제외한 자연 전체를 하나로 보는 전일론적 관점을 지닌다.
④ 을 : 도덕적 고려의 범위를 개별 생명체가 아닌 생태계 전체로 확대한다.

**24** 다음과 같은 주장을 한 동양 사상은 무엇인가?

> 하늘을 아버지라고 하고, 땅을 어머니라 한다. 나는 그 가운데 혼연히 있다. 그러므로 천지에 가득 찬 기운은 나의 몸이요, 천지를 운용하는 원리는 나의 본성이 된다.

① 유교 ② 불교
③ 무속 신앙 ④ 도교

**25** 다음과 같은 주장을 한 동양 사상은 무엇인가?

> 모든 존재와 현상은 무수한 원인과 조건에 의해 생겨나며, 그 원인과 조건이 없으면 결과도 없다.

① 유교 ② 불교
③ 도교 ④ 무속 신앙

**26** 다음 동양 사상의 자연관에 대한 설명으로 옳지 <u>않은</u> 것은?

① 유교는 하늘과 인간이 하나로 일치하는 경지를 추구한다.
② 불교는 모든 생명을 소중히 여기며 자비를 베풀 것을 강조한다.
③ 도교는 신의 섭리에 따라 인간이 자연을 사용하도록 운명 지어졌다고 본다.
④ 동양 사상의 자연관은 자연이 본래적 가치를 지니고 있으며 인간과 자연은 조화를 이루어야 한다는 공통점을 지닌다.

**27** 인간과 자연의 조화로운 공존을 위한 노력으로 옳지 <u>않은</u> 것은?

① 동양의 자연관을 지향해야 한다.
② 생태 공동체 의식을 정립해야 한다.
③ 다른 생명체를 존중하고 인간의 욕망을 절제해야 한다.
④ 생태계를 위해 인간의 어떤 개입도 허용하지 말아야 한다.

**28** 갑, 을의 입장에 대한 설명으로 옳은 것은 무엇인가?

> 갑 : 자연에 대한 우리의 의무는 인간성 실현을 위한 간접적인 도덕 의무에 불과하다.
> 을 : 만물이 서로 연결되어 상호 의존하고 있다는 연기(緣起)를 깨달아야 한다.

① 갑은 자연을 보호하는 생태 중심주의 입장이다.
② 갑은 자연 보호는 인간의 직접적 의무라고 본다.
③ 갑과 을은 자연 보호를 해야 한다고 주장한다.
④ 갑과 을은 생태계에 위계질서가 있다고 주장한다.

## 03 환경 문제 해결을 위한 노력

**29** 환경 문제에 대한 설명으로 옳지 <u>않은</u> 것은?

① 피해를 복구하는 데 오랜 시간과 비용이 들어간다.
② 인구 증가, 산업 발달에 따른 자원 소비 증가로 발생한다.
③ 생태계의 자정 능력을 넘는 무분별한 자연의 개발로 나타난다.
④ 오염 물질이 발생되는 지역만 영향을 주기 때문에 전 지구적 영향은 적다.

**30** 다음에서 설명하는 환경 문제는 무엇인가?

> 염화 플루오린화 탄소(CFCs)의 사용량 증가로 피부암・백내장의 발병률이 증가하며, 식물 성장에 부정적 영향을 준다.

① 산성비 ② 사막화
③ 지구 온난화 ④ 오존층 파괴

**31** 다음과 같은 영향을 주는 환경 문제는 무엇인가?

> 화석 연료의 사용 증가로 빙하가 축소, 해수면 상승, 이상 기후 현상 등이 발생된다.

① 산성비 ② 사막화
③ 지구 온난화 ④ 오존층 파괴

**32** 환경 문제 해결을 위한 국제 협약의 설명으로 옳지 <u>않은</u> 것은?

① 파리 협정은 지구 온난화를 해결하기 위한 협약이다.
② 교토 의정서는 지구 온난화로 인해 나타나는 문제를 해결하기 위한 협약이다.
③ 몬트리올 의정서는 황산화물로 인해 나타나는 산성비 피해를 해결하기 위한 협약이다.
④ 사막 방지 협약은 사막 주변의 장기간 가뭄으로 나타나는 문제를 해결하기 위한 협약이다.

**33** 지도에 표시된 지역에서 발생하는 환경 문제의 원인에 대한 설명으로 옳지 <u>않은</u> 것은?

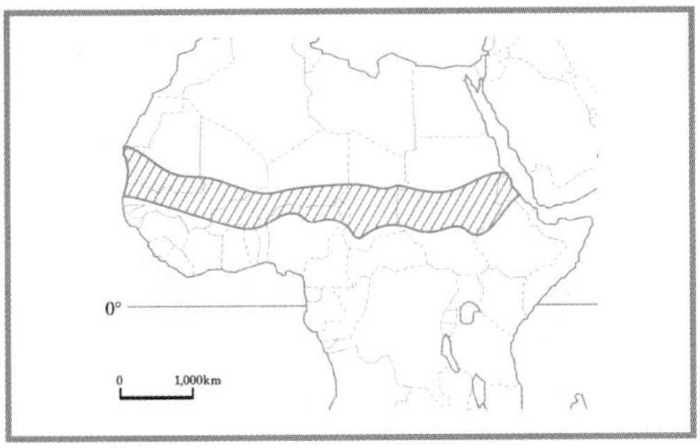


① 공업화가 급속하게 진행되어 생태계가 파괴되었다.
② 오랜 가뭄과 인구 증가로 인해 사막화가 나타난다.
③ 지나친 경작지 개간으로 토양 침식이 커졌다.
④ 유목민들의 과도한 방목으로 땅이 황폐화되었다.

**34** 다음 중 환경 문제 해결을 위한 정부 차원의 노력으로 적절하지 <u>않은</u> 것은?

① 환경 오염의 발생을 규제하는 제도를 마련한다.
② 오염 물질을 배출하는 기업에 국가 보조금을 지급한다.
③ 친환경 사업을 육성하고 청정 에너지 연구를 장려한다.
④ 환경 영향 평가를 실시하여 개발 사업에 따른 환경 오염을 최소화한다.

**35** 다음 중 환경 문제 해결을 위한 시민 단체의 노력으로 가장 적절한 것은?

① 친환경 제품의 생산 개발에 힘쓴다.
② 친환경 제품의 인증 제도를 시행한다.
③ 환경 오염을 유발하는 기업에 압력을 행사한다.
④ 유통 및 폐기 과정에서 오염 물질 배출을 최소화한다.

**36** 기업의 친환경 경영을 위한 노력으로 적절하지 <u>않은</u> 것은?

① 환경 영향 평가 제도를 실시한다.
② 친환경 제품을 생산하려고 노력해야 한다.
③ 상품 유통 과정을 줄이려고 노력해야 한다.
④ 버려진 제품을 재활용하여 새로운 제품을 공급한다.

ABCD
1234567890

PART
# III

# 생활 공간과 사회

01 산업화 · 도시화에 따른 변화

02 교통 · 통신의 발달과 정보화에 따른 변화

03 지역과 공간 변화

이 단원에서는 산업화 · 도시화, 교통 · 통신의 발달에 따른 지역과 공간의 변화에 대해 알아볼 것이다.
변화하는 생활 공간이 우리의 삶에 어떤 영향을 미치며, 생활 공간 및 생활 양식의 변화로 나타난 문제에 관한 적절한 대응 방안을 배울 수 있다.

# 01 산업화 · 도시화에 따른 변화

- 산업화 · 도시화로 나타난 생활 공간과 생활 양식의 변화를 알 수 있다.
- 산업화 · 도시화로 나타난 문제점을 해결하는 방안을 제시할 수 있다.

## 1 산업화와 도시화에 따른 변화

### 1. 산업화와 도시화

(1) 산업화

① 의미 : 농업 중심의 사회에서 공업, 서비스업 중심으로 변화하는 현상

② 특징 : 산업화로 인해 광공업과 서비스업의 종사자 비중이 늘어남.

(2) 도시화

① 의미 : 한 국가 내에서 도시 거주 인구 비율이 높아지고 도시적 생활 양식과 도시적 경관이 확대되는 현상

② 특징 : 산업화가 진행되면서 촌락에서 도시로의 인구 이동이 활발해져 도시화의 가속화에 영향을 준다.

**Click** 우리나라의 산업화와 도시화 특징

[우리나라의 산업 구조의 변화와 도시화율 변화]

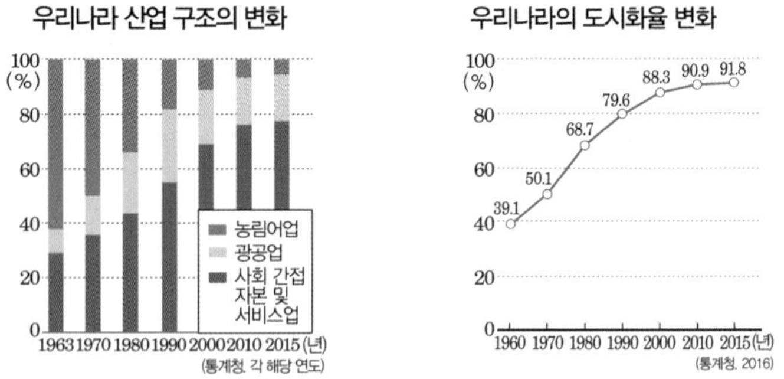


- 우리나라의 산업 변화 특징

1960년대 이전까지 농림어업 중심의 1차 산업 중심의 사회였으나, 1960년대 이후 산업화로 광공업과 서비스업의 비중이 점차 늘어났다.

- 우리나라의 도시화 변화 특징

1960년대 이전 대부분의 인구는 촌락에 거주하였다. 1960년대에 시작된 산업화와 함께 이촌 향도 현상으로 도시 인구가 증가하면서 도시화도 빠르게 진행되어 현재는 전체 인구의 90% 이상이 도시에 거주하고 있다.

**도시화율**
전체 인구 중에서 도시에 사는 인구가 차지하는 비율을 말한다.

**이촌 향도**
현재 개발 도상국가에서 주로 나타나는 현상으로 농촌인구가 일자리를 찾아 도시로 향하는 것을 말한다.

### 2. 산업화 · 도시화에 따른 생활 공간의 변화

(1) 거주 공간의 변화

① 집약적 토지 이용 : 도시에 많은 인구와 기능이 집중되면서 제한된 공간을 효율적으로 이용하기 위해 고층 건물, 아파트 등이 등장하였다.

② 도시 내부 공간의 분화 : 도시의 규모가 커질수록 도시 내부의 공간 분화가 뚜렷해짐. ➜ 지대에 따라 상업 · 업무 지구, 공업 지구, 주거 지구로 분화

(2) 생태 환경의 변화

① 녹지 면적 감소 : 산업 지역이나 도시의 확대로 농경지, 산림과 같은 자연 상태의 토지가 감소

② 포장 면적 증가 : 도시 지표면 중 콘크리트와 같은 인공 구조물이 증가 ➜ 불투수층 면적 증가로 홍수 발생 위험 증가

### 3. 산업화 · 도시화에 따른 생활 양식의 변화

| | |
|---|---|
| 도시성의 확산 | • 도시성의 의미 : 도시에 거주하는 사람들이 가지는 사고 및 행동 양식<br>• 교통 · 통신의 발달로 도시 · 촌락 간 교류 증가 ➜ 도시성이 보편적인 생활 양식으로 확산됨.<br>• 자율성과 다양성이 존중되었으나 사회적 유대감이 약화됨. |
| 직업 분화 촉진 | 2 · 3차 산업의 발달로 인해 직업이 분화되고 전문성이 증가함. 특히 도시 거주민의 직업이 다양하게 나타남. |
| 개인주의적 가치관의 확산 | 농업 사회에서는 집단, 공동체에 대한 의무를 중시하지만 산업화 · 도시화로 인해 공동체보다 개인을 강조하는 경향이 커짐 ➜ 개인주의적 가치관이 확산되고 개인 간 경쟁이 치열해짐. |

## 2 산업화 · 도시화에 따른 문제점과 해결 방안

### 1. 산업화 · 도시화로 인한 문제

(1) 주택 문제 : 도시 인구 급증으로 인해 주택 부족, 집값 상승, 불량 주택 지역이 형성된다.

(2) 교통 문제 : 교통량 증가에 비해 교통 시설 부족으로 인해 교통 혼잡, 주차난 등의 문제가 발생한다.

**지대**
지대는 건물이나 토지를 빌린 대가로 지급하는 임대료를 뜻한다.

**기능에 따른 도시 내 지대 변화**

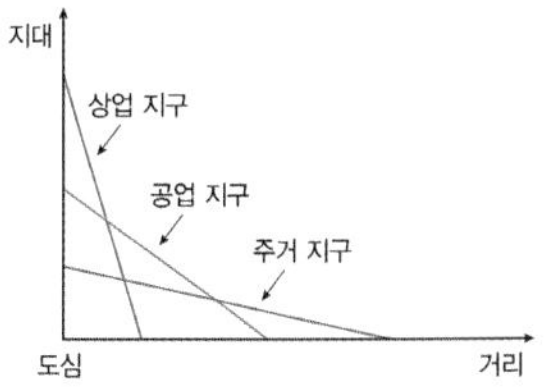


**불투수층**
빗물이 흡수되지 못하는 지층

**개인주의**
개인의 존엄성과 자율성을 중시하는 입장으로 자기만의 이익을 중심에 두고, 다른 사람이나 사회의 이익은 고려하지 않는 이기주의와는 다르다.

**불량 주택 지역**
낡고 오래된 주택들이 모여 있는 곳으로 슬럼(slum)이라고 한다.

**인공열**
인간 활동에 의해 만들어진 열
예 자동차 엔진 열, 난방열

**인간 소외 현상**
노동 과정에서 인간이 도구나 기계로 전락하여 소외되는 현상이다.

(3) 환경 문제

| | |
|---|---|
| **수질 오염** | 산업 폐수 및 가정에서 배출되는 폐수 증가 |
| **토양 오염** | 산업 폐기물이나 생활 쓰레기의 증가로 인한 토양 오염 발생 |
| **대기 오염** | 공장, 자동차 등에서 배출되는 매연 증가 |
| **열섬 현상** | 도시 내 콘크리트나 아스팔트로 포장된 면적 증가, 인공열 증가로 도시의 평균 기온이 주변 지역보다 높아짐. |

(4) 여러 가지 사회 문제 : 노사 갈등, 실업 문제, 물질 만능주의, 빈부 격차 심화, 인간 소외 현상 등

## 2. 산업화 · 도시화로 인한 문제의 해결 방안

(1) 사회적 차원에서의 해결 방안

| | |
|---|---|
| **주택 문제 해결** | 낙후된 지역의 생활 환경 개선, 도시 재개발 사업 추진 |
| **교통 문제 해결** | 대중교통 수단 확충, 공영 주차장 확대 |
| **환경 문제 해결** | 환경 관련 법적 규제 강화, 환경과 조화를 이루는 개발 추진 |
| **사회 문제 해결** | 노동자를 위한 제도 마련, 저소득층에 대한 제도적 지원 강화 |

(2) 개인적 차원에서의 해결 방안

① 대중교통을 이용하고 환경 오염 물질 배출을 최소화하는 생활을 실천해야 한다.

② 인간 소외 문제를 해결하기 위해 공동체 의식 함양, 타인을 존중하려는 의식을 가져야 한다.

## 개/념/체/크 TEST

**01 빈칸에 들어갈 알맞은 말을 쓰시오.**

(1) (        )(이)란 농업 중심의 사회가 공업, 서비스업 중심의 사회로 변화하는 과정을 의미한다.

(2) (        )(이)란 도시에 거주하는 인구의 비율이 증가하고 도시적 생활 양식이 확산되는 현상을 말한다.

(3) (        )(이)란 도시에 거주하는 사람들이 가지는 사고 및 행동 양식을 말한다.

(4) (        )(이)란 도심의 기온이 도심 주변 지역이나 외곽 지역의 기온보다 높아지는 현상을 말한다.

**02 다음 설명이 맞으면 ○표, 틀리면 ×표 하시오.**

(1) 산업화와 도시화로 인해 직업이 분화되고 전문성이 증가하면서 직업의 수는 감소하였다. (        )

(2) 산업화와 도시화로 인해 집단보다 개인의 정체성을 중요시하는 가치관이 확대되었다. (        )

(3) 산업화와 도시화로 인해 고층 건물, 아파트 등이 등장하면서 집약적 토지 이용이 나타났다. (        )

(4) 도시의 규모가 커질수록 도시 내부의 공간 분화가 뚜렷해진다. (        )

(5) 산업화와 도시화에 따른 불투수층 면적 증가로 홍수 발생 위험이 증가한다. (        )

**03 산업화·도시화로 인한 문제 해결 방안 중 사회적 차원과 개인적 차원에 해당하는 것을 〈보기〉에서 고르시오.**

보 기

ㄱ. 대중교통 이용　　　ㄴ. 비정규직 보호법
ㄷ. 공영 주차장 확대　　ㄹ. 공동체 의식 함양

(1) 사회적 차원 :

(2) 개인적 차원 :

**개념체크 TEST 정답**

**01** (1) 산업화 (2) 도시화 (3) 도시성 (4) 열섬 현상

**02** (1) ×, (2) ○, (3) ○ (4) ○, (5) ○

**03** (1) ㄴ, ㄷ (2) ㄱ, ㄹ

# 02 교통·통신의 발달과 정보화에 따른 변화

- 교통·통신의 발달로 나타난 생활 공간과 생활 양식의 변화를 알 수 있다.
- 교통·통신의 발달로 나타난 문제점을 해결하는 방안을 제시할 수 있다.

**지구촌**
지구 전체를 한 마을처럼 여겨 이르는 말이다.

**다국적 기업**
여러 나라에 계열 회사를 확보하여 상품을 생산·판매하는 기업

**전자 상거래**
인터넷, TV 홈쇼핑 등을 이용하여 물건을 사고파는 행위

**접근성**
특정 지역이나 시설로 얼마만큼 쉽게 접근할 수 있는가를 말한다.

**빨대 효과**
빨대로 컵의 음료를 빨아들이듯이, 교통이 편리한 지역이 상대적으로 교통이 불편한 지역의 경제력을 흡수하는 현상이다.

## 1 교통·통신의 발달에 따른 생활 공간과 생활 양식의 변화

### 1. 교통·통신 발달에 따른 생활 공간의 변화

(1) 생활 공간의 확대
① 교통의 발달로 이동 시간과 비용이 감소되어 생활 공간 범위가 확대된다.
② 시·공간적 제약이 완화되어 지구촌 사회 형성
③ 누리 소통망(SNS)을 이용한 의사소통이 보편화된다.

### 2. 교통·통신 발달에 따른 생활 양식의 변화

(1) 경제 활동 범위의 확대 : 자본, 상품, 노동력의 국제적 이동이 활발해짐 ➜ 다국적 기업 등장

(2) 여가 공간의 확대 : 장거리 이동이 가능해지면서 국내외 여행 증가 ➜ 다양한 문화 체험 기회 증가

(3) 정보 교류 증가 : 전자 상거래 활성화, 다양한 소통과 인간관계 형성

### 3. 교통·통신의 발달에 따른 문제점과 해결 방안

(1) 생활 공간의 격차

| | |
|---|---|
| 문제점 | • 접근성이 좋은 대도시가 주변의 중소 도시, 농촌의 경제력을 흡수하여 지역 격차 심화 ➜ 빨대 효과<br>• 교통·통신 발달의 혜택에서 소외된 지역은 경제가 쇠퇴 |
| 해결 방안 | • 지역 격차 해소를 위한 정책 수립<br>• 지역 특성을 살린 개발 전략을 통해 지역 경쟁력 강화<br>예 지역 축제, 특산물 홍보 |

(2) 생태 환경의 변화

| | |
|---|---|
| 문제점 | • 새로운 도로, 교통 시설 건설로 생태계 파괴<br>• 교통량의 증가로 교통 체증과 대기 오염 및 각종 소음 공해 발생<br>• 항공기, 선박의 국제적 이동 증가로 외래 생물 종 전파, 해양 기름 유출사고 증가 |
| 해결 방안 | • 개발 계획 수립 시 환경 영향 평가 실시<br>• 도로 건설 시 생태 통로 건설<br>• 자동차 배기가스 저감 장치 설치<br>• 선박 평형수 처리 장치 의무화 |

**선박 평형수**
선박의 무게 중심을 유지하기 위해 선박 내에 채워 넣거나 빼는 바닷물. 이 과정에서 외래종이 유입되며 생태계가 교란될 수 있다.

## 2 정보화에 따른 생활 양식의 변화

### 1. 정보화 사회의 의미

과학 기술의 발달로 컴퓨터, 인터넷, 인공위성 등을 이용한 신속, 정확한 정보 수집이 가능해지고, 지식과 정보가 부의 원천이 되는 사회를 말한다.

### 2. 정보화에 따른 생활 양식 변화

(1) 정보화로 인한 공간 이용 방식의 변화

① 위치정보시스템(GPS)

㉠ 의미 : 인공위성이 보내는 신호를 수신하여 현재 위치를 알려주는 시스템

㉡ 활용 : 자동차 내비게이션, 대중교통 도착 알림 시스템

② 지리정보시스템(GIS)

㉠ 의미 : 지리 정보를 수치화하여 컴퓨터에 입력·저장하고, 이를 다양한 방법으로 분석·종합하여 제공하는 시스템

㉡ 활용 : 입지 분석, 상권 분석 및 입지 선정, 자원 개발 및 재난 예방

(2) 정보화에 따른 생활 양식 변화

| | |
|---|---|
| 정치적 영역 | 누리 소통망(SNS)을 이용하여 선거 운동, 인터넷 게시판을 활용한 여론 형성 등 시민의 정치적 참여 확대 |
| 경제적 영역 | 재택 근무를 통한 효율적인 업무, 전자 상거래를 통한 소비 생활 |
| 사회적 영역 | 유비쿼터스 구축으로 온라인 교육·진료 서비스 확대 |

**원격 탐사**
인공위성, 항공기를 이용하여 인간이 접근하기 어려운 지역의 정보를 수집하는 기술은 원격 탐사이다.

**누리 소통망(SNS)**
온라인을 통해 인적 관계망을 연결하여 시간이나 장소에 제약받지 않고, 자유롭게 의사소통을 할 수 있다.

**유비쿼터스**
사물을 네트워크로 연결하여 시간·장소에 관계없이 이용할 수 있게 하는 기술이다.

## 3. 정보화에 따른 문제점과 해결 방안

(1) 인터넷 중독

① 문제점 : 인터넷 사용을 스스로 조절하지 못해 일상 생활에 지장을 초래

② 해결 방안 : 인터넷 중독 예방 및 치료 프로그램 운영

(2) 사이버 범죄

① 문제점 : 개인정보 유출, 사생활 침해, 인터넷 금융 사기, 악성 댓글

② 해결 방안 : 정보 윤리 강화, 사이버 범죄 관련 법령 강화 등

(3) 사생활 침해

① 문제점 : 개인정보 유출, CCTV, 휴대전화 위치 추적 등을 통한 감시나 통제

② 해결 방안 : 개인정보 보호법, 지능정보화 기본법 등의 법률 정비 및 강화

(4) 정보 격차

① 정보의 소유 정도에 따라 지역·계층 간의 격차 발행

② 해결 방안 : 정보 소외 지역과 계층에 컴퓨터 보급, 컴퓨터 활용 교육 프로그램 지원, 사회 복지 제도 확충

**지능정보화 기본법**
지능정보화 관련 정책의 수립 추진에 필요한 사항을 규정함으로써 지능정보사회의 구현에 이바지하고 국가경쟁력을 확보하기 위한 법이다.

## 개/념/체/크 TEST

**01 다음 설명이 맞으면 ○표, 틀리면 ×표 하시오.**

(1) 교통 · 통신의 발달로 생활 공간의 범위가 축소된다. (　　)

(2) 교통 · 통신의 발달로 시 · 공간적 제약이 완화된다. (　　)

(3) 교통 · 통신의 발달로 여가 공간이 확대된다. (　　)

(4) 교통 · 통신의 발달로 상대적으로 교통이 불편한 지역과의 격차가 심해지기도 한다. (　　)

(5) 새로운 도로, 교통 시설의 건설로 생태계가 파괴된다. (　　)

**02 빈칸에 들어갈 알맞은 말을 쓰시오.**

(1) (　　　　　)(이)란 인공위성을 활용하여 현재 위치를 알려 주는 시스템이다.

(2) (　　　　　)(이)란 다양한 지리 정보를 수치화하여 컴퓨터에 입력 · 저장하고, 이를 다양한 방법으로 분석 · 종합하여 제공하는 시스템이다.

(3) (　　　　　)(이)란 사물을 네트워크로 연결하여 시간 · 장소에 관계없이 이용할 수 있는 기술을 말한다.

**03 정보화에 따른 문제점과 해결 방안을 바르게 연결하시오.**

(1) 정보 격차 • 　　　　• ㉠ 인터넷 사용 시간 제한

(2) 사이버 범죄 • 　　　　• ㉡ 정보 윤리 강화

(3) 인터넷 중독 • 　　　　• ㉢ 정보화 활용 교육 지원

**04 과학 기술의 발달로 컴퓨터, 인터넷, 인공위성 등을 이용한 신속, 정확한 정보 수집이 가능해지며, 지식과 정보가 부의 원천이 되는 사회를 (　　　　) 사회라고 한다.**

**개념체크 TEST 정답**

01 (1) ×, (2) ○, (3) ○
(4) ○, (5) ○

02 (1) 위치정보시스템(GPS)
(2) 지리정보시스템(GIS)
(3) 유비쿼터스

03 (1) ㉢　(2) ㉡
(3) ㉠

04 정보화

# 03 지역과 공간 변화

- 지역 조사 과정을 알 수 있다.
- 공간 변화에 따른 문제점을 확인하고 해결 방안을 알 수 있다.

## 1 내가 사는 지역 변화

**지역성**
지역성은 지역의 정체성을 반영하기 때문에 최근에는 지역성에 바탕을 두고 지역 발전을 추구하는 지역이 많아지고 있다.

### 1. 지역과 지역성

(1) 지역 : 지리적 특성이 다른 지역과 구별되는 지표상의 공간 범위

(2) 지역성

① 자연환경과 인문환경의 상호 작용으로 형성된 지역의 고유한 특성

② 고정된 것이 아니며 시간에 따라 변화한다.

③ 교통 통신의 발달 및 교류의 활성화로 지역의 고유성이 약화되는 추세

### 2. 지역 조사

(1) 의미 : 지역에 대한 정보를 수집·분석하여 지역의 변화 및 문제점을 파악하는 활동이다.

(2) 지역 조사 과정

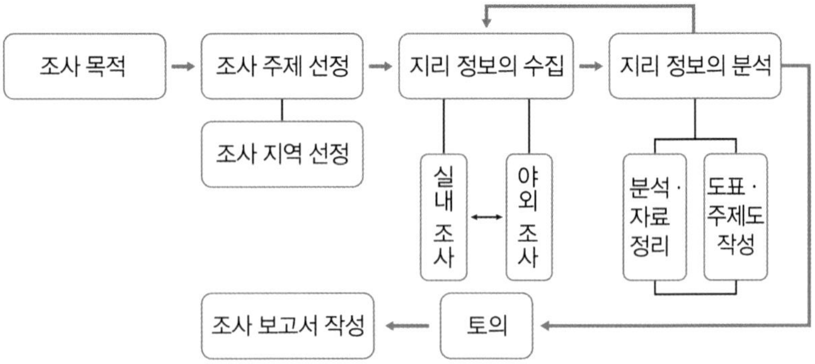


**항공 사진**
항공기를 타고 공중에서 지표를 촬영한 것을 말한다.

① 실내 조사 : 문헌, 지도, 사진, 항공 사진 등을 통해 지역 정보를 수집하고 야외 조사(현지 조사)를 위한 준비를 한다.

② 야외 조사(현지 조사) : 해당 지역을 직접 방문하여 면담, 설문, 촬영 등을 통해 지리 정보를 수집한다.

## 3. 공간 변화에 따른 문제점과 대책

### (1) 도시에서 발생하는 문제점과 해결 방안

| | |
|---|---|
| **문제점** | 인구 과밀로 인한 각종 기반시설 부족, 도시 내의 낙후된 공간으로 주민들의 삶의 질 저하 |
| **해결 방안** | 도시 기반시설 확충, 재개발을 통한 주거 환경 개선 등 |

### (2) 중소 도시의 공간 변화에 따른 문제점과 해결 방안

| | |
|---|---|
| **문제점** | 일자리나 문화 공간 등의 부족, 대도시로의 인구 유출 등 |
| **해결 방안** | 지역 특성화 사업 추진, 업무 기능 확충을 통한 자족 기능 확대 |

### (3) 촌락의 지역 문제점과 해결 방안

| | |
|---|---|
| **도시와 가까운 촌락** | 도시화가 진행되면서 도시의 인구가 촌락으로 유입 ➜ 공동체 의식과 전통문화가 약화됨. |
| **도시와 멀리 떨어진 촌락** | 인구 감소로 인한 노동력 부족, 성비 불균형으로 인한 농촌 총각 결혼 문제 발생, 교육 및 의료, 문화 생활 여건 등이 악화 |
| **해결 방안** | 교육·의료·문화 시설 확충, 지역 브랜드화, 지리적 표시제, 지역 축제 등의 사업 추진 |

**성비 불균형**
성비는 여성 인구 수에 대한 남성 인구 수의 비율을 나타낸 것임. 촌락은 20~30대 여성의 인구 유출이 지속되면서 성비 불균형이 심화되고 있다.

**지역 브랜드**
지역이나 지역의 상품을 특별한 브랜드로 인식시키고 홍보하는 것이다.

**지리적 표시제**
농산물 및 그 가공품의 특징이 지리적 특성에 기인하는 경우 그 지역의 특산품임을 인증하는 제도이다.

## 개/념/체/크 TEST

**01** 〈보기〉의 지역 조사 과정을 순서대로 나열하시오.

보기

ㄱ. 지역 정보 수집　　ㄴ. 보고서 작성
ㄷ. 지역 정보 분석　　ㄹ. 조사 계획 수립

**02** 지역 조사 과정 중 실내 조사와 야외 조사에 해당하는 것을 〈보기〉에서 고르시오.

보기

ㄱ. 항공 사진 수집　　ㄴ. 문헌 조사
ㄷ. 설문 조사　　ㄹ. 면담, 촬영

(1) 실내 조사 :

(2) 야외 조사 :

**03** 다음 설명이 맞으면 ○표, 틀리면 ×표 하시오.

(1) 중소 도시는 일자리나 문화 공간 부족 문제가 나타난다. ( )

(2) 도시와 가까운 촌락은 인구가 유출된다. ( )

(3) 도시와 가까운 촌락은 공동체 의식과 전통문화가 약화된다. ( )

(4) 도시와 멀리 떨어진 촌락은 인구 감소로 노동력 부족 문제가 나타난다. ( )

(5) 도시와 멀리 떨어진 촌락은 결혼 적령기 연령의 성비 불균형 현상이 나타난다. ( )

**04** 농산물 및 그 가공품의 특징이 지리적 특성에 기인하는 경우 그 지역의 특산품임을 인증하는 제도이다. 2002년에 보성 녹차가 최초로 등록이 되었다. 이 제도는 무엇인가?

개념체크 TEST **정답**

**01** ㄹ → ㄱ → ㄷ → ㄴ

**02** (1) ㄱ, ㄴ (2) ㄷ, ㄹ

**03** (1) ○, (2) ×, (3) ○
(4) ○, (5) ○

**04** 지리적 표시제

PART III

# 적중 예상 문제

정답 및 해설 별책 10p

## 01 산업화 · 도시화에 따른 변화

**01** 산업화 · 도시화에 대한 설명으로 옳지 않은 것은?

① 산업화란 2차 · 3차 산업의 비중이 높아지는 현상을 말한다.
② 산업화가 나타남에 따라 도시로의 인구 이동이 활발해진다.
③ 산업화가 진행되면서 촌락에서 도시로의 인구 이동이 활발하다.
④ 도시화는 한 국가의 도시 거주 인구 비율이 낮아지고 도시적 생활 양식이 나타난다.

**02** 다음 중 산업화 · 도시화에 따른 생활 공간의 변화를 바르게 설명한 것은?

① 도시의 홍수 발생 위험도가 감소한다.
② 도심 지역의 온도가 주변 지역보다 낮게 나타난다.
③ 대도시와 촌락이 하나의 생활권을 이루는 대도시권이 형성된다.
④ 도심에는 주거와 공업 기능이 집중되고 주변 지역은 업무와 상업기능이 입지한다.

**03** 다음 중 산업화 · 도시화에 따른 생활 양식의 변화 내용으로 보기 어려운 것은?

① 개인보다는 사회 공동체에 대한 의무가 중시된다.
② 직업 선택의 폭이 넓어지고 직업이 세분화 · 전문화된다.
③ 구성원들은 매우 이질적이고, 개인주의적인 생활 방식이 나타난다.
④ 교통 · 통신의 발달로 도시성이 점차 보편적인 생활 양식이 되고 있다.

**[04~05] 다음 물음에 답하시오.**

**04** 다음과 같은 현상이 나타나는 원인으로 옳지 않은 것은?

> 서울의 중심인 중구는 주변 지역보다 최고 4℃ 가까이 높게 나타난다. 낮보다 밤에, 여름보다 겨울에 이러한 현상은 뚜렷하게 나타난다.

① 인공 열이 발생하기 때문이다.
② 호수와 공원이 많기 때문이다.
③ 콘크리트 구조물이나 아스팔트 포장면적이 넓기 때문이다.
④ 바람이 지나가는 길이 높은 건물로 차단되어 있기 때문이다.

**05** 위와 같은 문제점을 해결하기 위한 방안으로 적절하지 않은 것은?

① 도심에 공원을 조성한다.
② 건물 옥상에 정원을 만들어 녹지 공간을 마련한다.
③ 불투수층 블록을 깔아 빗물의 지표유출을 증가시킨다.
④ 도시 주변의 녹지 공간을 보존하기 위해 개발제한구역을 설정한다.

**06** 다음 그래프는 우리나라의 산업 구조의 변화를 나타낸 것이다. 이를 토대로 추론한 내용으로 옳은 것은?

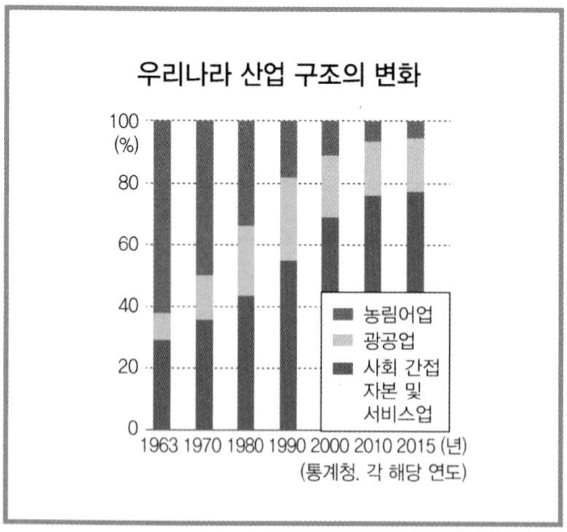


① 직업의 종류가 줄어들었을 것이다.
② 공동체 의식이 약화되었을 것이다.
③ 평균 가구원 수가 증가했을 것이다.
④ 평균적인 소득 수준이 하락했을 것이다.

**07** 산업화 · 도시화로 인한 문제점으로 옳지 않은 것은?

① 도시 인구 급증으로 주택 문제가 나타난다.
② 교통량 증가로 교통 혼잡, 주차난 등의 문제가 발생한다.
③ 수질 오염, 토양 오염, 대기 오염 등의 환경 문제가 발생한다.
④ 인간 소외 현상이 완화되고 노사 갈등, 실업 문제, 물질 만능 주의의 현상이 나타난다.

**08** 산업화 · 도시화로 인한 문제 해결 방안으로 옳지 않은 것은?

① 교통 문제는 대중교통을 확충하고, 공영 주차장을 확대한다.
② 지역 불평등을 완화하기 위해 도심 지역을 우선적으로 개발한다.
③ 노동 문제는 노동자를 위한 제도를 마련하고 저소득층에 대한 제도적 지원을 강화한다.
④ 환경 오염 문제는 환경 관련 법적 규제를 강화하고, 환경과 조화를 이루는 개발을 추진한다.

**09** 산업화 · 도시화 문제를 해결하기 위한 개인적 방안을 〈보기〉에서 고른 것은?

보기
ㄱ. 저소득층에 대한 제도적 지원을 강화한다.
ㄴ. 환경 오염 물질 배출을 최소화하는 생활을 실천해야 한다.
ㄷ. 인간 소외 문제를 해결하기 위해 공동체의식을 함양해야 한다.
ㄹ. 대중교통 수단을 확충하며, 환경과 조화를 이루는 개발을 추진해야 한다.

① ㄱ, ㄴ　② ㄱ, ㄷ
③ ㄴ, ㄷ　④ ㄴ, ㄹ

## 02 교통 · 통신의 발달과 정보화에 따른 변화

**10** 교통 · 통신의 발달에 따른 인간 생활 변화에 대한 설명으로 옳은 것을 〈보기〉에서 고른 것은?

보기
ㄱ. 시 · 공간적 제약이 완화되었다.
ㄴ. 공간 인식의 범위가 축소되었다.
ㄷ. 생활 공간의 범위가 확대되었다.
ㄹ. 지역 간 상호 의존성이 약화되었다.

① ㄱ, ㄴ　② ㄱ, ㄷ
③ ㄴ, ㄷ　④ ㄴ, ㄹ

**11** 교통 · 통신의 발달에 따라 나타나는 특징으로 옳지 않은 것은?

① 지역 간의 교류가 활발해져 지역 격차가 완화된다.
② 새로운 교통 시설 건설로 생태계가 파괴되는 현상이 나타난다.
③ 교통량의 증가로 교통 체증과 대기 오염 및 각종 소음 공해가 발생한다.
④ 항공기, 선박의 이동 증가로 외래 생물 종이 전파되어 생태계 교란이 나타난다.

**12** 인터넷, 스마트폰 등의 통신 발달에 따른 인간 생활 변화에 대한 설명으로 옳지 않은 것은?

① 택배 산업이 발달하였다.
② 무점포 상점이 증가하였다.
③ 소비자의 평균 쇼핑 거리가 증가하였다.
④ 쇼핑 활동의 시 · 공간적 제약이 약화되었다.

**13** 교통 · 통신의 발달에 따라 나타나는 문제점의 해결 방안으로 옳지 않은 것은?

① 자동차 배기가스 저감 장치를 설치한다.
② 빨대 효과를 강화시키기 위한 정부의 노력이 필요하다.
③ 교통 시설 개발 계획 수립 시 환경 영향 평가를 실시한다.
④ 지역 격차를 줄이기 위해 지역 특성을 살린 축제를 통해 지역 경쟁력을 강화한다.

**14** 다음에서 설명하는 정보화 시스템은 무엇인가?

> 인공위성이 보내는 신호를 수신하여 현재 위치를 알려주는 시스템으로 자동차 내비게이션, 대중교통 도착 알림 시스템에 사용된다.

① 유비쿼터스
② 누리 소통망(SNS)
③ 지리정보시스템(GIS)
④ 위치정보시스템(GPS)

**15** 다음에서 설명하는 정보화 시스템은 무엇인가?

> 지리 정보를 수치화하여 컴퓨터에 입력·저장하고, 이를 다양한 방법으로 분석·종합하여 제공하는 시스템이다.

① 유비쿼터스
② 누리 소통망(SNS)
③ 지리정보시스템(GIS)
④ 위치정보시스템(GPS)

**16** 다음은 정보화에 따른 문제점 중 무엇에 해당하는가?

> 인터넷 사용을 스스로 조절하지 못해 일상생활에 지장을 초래하는 현상이다.

① 인터넷 중독 ② 사이버 범죄
③ 사생활 침해 ④ 정보 격차

**17** 정보화에 따른 생활 양식의 변화에 대한 설명으로 옳지 <u>않은</u> 것은?

① 가정과 일터의 구분이 명확해진다.
② 인터넷을 통한 시민의 정치적 참여가 확대된다.
③ 지식과 정보의 공유로 수평적 인간관계가 형성된다.
④ 시간과 공간에 관계없이 교육, 진료 서비스를 받을 수 있다.

**18** 정보 격차 문제를 해결하기 위한 방안으로 옳지 <u>않은</u> 것은?

① 사회 복지 제도를 확충한다.
② 컴퓨터 활용 프로그램을 지원한다.
③ 사이버 범죄 관련 법령을 강화한다.
④ 정보 소외 지역과 계층에게 컴퓨터를 보급한다.

## 03 지역과 공간 변화

**19** 다음은 지역 조사 과정이다. 순서를 알맞게 나열한 것은?

> (가) : 인터넷을 통하여 A지역의 인구 구조, 사진 자료를 수집한다.
> (나) : A지역에 거주하시는 할아버지를 만나 인터뷰를 한다.
> (다) : 고령화 현상에 따른 지역 변화를 조사하기로 계획한다.
> (라) : 자료를 분석하고 도표를 작성한다.
> (마) : 보고서 작성을 한다.

① (가) → (나) → (다) → (라) → (마)
② (다) → (라) → (가) → (나) → (마)
③ (다) → (가) → (나) → (라) → (마)
④ (나) → (다) → (라) → (가) → (마)

**20** 다음 중 야외 조사에 해당하는 것은 무엇인가?

① 문헌을 살펴본다.
② 항공 사진을 수집한다.
③ 도표·주제도를 작성한다.
④ 조사 지역의 주민과 면담을 한다.

**21** 다음은 지역 조사 활동의 순서를 나타낸 것이다. (가) 단계의 활동 내용에 해당하는 것은?

> 조사 계획의 수립
> ↓
> (가)
> ↓
> 수집한 정보의 분석
> ↓
> 결론 도출

① 조사 지역을 선정한다.
② 조사 주제에 맞는 조사 항목을 정한다.
③ 조사 내용에 따라 조사 방법을 결정하고 준비한다.
④ 직접 해당 지역에 가서 관찰 및 사진 촬영을 한다.

**22** 다음은 지역의 공간 변화를 파악하기 위한 지역 조사 활동의 일부를 나타낸 것이다. 조사 방법으로 적절하지 않은 것은?

① 갑 : 인구를 조사하기 위해 통계 자료를 수집한다.
② 을 : 생태 환경을 파악하기 위해 산지, 하천 주변을 답사한다.
③ 병 : 산업 구조를 알아보기 위해 통계청의 자료를 검색한다.
④ 정 : 주민들의 가치관을 알아보기 위해 항공 사진, 인공위성 사진을 이용한다.

**23** 다음 중 촌락에 대한 설명으로 옳지 않은 것은?

① 도시와 가까운 촌락은 인구의 유출 현상이 나타난다.
② 도시와 가까운 촌락은 공동체 의식과 전통 문화가 약화된다.
③ 도시와 멀리 떨어진 촌락은 노동력 부족 문제, 성비 불균형 문제가 나타난다.
④ 지역 브랜드화, 지리적 표시제, 지역 축제 등은 촌락 문제를 해결하는 방안이다.

**24** 다음과 같은 제도를 무엇이라 하는가?

> 농산물 및 그 가공품의 특징이 지리적 특성에 기인하는 경우 그 지역의 특산품임을 인증하는 제도이다. 우리나라의 제1호는 보성 녹차이다.

① 지역 브랜드
② 지리적 표시제
③ 푸드 마일리지 제도
④ 탄소 마일리지 제도

memo

# 2부

# 인간과 공동체

EBS 교육방송교재

고졸 검정고시 **사회**

PART

Ⅳ

# 인권 보장과 헌법

01 인권의 의미와 변화 양상

02 인권 보장을 위한 다양한 노력

03 국내외 인권 문제와 해결 방안

이 단원은 인권은 어떻게 확장되었는지 그 내용에 대해서 알 수 있으며, 근대 시민 혁명 이후 확립되어 온 인권의 의미와 변화를 파악하고, 인권 보장을 위한 여러 가지 제도와 노력을 살펴본다.

# 01 인권의 의미와 변화 양상

- 근대 시민 혁명 등을 통해 확립되어 온 인권의 의미와 변화 양상을 이해한다.
- 현대 사회에서 주거, 안전, 환경 등 다양한 영역으로 인권이 확장되고 있는 사례를 제시할 수 있다.

## 1 인권의 의미와 발달 과정

### 1. 인권

(1) 의미 : 인간 존엄성을 유지하며 살아갈 수 있도록 모든 사람이 누려야 하는 기본적인 권리이다.

(2) 특징

| | |
|---|---|
| 천부성 | 태어나면서 하늘로부터 부여된 자연적 권리 |
| 보편성 | 나이, 인종, 성별, 사회적 신분 등과 관계없이 모든 인간이 누려야 할 권리 |
| 불가침성 | 타인이 함부로 빼앗거나 양도할 수 없는 권리 |
| 항구성 | 일정 기간에만 보장받는 것이 아니라 영원히 보장되는 권리 |

### 2. 인권의 발달 과정

(1) 인권 보장의 역사적 전개 과정

① 시민 혁명

㉠ 의의 : 계몽사상, 사회 계약설, 천부인권 사상의 영향을 받아 자유와 평등을 요구한 것으로 시민의 인권 보장에 큰 영향을 미쳤다.

㉡ 사례 : 영국의 명예 혁명(1688년), 미국의 독립 혁명(1775년), 프랑스 혁명(1789년)

㉢ 인권문서 : 영국의 권리 장전(1689년), 미국의 독립 선언(1776년), 프랑스 인권 선언(1789년)

㉣ 결과 : 인권을 강조하는 선언들이 발표되고 자유권, 평등권, 참정권의 등장으로 인권이 신장되었다.

② 참정권 확대 과정 : 시민 혁명 이후 참정권을 보장받지 못한 노동자, 농민, 여성 중심으로 참정권 확대 운동 전개

예 영국의 차티스트 운동, 여성 참정권 운동

**차티스트 운동**
영국 노동자들이 보통 선거권을 획득하기 위해 요구한 사회 운동

③ 사회권의 등장 : 산업 혁명 이후 빈부 격차, 사회 불평등 심화로 사회적 약자의 인간다운 생활을 보장하고자 국가에 대하여 적극적인 배려를 요구할 수 있는 사회권 등장

예 독일 바이마르헌법(1919년) : 최초로 헌법에 사회권적 기본권 명시

④ 연대권의 등장 : 인종이나 국적에 관계없이 인권 문제를 해결하기 위한 인류 공동의 노력 강조 ➜ 국제 연합(UN)에서 세계 인권 선언 채택

(2) 바자크(Karel Vasak)의 인권 3세대론

| | |
|---|---|
| 1세대 인권<br>(자유권, 평등권) | 시민 혁명 이후 국가로부터의 불간섭을 요구하는 권리<br>예 신체의 자유, 사상의 자유, 집회·결사의 자유 |
| 2세대 인권<br>(사회권) | 약자의 인간다운 삶을 보장받기 위해 국가가 적극적으로 개입할 것을 요구하는 경제·사회·문화적 권리<br>예 교육을 받을 권리, 근로 3권, 사회 보장을 받을 권리 |
| 3세대 인권<br>(연대권, 단결권) | 인류 보편적인 가치라는 인식 확산으로 여성, 장애인, 아동, 난민 등 차별받는 집단의 인권 보호에 주목하여 연대와 단결을 강조하는 집단의 권리<br>예 자결권, 평화의 권리, 재난 구제를 받을 권리 등 |

## 2 현대 사회에서 인권의 확장

### 1. 다양한 영역으로 확장되는 인권

(1) 배경 : 인권 의식 향상, 사회 변화로 새롭게 요구되는 인권 등장

(2) 확장된 인권의 내용

| | |
|---|---|
| 환경권 | 건강하고 쾌적한 환경에서 살 권리 |
| 주거권 | 쾌적하고 안정적인 주거 환경에서 인간다운 주거 생활을 할 권리 |
| 안전권 | 국민이 각종 위험으로부터 안전을 보호받을 권리 |
| 문화권 | 국민 누구나 문화 생활에 참여하고, 자신의 문화적 정체성을 유지할 권리 |
| 잊혀질 권리 | 인터넷상 유통되는 개인 정보를 당사자가 삭제하거나 수정해 달라고 요청할 권리 |

**세계 인권 선언(1948)**
두 차례 세계 대전 이후 세계 평화와 인권 보호를 위해 국제 연합(UN)에서 채택함. 국제 기구가 채택한 포괄적 인권 문서로, 국제 인권법의 토대가 되었다.

**바자크(Karel Vasak)**
프랑스 법학자 바자크(Karel Vasak)는 제1세대 인권, 제2세대 인권, 제3세대 인권이라는 말을 처음 쓰기 시작했다. 프랑스 혁명의 기조 '자유·평등·박애'에 따른 것이다.

**근로 3권**
- 단결권 : 노동조합을 결성할 수 있는 권리
- 단체 교섭권 : 노동조합이 사용자와 교섭할 수 있는 권리
- 단체 행동권 : 파업, 태업 등의 쟁의 행위를 할 수 있는 권리

**자결권(自決權)**
정치적 지위를 자유롭게 결정하고, 경제·사회·문화적 발전을 자유롭게 추구할 수 있는 권리

## 개/념/체/크 TEST

**01** 다음 빈칸에 들어갈 알맞은 말을 쓰시오.

(1) (      )(이)란 인간의 존엄성을 유지하며 살아갈 수 있도록 모든 사람이 누려야 하는 기본적인 권리이다.

(2) 두 차례의 세계 대전 이후 국제 연합(UN)은 세계 평화와 인권 보호를 위해 (            )을(를) 채택하였다.

**02** 다음 내용에 해당하는 인권의 권리를 〈보기〉에서 고르시오.

보기

ㄱ. 천부성　　ㄴ. 보편성
ㄷ. 불가침성　　ㄹ. 항구성

(1) 남이 빼앗거나 양도할 수 없는 권리이다. (      )

(2) 태어나면서 하늘로부터 부여된 자연적 권리이다. (      )

(3) 일정 기간만이 아니라 영원히 보장되는 권리이다. (      )

(4) 나이, 인종, 성별, 사회적 신분 등과 관계없이 모든 인간이 누려야 할 권리이다. (      )

**03** 다음 설명이 맞으면 ○표, 틀리면 ×표 하시오.

(1) 인권은 모든 사람이 누려야 할 보편적 권리이다. (      )

(2) 시민 혁명 이후 모든 사람은 참정권을 보장받았다. (      )

(3) 사회권은 가장 오래된 기본권이다. (      )

(4) 인종이나 국적에 관계없이 인권 문제를 해결하기 위해 연대권이 등장하였다. (      )

**04** 다음 내용에 해당하는 바자크(Karel Vasak)의 인권 3세대론을 〈보기〉에서 고르시오.

보기

ㄱ. 1세대 인권　　ㄴ. 2세대 인권　　ㄷ. 3세대 인권

(1) 교육을 받을 권리, 근로 3권, 사회 보장을 받을 권리이다. (      )

(2) 신체의 자유, 사상의 자유, 집회 결사의 자유이다. (      )

(3) 자결권, 평화의 권리, 재난 구제를 받을 권리이다. (      )

**05** 다음 설명에 해당하는 권리를 쓰시오. (단, 주거권, 환경권, 안전권에서 고르시오)

(1) 국민이 각종 위험으로부터 안전을 보호받을 권리 (　　)

(2) 건강하고 쾌적한 환경에서 살 권리 (　　)

(3) 쾌적하고 안정적인 주거 환경에서 인간다운 주거 생활을 할 권리 (　　)

**개념체크 TEST 정답**

**01** (1) 인권
(2) 세계 인권 선언

**02** (1) ㄷ (2) ㄱ
(3) ㄹ (4) ㄴ

**03** (1) ○, (2) ×, (3) ×, (4) ○

**04** (1) ㄴ (2) ㄱ
(3) ㄷ

**05** (1) 안전권 (2) 환경권
(3) 주거권

# 02 인권 보장을 위한 다양한 노력

• 인간 존엄성 실현과 인권 보장을 위한 헌법의 역할을 파악하고, 준법 의식과 시민 참여의 필요성을 설명할 수 있다.

## 1 인권 보장을 위한 헌법의 역할과 제도적 장치

### 1. 헌법과 인권

(1) 헌법 : 국민의 기본적 인권과 국가 운영 원리를 규정한 국가의 최고 상위법이다.

(2) 인권과 헌법 : 인권을 국민의 기본권으로 명시하여 헌법에서 보장한다.

### 2. 헌법으로 보장하는 기본권

(1) 인권에 대한 우리 헌법의 기본 입장 : [헌법 제10조] 모든 국민은 인간으로서의 존엄과 가치를 가지며, 행복을 추구할 권리를 가진다. 국가는 개인이 가지는 불가침의 기본적인 인권을 확인하고 이를 보장할 의무를 진다.

(2) 우리나라 헌법상의 기본권

| | |
|---|---|
| **자유권** | 가장 오래된 기본권으로 국가로부터 개인의 자유로운 생활을 간섭받지 않을 권리<br>→ 소극적 권리 예 신체의 자유, 정신적 자유, 경제적 자유 |
| **평등권** | 성별, 종교, 사회적 신분 등에 의해 불합리한 차별을 받지 않을 권리<br>→ 다른 기본권 보장의 전제 조건 예 법 앞의 평등 |
| **참정권** | 국가의 의사 결정 과정에 참여할 수 있는 권리<br>→ 능동적 권리 예 선거권, 공무 담임권, 국민 투표권 |
| **청구권** | 국가에 대해 일정한 행위를 청구할 수 있는 권리<br>→ 다른 기본권을 보장하기 위한 수단적 권리 예 청원권, 재판 청구권, 국가 배상 청구권 |
| **사회권** | 국가에 대하여 인간다운 생활의 보장을 요구할 수 있는 권리<br>→ 적극적 권리 예 근로의 권리, 교육을 받을 권리 |

**공무 담임권**
공직을 맡을 수 있는 권리

**청원권**
국민의 바람이나 어려움을 해결해 달라고 문서로 신청할 수 있는 권리

## 3. 인권 보장을 위한 제도적 장치

| | |
|---|---|
| 국민 주권의 원리 | 주권이 국민에게 있다는 원리, 국민 투표를 통한 헌법 개정, 국민 선거에 의한 대통령 및 국회의원 선출<br>[헌법 제1조 제2항] : 대한민국의 주권은 국민에게 있고, 모든 권력은 국민으로부터 나온다. |
| 권력 분립 제도 | 국가 권력을 입법부, 사법부, 행정부로 나누어 서로 견제하고, 균형을 이루게 함. |
| 법치주의 | 국가 운영은 국회가 제정한 법률에 근거하여 수행해야 함. |
| 복수 정당제 | 하나의 정당만이 존재하는 것이 아니라, 시민들의 다양한 의견을 반영할 수 있는 여러 정당의 활동을 보장함. |
| 기본권 구제 제도 | • 국가 기관에 의한 개인의 침해를 구제하는 제도 마련<br>• 헌법 재판소 : 위헌 법률 심판 제도나 헌법 소원 심판 제도를 통해 법률이나 공권력이 개인의 기본권을 침해했는지를 판단하여 구제함. |

## 4. 기본권의 제한과 한계

(1) 기본권의 제한 : 기본권의 행사가 타인의 기본권을 침해하거나 공익에 해를 끼치지 않도록 국가가 개인의 기본권 행사의 범위에 일정한 제한을 둔다.

(2) 기본권 제한의 목적과 한계

① 목적상 한계 : 국가 안전 보장, 질서 유지, 공공복리를 위한 기본권의 제한이 가능하다.

② 방법상 한계 : 필요한 경우에 한하여 제한한다.

③ 형식상 한계 : 국회에서 제정한 법률로써 제한한다.

④ 내용상 한계 : 자유와 권리의 본질적인 내용은 침해할 수 없다.

**위헌 법률 심판**
국회가 만든 법률이 헌법에 위반되는지를 심사하고 헌법에 위반된다고 판단되는 경우에 그 법률의 효력을 잃게 하거나 적용하지 못하게 하는 것이다.

**헌법 소원 심판**
공권력의 행사 또는 불행사, 헌법에 위배되는 법률 탓에 기본권을 침해받은 자가 직접 헌법 재판소에 그 권리를 구제해 주도록 청구하는 제도이다.

**기본권 제한**
헌법 제37조 제2항
국민의 모든 자유와 권리는 국가안전 보장·질서 유지 또는 공공복리를 위하여 필요한 경우에 한하여 법률로써 제한할 수 있으며, 제한하는 경우에도 자유와 권리의 본질적인 내용을 침해할 수 없다.

## 2 준법 의식과 시민 참여

### 1. 준법 의식

(1) 의미 : 사회 구성원들이 법을 지키고자 하는 자세

(2) 필요성 : 개인의 권리와 이익 보호, 공동선 실현

**공동선**
개인을 위한 것이 아닌 국가나 사회, 또는 온 인류를 위한 선

### 2. 시민 참여

(1) 의미 : 정부의 정책 결정과 집행에 일반 시민이 직접 참여해 영향을 미치는 행위이다.

(2) 필요성 : 적극적인 시민 참여를 통해 시민의 의사를 정책에 반영시킬 수 있고, 시민들이 자신의 권리를 지킬 수 있다.

**이익 집단**
자신들의 특수 이익을 실현하기 위해 모인 단체

(3) 시민 참여 방법 : 선거, 국민 투표, 민원 제기, 1인 시위, 집회 참가, 이익 집단 활동, 시민 단체 활동 등이 있다.

**시민 단체**
공동의 이익을 실현하기 위해 시민들이 자발적으로 조직한 단체

(4) 시민 참여의 기능 : 선거를 통해 국민의 대표자를 선출하여 대표자가 국정을 운영하기 때문에 국민의 의사가 잘 반영되지 못하거나 반하는 행위를 할 수 있다. 선거 이외에도 시민 참여를 통해 대의 민주주의를 보완한다.

### 3. 시민 불복종(위법적인 시민 참여 방법)

(1) 의미 : 정의롭지 못한 법이나 정책을 변혁시키려는 목적으로 행하는 의도적인 위법 행위

(2) 시민 불복종 정당화 조건

| | |
|---|---|
| 공익성 | 자신의 이익 추구가 아니라, 사회 정의 실현을 목적으로 삼아야 함. |
| 공개적 | 비밀리에 이루어지는 것이 아니라, 공개적으로 이루어져야 함. |
| 비폭력 | 폭력적인 불복종은 정당화될 수 없음. |
| 처벌 감수 | 위법 행위에 대한 처벌을 감수해야 함. |
| 최후의 수단 | 합법적 수단을 사용해서도 해결되지 않을 때 최후의 수단으로 시도되어야 함. |

(3) 시민 불복종 사례

① 간디(Gandhi, M. K.)의 '소금법' 거부 운동 : 1900년대 초반, 인도를 지배하던 영국은 인도의 소금 채취를 금지하고 영국이 소금을 판매하여 많은 세금을 징수하는 '소금법(제염 금지법)'을 시행하였다. 이에 따라 간디는 소금법의 부당함을 알리고자 소금법에 반대하는 시민 불복종 운동을 전개하였다.

② 마틴 루서 킹(King, M. L.)의 흑인 인권 운동 : 1955년 시내버스 이용의 흑인 차별 대우에 반대하여, 5만 명의 흑인 시민이 참여한 몽고메리 버스 승차 거부 운동을 비폭력적으로 이끌어 승리하였다.

**Click** 헨리 데이비드 소로(Thoreau, H. D.)의 시민 불복종

나는 우리가 국민이기보다 먼저 인간이어야 한다고 생각한다. 법에 대한 존경심보다 먼저 정의에 대한 존경심을 기르는 것이 바람직하다. 내가 떠맡을 권리가 있는 나의 유일한 책무는, 어떤 때이고 간에 내가 옳다고 생각하는 일을 행하는 일이다.

– 소로, 「시민 불복종」 –

소로는 미국 정부의 멕시코 전쟁과 노예제도에 반대하여 인두세 납부를 거부함으로써 감옥에 갇혔다. 이때 쓴 책이 「시민 불복종」이다. 소로의 사상은 간디의 비폭력 운동, 미국 마틴 루서 킹 목사의 흑인 인권 운동, 존 롤스의 시민 불복종 등에 큰 영향을 끼쳤다.

## 개/념/체/크 TEST

**01** 국민의 기본적 인권과 국가 운영 원리를 규정한 국가의 최고 상위법은 무엇인가?

**02** 다음 내용에 해당하는 기본권을 〈보기〉에서 고르시오.

보기

ㄱ. 자유권 ㄴ. 평등권 ㄷ. 참정권
ㄹ. 청구권 ㅁ. 사회권

(1) 법 앞에서의 평등, 다른 기본권 보장의 전제 조건 ( )
(2) 선거권, 공무 담임권, 국민 투표권 ( )
(3) 다른 기본권을 보장하기 위한 수단적 권리 ( )
(4) 개인의 자유로운 생활을 간섭받지 않을 권리 ( )
(5) 인간다운 생활의 보장을 요구할 수 있는 권리 ( )

**03** 다음 설명에 해당하는 것을 〈보기〉에서 골라 기호를 쓰시오.

보기

ㄱ. 국민 주권 ㄴ. 권력 분립
ㄷ. 법치주의 ㄹ. 복수 정당제

(1) 주권이 국민에게 있다. ( )
(2) 국가의 운영원리는 법률에 근거해야 한다. ( )
(3) 국가 권력을 나누어 각각 다른 기관에 맡겨 서로 견제하고 균형을 이루어야 한다. ( )
(4) 시민들의 다양한 의견을 반영할 수 있는 여러 정당의 활동을 보장해야 한다. ( )

**04** 다음 설명이 맞으면 ○표, 틀리면 ×표 하시오.

(1) 우리 헌법에 따르면, 필요한 경우 국가가 개인의 권리 행사를 제한할 수 있다. ( )
(2) 기본권을 제한할 때는 법률로써 제한해야 한다. ( )
(3) 기본권이 제한될 때 자유와 권리의 본질적인 내용도 제한된다. ( )
(4) 헌법에 열거되지 않은 기본권은 보장받지 못한다. ( )
(5) 시민 불복종은 위법 행위이다. ( )
(6) 시민 불복종은 처벌받지 아니한다. ( )
(7) 준법 의식은 개인의 권리뿐만 아니라 공동선 실현을 위해 필요하다. ( )

개념체크 TEST **정답**

**01** 헌법
**02** (1) ㄴ (2) ㄷ (3) ㄹ (4) ㄱ (5) ㅁ
**03** (1) ㄱ (2) ㄷ (3) ㄴ (4) ㄹ
**04** (1) ○, (2) ○, (3) × (4) ×, (5) ○, (6) × (7) ○

# 03 국내외 인권 문제와 해결 방안

• 사회적 소수자 차별, 청소년의 노동권 등 국내 인권 문제와 그 해결 방안을 제안할 수 있다.

## 1 우리 사회의 인권 문제

### 1. 사회적 소수자 차별 문제

(1) 사회적 소수자 : 신체적 또는 문화적 특징 때문에 사회의 다른 구성원에게 차별을 받기 쉬우며, 차별받는 집단에 속해 있다는 의식을 가진 사람들을 말한다.

(2) 사회적 소수자의 유형 : 장애인, 이주 외국인, 노인, 북한 이탈 주민 등

(3) 사회적 소수자의 인권 문제 사례

① 장애인 : 이동권 침해, 교육 및 취업에서의 차별 등

② 외국인 노동자 : 노동 조건에서 당하는 차별, 임금 체불 등

③ 결혼 이민자 : 언어 소통의 불편, 문화적 차이로 인한 차별 등

(4) 사회적 소수자 차별의 해결 방안

| | |
|---|---|
| **개인적 차원** | 사회적 소수자에 대한 편견을 버리고 인간은 누구나 존엄한 존재라는 인식을 가져야 함. |
| **사회적 차원** | 사회적 소수자를 차별하는 정책과 법률을 정비해야 함. |

**체불**
임금 등 마땅히 지불해야 할 것을 지급하지 못하고 미루는 것을 말한다.

### 2. 청소년 노동권 침해 문제와 해결 방안

(1) 청소년 노동의 권리

① 청소년은 기본적으로 성인들이 보장받는 노동 조건에 대한 권리를 보장받으며, 근로기준법에 청소년을 위한 특별한 규정을 두어 보호를 받는다.

② 위험한 일이나 유해 업종에서 일할 수 없도록 보호받는다.

(2) 청소년 노동권 침해 문제

① 최저 임금을 받지 못하는 등 부당한 대우를 받는 경우

② 근로계약서를 작성하지 않아 권리를 제대로 보장받지 못하는 경우

**최저 임금**
노동자의 생활 안정과 노동력의 질적 향상을 목적으로 임금의 최저 수준을 보장하고 매년 정하는 1시간당 임금을 말한다.

(3) 청소년 노동 인권 문제의 해결 방안

| | |
|---|---|
| **개인적 차원** | • 청소년은 스스로 노동권에 대한 지식을 갖추고 적극적으로 행사해야 함.<br>• 고용주는 준법의식을 함양하여 청소년의 노동권 보장을 위한 법규를 준수해야 함. |
| **사회적 차원** | 청소년 노동 관련 법률이나 제도를 보완해야 함. |

**Click** **청소년 근로 십계명**

❶ 만 15세 이상이어야 근로가 가능함.

❷ 부모님 동의서와 나이를 알 수 있는 증명서가 필요

❸ 근로계약서를 반드시 작성하도록 함.

❹ 청소년도 성인과 동일한 최저 임금을 적용받음.

❺ 근로 시간은 하루 7시간, 일주일에 35시간을 넘겨서는 안 됨.

> 근로기준법【제69조】
> 15세 이상 18세 미만인 사람의 근로 시간은 1일에 7시간, 1주에 35시간을 초과하지 못한다. 다만, 당사자 사이의 합의에 따라 1일에 1시간, 1주에 5시간을 한도로 연장할 수 있다.

❻ 휴일 및 초과 근무 시 50%의 가산 임금을 받을 수 있음.

❼ 일주일 개근하고 15시간 이상 일하면 하루의 유급 휴일을 받을 수 있음.

❽ 위험한 일이나 유해한 업종의 일은 할 수 없음.

❾ 일을 하다 다치면 산재 보험으로 치료와 보상을 받을 수 있음.

❿ 청소년 근로권익센터의 1644-3119로 전화하면 상담을 받을 수 있음.

## 2 세계 인권 문제의 양상과 해결 방안

### 1. 세계 인권 문제의 양상

(1) 정치·경제 체제의 문제로 자유권을 제한받는 경우

(2) 국가의 경제 수준이 낮아 사회권을 제대로 보장받지 못하는 경우

(3) 특정 종교나 문화적인 이유로 여성이나 아동 등과 같은 특정 집단이 권리를 보장받지 못하는 경우

### 2. 대표적인 세계 인권 문제

빈곤 문제, 인종 차별, 성차별, 아동 노동, 난민의 생존권 문제 등

### 3. 인권 지수

국제 사회에서 발생하는 인권 문제를 객관적으로 파악할 수 있는 도구 ➜ 국가별 인권 보장 실태와 그 변동 상황의 비교를 위해 각종 국제 기구들이 정기적으로 발표함.

예 세계 기아 지수, 세계 언론 지수, 유리 천장 지수 등

### 4. 세계 인권 문제의 해결 방안

| | |
|---|---|
| **개인적 차원** | 세계 시민 의식 함양 ➜ 국제 사회의 인권 문제 해결을 위해 적극적으로 참여해야 함. |
| **사회적 차원** | 인권 문제 해결을 위해 국제적 연대가 필요 ➜ 국제 연합, 비정부 기구들을 통해 경제적 지원 방안을 마련하며, 국제적인 여론 조성, 국제 형사 재판소에 제소하는 방법이 있음. |

**난민**
빈곤과 식량 부족, 전쟁이나 천재 지변, 종교·정치·인종의 차이로 인해 곤란에 빠진 이재민을 말함.

**세계 기아 지수**
영양 실조 상태 인구 비율, 5세 이하 아동의 영양 결핍과 사망률 등의 항목으로 산출함.

**세계 언론 지수**
180개 국가를 대상으로 '국경 없는 기자회'가 매년 표현의 자유와 관련된 18개 비정부 기구에 설문지를 발송해 집계한다.

**유리 천장 지수**
이코노미스트가 2013년부터 직장 내 여성 차별 수준을 평가해 발표하는 지수이다. 지수가 낮을수록 직장 내 여성 차별이 심하다는 뜻이다.

**비정부 기구(NGO)**
지역, 국가, 국제적으로 조직된 자발적인 비영리 시민 단체

**국제 형사 재판소**
집단 살인죄, 전쟁 범죄, 반인도적 범죄 등 국제 범죄자에 대한 재판을 맡는 국제 재판소

## 개/념/체/크 TEST

**01 다음 설명이 맞으면 O표, 틀리면 ×표 하시오.**

(1) 사회적 소수자는 신체적 또는 문화적 특징 때문에 사회의 다른 구성원에게 차별을 받기 쉬우며, 차별받는 집단에 속해 있다는 의식을 가진 사람들의 집단이다. ( )

(2) 우리 사회에서 장애인, 결혼 이민자, 외국인 노동자는 사회적 소수자에 속한다. ( )

(3) 사회적 소수자의 인권 문제 해결은 사회 구성원 모두의 관심이 필요하다. ( )

(4) 한 사회 안에서 사회적 소수자는 다른 사회에 가서도 사회적 소수자가 된다. ( )

**02 다음 설명이 맞으면 O표, 틀리면 ×표 하시오.**

(1) 청소년도 성인과 동일한 최저 임금을 적용받는다. ( )

(2) 청소년이 아르바이트를 할 때 근로계약서를 꼭 써야 할 필요는 없다. ( )

(3) 청소년은 위험한 일이나 유해 업종의 일을 할 수 없다. ( )

(4) 부모님의 동의서가 있다면 만 15세 미만이어도 근로가 가능하다. ( )

(5) 청소년 근로 시간은 하루 7시간을 넘지 못한다. ( )

(6) 청소년 근로자는 1주 노동 시간이 35시간을 초과하지 못한다. ( )

(7) 사용자와 청소년 근로자 간에 합의가 있을 시 1일에 1시간, 1주일에 5시간을 한도로 연장할 수 있다. ( )

(8) 사용자는 근로 계약 불이행에 대한 위약금 또는 손해 배상액을 예정하는 계약을 체결할 수 있다. ( )

**03 다음 설명이 맞으면 O표, 틀리면 ×표 하시오.**

(1) 인권 지수는 국가별 인권 보장 실태와 그 변동 상황의 비교를 위해 각종 국제 기구들이 정기적으로 발표한다. ( )

(2) 세계 인권 문제를 해결하기 위해 세계 시민 의식 함양이 필요하다. ( )

(3) 세계 인권 문제 해결에 국제 연합, 비정부 기구들은 어떠한 도움도 되지 못한다. ( )

**개념체크 TEST 정답**

**01** (1) ○, (2) ○, (3) ○, (4) ×

**02** (1) ○, (2) ×, (3) ○, (4) ×, (5) ○, (6) ○, (7) ○, (8) ×

**03** (1) ○, (2) ○, (3) ×

# PART IV 적중 예상 문제

정답 및 해설 별책 13p

## 01 인권의 의미와 변화 양상

**01** 다음 중 인권의 특징이 아닌 것은?

① 보편성　② 특수성
③ 항구성　④ 천부성

**02** 다음에서 설명하는 인권의 특징은 무엇인가?

> 나이, 인종, 성별, 사회적 신분 등과 관계없이 모든 인간이 누려야 할 권리이다.

① 보편성　② 천부성
③ 항구성　④ 불가침성

**03** 인간 존엄성에 대한 설명으로 옳은 것은?

> ㄱ. 인간이라는 이유만으로 존중받아야 한다.
> ㄴ. 자유와 평등이 함께 보장되어야 한다.
> ㄷ. 성인만이 누릴 수 있는 권리이다.
> ㄹ. 대통령에게 권력이 집중되어야 실현된다.

① ㄱ, ㄴ　② ㄱ, ㄷ
③ ㄴ, ㄷ　④ ㄴ, ㄹ

**04** 시민 혁명에 대한 설명으로 옳지 않은 것은?

① 자유권, 평등권, 참정권 등의 인권이 신장되었다.
② 시민 혁명 결과 모든 사람이 참정권을 획득하였다.
③ 사회 계약설과 계몽사상을 바탕으로 일어난 사건이다.
④ 관련 문서로 권리 장전, 독립 선언문, 인권 선언문이 있다.

**05** 다음 사건의 결과로 옳은 것은?

> • 영국의 권리 장전
> • 미국의 독립 선언문
> • 프랑스의 인권 선언문

① 시민들의 권리가 신장되었다.
② 사회 계약에 의해 국가가 수립되었다.
③ 증기기관의 발명으로 산업 혁명이 발생하였다.
④ 영국, 미국, 프랑스에 대통령이 통치하는 공화정이 수립되었다.

**06** 다음 설명과 관련된 문서는 무엇인가?

> 모든 국민이 인간다운 생활을 누릴 수 있도록 근로자의 권리, 교육을 받을 권리, 사회 보장권 등 근대적 의미의 기본권을 명시한 문서

① 권리 장전　② 인권 선언
③ 바이마르 헌법　④ 세계 인권 선언

**07** 다음 중 사회권의 설명에 해당하지 않는 것은?

① 가장 오래된 권리에 해당한다.
② 헌법에 열거되어 있는 것만을 보장하는 개별적 권리이다.
③ 인간다운 생활을 누릴 수 있도록 국가가 보장하는 권리이다.
④ 국가에 대해 인간다운 생활을 요구할 수 있는 적극적 권리이다.

**08** 연대권에 대한 설명으로 옳은 것은?

① 시민 혁명의 결과 강조된 인권이다.
② 국가에서 보장하는 적극적 권리이다.
③ 선거에 후보자로 나갈 수 있는 권리이다.
④ 인종이나 국적에 관계없이 인권 문제를 해결하기 위한 권리이다.

**09** 바자크(Karel Vasak)의 인권 3세대론 중 3세대 인권이 강조하는 것으로 가장 적절한 것은?

① 자유권, 평등권　② 사회권, 참정권
③ 연대권, 단결권　④ 청구권, 청원권

**10** 현대 사회에서는 인권이 다양한 영역으로 확대되고 있다. 다음에서 설명하는 인권은 무엇인가?

> 인터넷상 유통되는 개인 정보를 당사자가 삭제하거나 수정해 달라고 요청할 권리이다.

① 환경권　② 주거권
③ 안전권　④ 잊혀질 권리

## 02 인권 보장을 위한 다양한 노력

**11** 다음 헌법 조항에 대한 설명으로 옳지 않은 것은?

> **헌법【제10조】**
> 모든 국민은 인간으로서의 존엄과 가치를 가지며, 행복을 추구할 권리를 가진다. 국가는 개인이 가지는 불가침의 기본적 인권을 확인하고 이를 보장할 의무를 진다.

① 인간의 존엄성과 행복 추구권을 명시하고 있다.
② 모든 기본권에 공통으로 적용되는 포괄적 권리이다.
③ 제10조의 의의는 헌법 최고의 가치를 규정하고 있다는 것이다.
④ 대한민국 정부는 입법부, 사법부, 행정부의 삼권 분립 체제이다.

**12** 다음과 같은 성격을 지니는 기본권은?

> • 다른 기본권이 침해당했을 때 그것을 구제받기 위한 권리이다.
> • 기본권 보장을 위한 기본권, 수단적 권리, 개별적 권리, 적극적 공권이다.

① 자유권 ② 평등권
③ 참정권 ④ 청구권

**13** 다음에 해당하는 기본권은?

> 포괄적 권리, 본질적 권리, 다른 기본권 보장의 전제 조건의 성격을 가지고 있다.

① 자유권 ② 평등권
③ 참정권 ④ 청구권

**14** 다음에서 설명하는 갈등 해결 방안은 무엇인가?

> 공권력의 행사나 불행사로 기본권을 침해받은 국민이 헌법 재판소에 구제를 신청하는 제도이다.

① 행정 심판 ② 헌법 소원
③ 국가 배상 제도 ④ 형사 보상 제도

**15** 다음 중 인권 보장을 위한 제도적 장치가 아닌 것은?

① 대통령제 ② 복수 정당 제도
③ 권력 분립 제도 ④ 국민 주권의 원리

**16** 다음에서 설명하는 인권 보장을 위한 제도는 무엇인가?

> **헌법 【제1조】** ② 대한민국의 주권은 국민에게 있고, 모든 권력은 국민으로부터 나온다.

① 법치주의 ② 권력 분립 제도
③ 복수 정당 제도 ④ 국민 주권의 원리

**17** (가)에 들어갈 내용으로 옳은 것은?

> **헌법 【제37조】** ② 국민의 모든 자유와 권리는 국가 안전 보장・질서 유지 또는 공공복리를 위하여 필요한 경우에 한하여 ( 가 )로써 제한할 수 있으며, 제한하는 경우에도 자유와 권리의 본질적인 내용은 침해할 수 없다.

① 대통령 ② 헌법
③ 국회 ④ 법률

**18** 우리 헌법의 기본권 제한에 대한 설명으로 옳지 않은 것은?

① 국회에서 제정한 법률로써만 제한 가능하다.
② 기본권의 제한으로 인한 피해가 최소화되어야 한다.
③ 기본권의 인간 존엄성이나 행복 추구권 등도 제한 가능하다.
④ 기본권 제한은 국가 안전 보장, 질서 유지, 공공복리를 위해 제한할 수 있다.

**19** 시민 불복종의 정당화 조건으로 옳지 않은 것은?

① 공개적 ② 공익성
③ 적법성 ④ 최후의 수단

**20** 시민 불복종 설명으로 옳지 않은 것은?

① 폭력적인 불복종은 정당화 될 수 없다.
② 불의한 법에 대한 적법한 시민의 권리이다.
③ 비밀리에 이루어지는 것이 아니라 공개적으로 이루어져야 한다.
④ 개인의 이익 추구가 아니라 사회 정의를 목적으로 삼아야 한다.

## 03 국내외 인권 문제와 해결 방안

**21** 사회적 소수자에 대한 설명으로 옳지 않은 것은?

① 차별받는 집단에 속해 있다는 의식을 가진 사람들이다.
② 사회적 소수자의 유형으로 장애인, 북한 이탈 주민들이 있다.
③ 신체적·문화적 특징 때문에 다른 구성원에게 차별을 받기 쉽다.
④ 한 사회 안에서의 소수자는 다른 사회에서도 사회적 소수자가 된다.

**22** 사회적 소수자에 대한 내용으로 옳지 않은 것은?

① 사회적 소수자는 사회적으로 불평등한 대우를 받는다.
② 한 사회 구성원의 절대적인 수가 적은 집단을 말한다.
③ 사회적 소수자가 집단의 크기에 의해 결정되는 것은 아니다.
④ 소수자의 지속적인 차별은 사회 갈등의 원인으로 작용하여 사회 통합을 어렵게 할 수 있다.

**23** 사회적 소수자 인권 문제에 대한 해결 방안으로 옳지 않은 것은?

① 개인적 차원의 노력만으로는 부족하다.
② 사회적 소수자를 차별하는 정책이나 법률에 대한 정비가 필요하다.
③ 한 사회는 다수만이 아닌 다양한 소수자로 구성되어 있다는 것을 인식하는 것이 중요하다.
④ 우리 스스로 사회적 소수자에 대한 편견을 버리는 것은 사회적 차원의 노력이라고 할 수 있다.

**24** 청소년의 노동 인권에 관한 설명으로 옳은 것은?

① 청소년은 성인보다 적은 임금을 적용받는다.
② 청소년은 위험한 일을 할 수 없으며, 노동시간도 제한받는다.
③ 근로 계약을 맺은 청소년은 사용자의 어떠한 요구에도 응해야 한다.
④ 근로 계약은 구두 계약도 유효하므로 반드시 근로계약서를 쓰지 않아도 된다.

**25** 청소년 근로 십계명에 대한 설명으로 옳지 않은 것은?

① 만 15세 이상이어야 근로가 가능하다.
② 부모님 동의서가 아닌 자신의 동의서가 필요하다.
③ 일을 하다 다치면 산재 보험으로 치료와 보상을 받을 수 있다.
④ 근로 시간은 하루 7시간, 일주일에 35시간을 넘겨서는 안 된다.

**26** 세계 인권 문제의 양상에 관한 설명으로 옳은 것은?

① 주로 약소국에서만 발생하여 파급력이 크지 않은 편이다.
② 오늘날 전 세계 사람들의 인권은 동일하게 보장되고 있다.
③ 인권 지수를 바탕으로 국제 사회에서 발생하는 인권 문제를 객관적으로 파악할 수 있다.
④ 최근에는 정치·경제 체제의 문제로 자유권을 제한받는 경우는 거의 나타나지 않고 있다.

**27** 다음 '유리 천장'에 대한 설명으로 옳지 않은 것은?

> '유리 천장'은 여성과 소수자의 승진을 제한하는 보이지 않는 장벽을 의미하며 성차별이 직장 고위층에 팽배해 있음을 나타내는 용어이다.

① 유리 천장 지수가 낮을수록 직장 내 여성 차별이 심하다.
② 유리벽 현상은 조직 내에서 개인적인 능력에 따른 차이에서 기인한다.
③ 직장 내 양성 평등 문화의 확산은 유리 천장 현상을 완화하는 데 기여한다.
④ 여성에 대한 사회적 차별은 특정 성에 대한 차별이 구조적으로 나타나는 현상이다.

**28** 세계 인권 문제의 해결을 위한 방안으로 옳지 않은 것은?

① 세계 시민 의식 함양이 필요하다.
② 국제 연합을 통한 경제적 지원 방안을 마련한다.
③ 국제 범죄는 국제 형사 재판소에 제소하여 해결한다.
④ 국제적 개입은 국가 주권을 침해하기 때문에 국가 내부에서 문제를 해결한다.

PART

V

# 시장 경제와 금융

01 자본주의의 발달과 시장 경제

02 시장 경제의 발전과 경제 주체의 역할

03 국제 분업과 무역의 영향

04 자산 관리와 금융 생활

이 단원은 자본주의의 발달과 시장 경제, 시장 경제의 발전과 경제 주체의 역할, 국제 분업과 무역의 필요성, 안정적인 경제 생활과 금융 설계에 대한 내용을 배운다.
시장 경제는 인간의 삶에 어떠한 영향을 미치는가? 이번 단원을 통해 알 수 있다

# 01 자본주의의 발달과 시장 경제

- 자본주의의 역사적 전개 과정과 그 특징을 이해한다.
- 시장 경제에서 합리적 선택의 의미와 그 한계를 설명할 수 있다.

## 1 자본주의의 역사적 전개 과정과 그 특징

### 1. 자본주의 의미와 특징

(1) 의미 : 사유 재산 제도를 바탕으로 자유로운 경제 활동이 보장되는 시장 경제 체제이다.

(2) 특징 : 사유 재산 제도의 법적 보장, 시장 가격에 의한 자원 분배, 경제 활동의 자유 보장

### 2. 자본주의의 전개 과정과 그 특징

| | |
|---|---|
| 상업 자본주의 | • 신항로 개척 이후 절대 왕정의 중상주의 정책을 통해 발전<br>• 상품의 유통 과정에서 이윤을 추구하는 형태 |
| 산업 자본주의 | • 영국의 산업 혁명으로 공장제 기계 공업을 통한 대량 생산이 가능해짐.<br>• 시장의 역할을 강조하며, 정부 개입의 최소화 및 자유방임주의 추구(애덤 스미스) |
| 수정 자본주의 | • 1929년 대공황으로 기업이 도산하고 실업자가 증가함(시장 실패). ➜ 정부의 시장 개입이 필요하다는 케인스의 경제 이론이 확산됨.<br>• 미국은 수정 자본주의에 입각한 뉴딜 정책을 실시 |
| 신자유주의 | • 정부의 시장 개입으로 비효율이 초래되고(정부 실패), 1970년대 석유 파동으로 스태그플레이션이 발생<br>• 정부의 역할을 제한하고 시장의 자유로운 경제 활동을 강조하는 신자유주의가 등장 |

**애덤 스미스**
정부의 시장 개입을 비판하며 『국부론』에서 시장의 작동 원리를 '보이지 않는 손'에 비유하며 정부의 역할 축소를 강조하였다.

**대공황**
1929년에 시작되어 1939년까지 유효 수요의 부족으로 지속된 세계의 경제 침체

**시장 실패**
시장에서 자원이 효율적으로 배분되지 않는 현상

**뉴딜 정책**
실업 구제 사업과 대규모 공공사업 등을 통해 유효 수요를 늘리려고 한 정부 정책

**정부 실패**
시장 실패를 개선하기 위한 정부의 개입이 더 나쁜 결과를 초래하는 것

**스태그플레이션**
스태그플레이션은 석유 가격 상승에 의한 공급 부족으로 발생한 경기 침체로, 정부의 개입으로 적절한 대응이 어려웠으며, 이로 인하여 정부 기능의 한계에 대한 문제가 제기되며 신자유주의가 등장하게 되었다.

# 2 합리적 선택과 시장의 한계

## 1. 합리적 선택

(1) 합리적 선택의 의미 : 최소의 비용으로 최대의 편익을 얻을 수 있는 선택 ➜ 자원의 희소성으로 인해 사람들은 항상 선택의 문제에 직면하게 되어, 비용 편익 분석을 통한 합리적인 선택이 필요하다.

(2) 합리적 선택의 고려 요인

| | |
|---|---|
| **편익** | 어떤 대안을 선택함에 따라 얻을 수 있는 만족이나 이득 |
| **기회 비용** | • 의미 : 어떤 것을 선택함으로써 포기한 것들 가운데 가장 가치가 큰 것으로 명시적 비용과 암묵적 비용을 합한 값<br>• 명시적 비용 : 어떤 대안을 선택함으로써 실제로 지불하는 비용<br>• 암묵적 비용 : 실제로 지불한 것은 아니지만 어떤 대안을 선택함에 따라 얻을 수 있었으나 포기한 경제적 이익 |
| **매몰 비용** | 이미 지불하여 회수할 수 없는 비용으로 어떤 선택을 함에 있어 고려해서는 안 되는 비용 |

(3) 합리적 선택의 방법

① 비용보다 편익이 더 큰 쪽을 선택할 것

② 선택에 따른 비용이 같다면 편익이 가장 큰 것을 선택하고, 편익이 같다면 비용이 가장 적게 드는 것을 선택하는 것이 합리적이다.

**희소성**
자원은 유한하지만 인간의 욕구는 무한하기 때문에 희소성에 따라 선택의 문제가 발생

## 2. 합리적 선택의 과정과 한계

(1) 합리적 선택의 과정

| | |
|---|---|
| **문제 인식** | 문제의 명확화, 구체화 |
| **대안 나열** | 관련 자료 및 정보 수집 |
| **평가 기준 설정** | 대안을 평가하는 기준을 마련 |
| **대안 평가** | 기준에 따라 각 대안의 점수를 매겨 보는 과정 |
| **선택 및 실행** | 최선의 대안을 선택하여 실행 |

(2) 합리적 선택의 한계

① 정보의 제약에 따라 편익과 비용을 정확하게 계산하기 어려운 경우가 있다.

② 특정 경제 주체의 합리적 선택이 다른 경제 주체의 이익을 침해하거나 공익을 침해할 수 있다.

③ 타인을 의식하여 바람직한 소비를 하지 못하는 경우가 있다.

㉠ 밴드왜건 효과 : 다른 사람이나 유행에 따라 소비하는 현상

예 연예인의 패션을 모방한 소비

㉡ 스노브 효과 : 타인이 소비하는 것은 무조건 거부하고 남과 다른 것만을 소비하는 현상

예 한정판 상품 구매

㉢ 베블런 효과 : 자신의 부를 과시하기 위해 가격이 비싸도 소비하는 현상

예 명품 소비, 고급 자동차 수요 증가

## 개/념/체/크 TEST

**01** 다음 설명이 맞으면 ○표, 틀리면 ×표 하시오.

(1) 자본주의는 사유 재산권을 법적으로 보장한다. ( )

(2) 자본주의는 시장 가격에 따라 상품 거래가 이루어진다. ( )

(3) 자본주의는 생산 수단의 국유화를 기본으로 한다. ( )

**02** 다음은 자본주의 발전 과정이다. 다음 설명이 맞으면 ○표, 틀리면 ×표 하시오.

상업 자본주의

↓

㉠

↓

㉡

↓

신자유주의

(1) ㉠은 산업 자본주의이다. ( )

(2) ㉡은 수정 자본주의이다. ( )

(3) 상업 자본주의는 절대 왕정의 중상주의 정책으로 발전하였다. ( )

(4) ㉠은 시장 역할을 강조하며, 자유방임주의를 추구한다. ( )

(5) ㉡은 1929년 세계 대공황으로 정부의 적극적 시장 개입을 주장한다. ( )

(6) 신자유주의는 1970년대 석유 파동의 영향으로 정부의 역할을 제한하고 시장의 자유로운 경제 활동을 강조한다. ( )

**03** 자원의 희소성으로 인해 사람들은 선택의 문제에 직면하게 된다. 최소의 비용으로 최대의 편익을 얻을 수 있는 선택을 무엇이라 하는가?

**04** 어떤 것을 선택함으로써 포기한 것들 가운데 가장 가치가 큰 것으로 명시적 비용과 암묵적 비용을 합한 것은 무엇인가?

**05** 합리적 선택에서 고려해서는 안 되는 비용으로 이미 지불하여 회수할 수 없는 비용을 무엇이라 하는가?

**06** 자신의 부를 과시하기 위해 가격이 비싸도 소비하는 비합리적인 소비를 무슨 효과라고 하는가?

**개념체크 TEST 정답**

**01** (1) ○, (2) ○, (3) ×

**02** (1) ○, (2) ○, (3) ○ (4) ○, (5) ○, (6) ○

**03** 합리적 선택

**04** 기회 비용

**05** 매몰 비용

**06** 베블런 효과

# 02 시장 경제의 발전과 경제 주체의 역할

• 시장 경제의 원활한 작동과 발전을 위해 요청되는 정부, 기업가, 노동자, 소비자의 역할을 설명할 수 있다.

## 1 시장의 기능과 한계

### 1. 시장의 의미와 기능

(1) 시장의 의미 : 상품의 교환 및 거래가 이루어지는 장소

(2) 시장의 기능

① 거래에 드는 비용을 줄여 주고 특화와 교환을 가능하게 하여 생산성 향상과 생산비 절감을 가능하게 도와준다.

② 자유로운 경제 활동을 통해 자원의 효율적 배분을 가능하게 한다.

**특화**
어떠한 부분에 전문화하는 것을 말한다.

### 2. 시장의 한계

(1) 시장 실패

| | |
|---|---|
| **독과점 문제** | 시장에 하나(독점) 또는 소수의(과점) 공급자만 존재하는 상태로 이들 기업이 생산량이나 가격을 임의로 조정(담합)하여 소비자에게 피해를 끼칠 수 있음. |
| **공공재 공급 부족** | 공공재는 대가를 지불하지 않은 사람도 사용할 수 있는 무임승차 문제로 시장에서 충분히 공급되지 못하여 공공재 부족 문제 발생 |
| **외부 효과** | 경제 주체가 경제 활동을 하는 과정에서 의도치 않게 타인에게 이익을 주거나(외부 경제), 의도치 않게 피해를 입히고도 대가를 치르지 않는 현상(외부 불경제)으로 효율적 경제 활동을 방해함. |

**담합**
유사한 제품을 생산하는 기업끼리 가격, 판매 지역 등에 관한 협정을 맺어 서로 경쟁을 제한하는 것을 말한다.

**공공재의 예**
공원, 도로, 국방 서비스, 치안 서비스 등이 있다.

## 2 시장의 경제 참여자의 바람직한 역할

### 1. 정부의 역할

| | |
|---|---|
| 공정한 경쟁 촉진 | • 기업의 경제적 집중을 방지하고 불공정한 거래 행위를 규제<br>• 독과점과 같은 불공정 거래 행위를 규제하여 공정한 경쟁 유도 |
| 공공재 생산 | 공공재는 무임승차 문제로 필요한 만큼 생산되지 않아 정부가 직접 생산 공급함. |
| 외부 효과 개선 | • 외부 경제에 대해서는 세금 감면, 보조금 지급 등의 혜택을 제공하여 생산과 소비를 늘리도록 유도함.<br>• 외부 불경제에 대해서는 세금, 벌금을 부과하여 생산이나 소비를 줄이도록 유도함. |
| 빈부 격차 문제 개선 | 사회 보장 제도, 누진세를 통한 소득 재분배 정책을 강화 |

**사회 보장 제도**
소득이 적거나 실업・질병・재해 등의 사유로 어려움에 처한 사회 구성원들의 생활을 국가가 공공 지원을 통하여 해결해 주는 제도

### 2. 기업 및 기업가의 역할

| | |
|---|---|
| 기업의 역할 | • 노동, 토지, 자본 등의 생산 요소를 공급받고, 그에 대한 대가로 임금, 이자, 지대 등을 제공함.<br>• 사회에 필요한 재화와 서비스를 생산하여 공급함으로써 소비자들의 수요를 충족시킴.<br>• 최소의 비용으로 최대 이윤 추구 |
| 기업가 정신 | • 미래의 위험과 불확실성을 감수하고, 혁신과 창의성을 바탕으로 새로운 상품 개발, 새로운 시장 개척을 통해 이윤을 추구하는 기업가의 자세<br>• 생산성 향상, 소비자 만족으로 이어져 경제 발전에 도움이 됨. |
| 기업의 사회적 책임 | • 이윤 추구 과정에서 기업 윤리와 사회적 책임 고려<br>• 노동자 및 소비자의 권리를 존중하고 생산 과정에서 법규 준수 |

**누진세**
세금 부과의 대상이 되는 소득이나 재산이 많을수록 세율을 높여 세금을 부과하는 제도

### 3. 노동자의 역할과 권리

| | |
|---|---|
| 노동자의 역할 | • 성실하게 업무를 수행하여 생산성 향상에 이바지해야 함.<br>• 사용자와 협력하며 상생의 관계를 형성해야 함. |
| 노동자 권리 | 헌법상 노동 3권을 통해 노동자의 기본 권리를 보장 |

**노동 3권**
노동조합을 결성할 수 있는 단결권, 사용자와 교섭할 수 있는 단체 교섭권, 집단 행동을 할 수 있는 단체 행동권이 헌법상 보장된 노동 3권이다.

### 4. 소비자의 역할

| | |
|---|---|
| 합리적 소비 | 한정된 자원 내에서 최대의 만족을 얻기 위해 비용과 편익을 고려하여 소비하는 것 |
| 윤리적 소비 | 공익과 공동체를 고려하여 윤리적 판단에 따라 소비하는 것 |
| 소비자 주권 | 시장의 가격 결정이나 기업의 생산에 영향을 끼침으로써 시장에서 자원 분배의 방향을 결정함. |

## 개/념/체/크 TEST

**01 시장 실패에 대한 설명이 맞으면 ○표, 틀리면 ×표 하시오.**

(1) 소수의 공급자가 생산량이나 가격을 임의로 조정하는 것을 시장 실패라 한다. (　　)

(2) 무임승차 문제로 공공재 공급 부족 문제도 시장 실패이다. (　　)

(3) 타인에게 의도치 않게 피해를 주고 대가를 치르지 않는 현상도 시장 실패이다. (　　)

**02 시장 실패에 대한 정부의 대책으로 맞으면 ○표, 틀리면 ×표 하시오.**

(1) 정부는 부족한 공공재를 시장에 공급해야 한다. (　　)

(2) 정부는 외부 경제에 대해서는 벌금을 부과하여 생산이나 소비를 줄여야 한다. (　　)

(3) 빈부 격차를 개선하기 위해 누진세를 통한 소득 재분배 정책을 강화해야 한다. (　　)

**03 다음 설명에 해당하는 노동자의 권리를 쓰시오.**

(1) 노동 쟁의가 발생했을 때 파업 등의 방법으로 기업가에게 대항할 수 있는 권리 (　　　　)

(2) 노동조합을 결성할 수 있는 권리 (　　　　)

(3) 노동조합이 기업가와 근로 조건에 관해 교섭하고 협약을 체결할 수 있는 권리 (　　　　)

**04 미래의 위험과 불확실성을 감수하고, 혁신과 창의성을 바탕으로 새로운 상품 개발, 새로운 시장 개척을 통해 이윤을 추구하는 기업가의 자세를 무엇이라 하는가?**

**05 시장의 가격 결정이나 기업의 생산에 영향을 끼침으로써 시장에서 자원 분배의 방향을 결정하는 소비자의 역할을 무엇이라 하는가?**

**개념체크 TEST 정답**

**01** (1) ○, (2) ○, (3) ○

**02** (1) ○, (2) ×, (3) ○

**03** (1) 단체 행동권
(2) 단결권
(3) 단체 교섭권

**04** 기업가 정신

**05** 소비자 주권

# 03 국제 분업과 무역의 영향

- 자원, 노동, 자본의 지역 분포에 따른 국제 분업과 무역의 필요성을 이해한다.
- 무역의 확대가 우리 삶에 어떤 영향을 끼치는지 사례를 통해 설명할 수 있다.

## 1 국제 분업과 무역의 필요성

### 1. 국제 분업과 무역의 의미

| | |
|---|---|
| 무역 | 국가 간 상품, 서비스, 생산 요소 등을 사고파는 국제 거래<br>➜ IT기술이 발달하고 자유 무역이 확대됨에 따라 교역 대상의 범위가 넓어지고 있음. |
| 국제 분업 | 국가별로 각자의 특수한 환경에 맞추어 가장 유리한 상품을 특화하여 생산하는 현상 |

**➋ 특화**
자신이 갖고 있는 생산 요소를 특정 재화나 서비스 생산에 집중함으로써 생산성을 높여 자급자족 방식보다 자원을 효율적으로 활용 가능

### 2. 국제 분업과 무역의 필요성

(1) 생산 조건의 차이 : 각 국가는 자연 조건이 다르고, 생산 요소의 양과 질도 차이가 남 ➜ 같은 상품을 만들더라도 생산비가 서로 다름.

(2) 특화를 통한 이익 증대 : 생산 조건에 따라 상대적으로 더 저렴하게 생산할 수 있는 상품을 특화하여 생산하고 이를 교환함으로써 이익을 얻는다.

### 3. 무역 발생 원리

| | |
|---|---|
| 절대 우위 | • 특정 상품을 상대 국가보다 낮은 생산비로 생산할 수 있을 때 그 상품에 대해 절대 우위를 가진다고 함.<br>• 절대 우위를 가진 상품을 생산하여 수출하고, 절대 우위가 없는 상품을 수입함.<br>• 두 나라 사이의 무역에서 한 나라가 모든 상품의 생산 비용에 절대 우위를 가지는 경우 무역이 발생할 수 없음. |
| 비교 우위 | • 특정 상품 생산이 다른 국가에 비해 상대적으로 더 작은 기회 비용으로 상품을 생산할 수 있을 때 비교 우위를 가진다고 함.<br>• 다른 나라에 비해 생산의 기회 비용이 작은 상품을 생산하고, 기회 비용이 큰 상품을 수입함.<br>• 두 나라 사이의 무역에서 한 나라가 모든 상품의 생산 비용에 절대 우위를 가진 경우의 국제 무역을 설명할 수 있음. |

**➋ 기회 비용과 비교 우위**
기회 비용은 특정 재화의 생산을 위해 포기해야 하는 것의 가치이며, 각국은 기회 비용이 작은 재화의 생산에 비교 우위를 가진다.

**Click** 절대 우위와 비교 우위의 이해

〈절대 우위 교역의 발생〉

| 구분 | X재 | Y재 |
|---|---|---|
| 갑국 | 10달러 | 20달러 |
| 을국 | 5달러 | 30달러 |

갑국과 을국에서 X재와 Y재 생산에 소요되는 비용이 위의 표와 같다면, X재는 을국이, Y재는 갑국이 보다 저렴하게 생산이 가능하다(갑국 Y재에 절대 우위, 을국 X재에 절대 우위). 따라서 상대국에 비해 생산 비용이 작은 재화를 특화하여 생산한 후 교역할 경우 교역 이전보다 더 많은 재화를 소비할 수 있다.

〈기회 비용을 통한 비교 우위〉

| 구분 | X재 | Y재 |
|---|---|---|
| 갑국 | Y재 1/2단위 | X재 2단위 |
| 을국 | Y재 1/6단위 | X재 6단위 |

X재와 Y재 1단위 생산의 기회 비용을 계산하면 위의 표와 같다. 기회 비용을 비교하면 X재의 경우 을국이 갑보다 기회 비용이 작으며, Y재의 경우 갑국이 을국보다 기회 비용이 작다(갑국 Y재에 비교 우위, 을국 X재에 비교 우위). 비교 우위를 가진 재화를 특화하여 교역할 경우 교역 이전보다 더 많은 재화를 소비할 수 있게 된다.

## 2 국제 무역의 확대에 따른 긍정적 · 부정적 영향

### 1. 국제 무역 확대 배경

(1) 교통 및 통신 기술의 발달로 인해 시간과 공간의 거리 축소

(2) 다양한 경제 협력

| | |
|---|---|
| 세계 무역 기구(WTO) | 자유 무역을 확대하기 위해 1995년에 설립된 국제 기구로 회원국 간의 무역 분쟁 조정, 관세 인하 요구 등의 법적 권한과 구속력을 행사함. |
| 자유 무역 협정(FTA) | 개별 국가끼리 상품이나 서비스의 자유로운 이동을 위해 물품의 관세를 낮추거나 무관세로 상품과 서비스의 수출입 거래가 이루어지도록 하는 협정 |
| 지역 경제 협력체 | 지리적으로 가까운 국가끼리 지역 경제 협력체를 구성함. 예 유럽 연합(EU), 동남아시아 국가 연합(ASEAN) 등 |

**관세**
우리나라에 수입되는 외국물품에 대해서 부과하는 세금이다.

### 2. 국제 무역 확대의 긍정적 영향

(1) 소비자 : 다양한 상품이나 서비스를 낮은 가격에 소비할 기회가 늘어난다.

(2) 국가 : 국내 경제 활성화, 일자리 창출로 국가 경제 성장

(3) 기업 : 규모의 경제가 실현되고, 외국 기업과 경쟁 과정에서 기업 기술 수준 향상

**규모의 경제**
생산량이 늘어남에 따라 제품 단위당 평균 생산비가 하락하는 것을 말한다.

### 3. 국제 무역 확대의 부정적 영향

(1) 세계 시장에서 경쟁력이 떨어지는 국내 산업이 위축될 수 있다.

(2) 국외의 경제적 충격이 국내 경제에 큰 영향을 주며, 독자적인 경제 정책을 시행하기 어렵다.

(3) 선진국과 개발 도상국 간의 무한 경쟁으로 국가 간 빈부 격차가 심화될 수 있다.

**개/념/체/크 TEST**

**01 다음 설명이 맞으면 ○표, 틀리면 ×표 하시오.**

(1) 국가마다 자연환경이 다르고 생산 요소의 질과 양에 차이가 난다. ( )

(2) 무역을 할 때 각국은 기회 비용이 큰 재화의 생산에 비교 우위를 가진다. ( )

(3) 절대 우위에 따른 무역의 원리는 절대적인 생산비를 무역 상대국과 비교하는 것이다. ( )

(4) 한 국가가 다른 국가에 비해 더 작은 기회 비용으로 상품을 생산할 수 있을 때 절대 우위가 있다고 말한다. ( )

(5) 비교 우위는 상대적인 개념이므로 절대 우위가 없는 나라에서도 비교 우위를 갖는 상품이 존재한다. ( )

**02 자유 무역을 확대하기 위해 1995년에 설립된 국제 기구로 회원국 간의 무역 분쟁 조정, 관세 인하 요구 등의 법적 권한과 구속력을 행사하는 기구는 무엇인가?**

**03 개별 국가끼리 상품이나 서비스의 자유로운 이동을 위해 물품의 관세를 낮추거나 무관세로 상품과 서비스의 수출입 거래가 이루어지도록 하는 협정은 무엇인가?**

**04 다음 설명이 맞으면 ○표, 틀리면 ×표 하시오.**

(1) 세계 무역 기구((WTO) 출범 이후 국가 간 무역 장벽이 높아졌다. ( )

(2) 자유 무역의 확대는 선진국과 개발 도상국 간의 빈부 격차를 심화할 수 있다. ( )

(3) 무역의 확대는 다양한 상품이나 서비스를 낮은 가격에 소비할 수 있는 기회를 증가시킨다. ( )

(4) 무역의 확대는 규모의 경제를 실현하며, 기업의 기술 수준 향상을 가져온다. ( )

**개념체크 TEST 정답**

**01** (1) ○, (2) ×, (3) ○ (4) ×, (5) ○

**02** 세계 무역 기구((WTO)

**03** 자유 무역 협정(FTA)

**04** (1) ×, (2) ○, (3) ○, (4) ○

# 04 자산 관리와 금융 생활

- 안정적인 경제 생활을 위해 금융 자산의 특징과 자산 관리의 원칙을 파악한다.
- 생애 주기별 금융 생활을 설계할 수 있다.

## 1 자산 관리와 다양한 금융 자산

### 1. 자산 관리의 의미와 필요성

(1) 의미 : 안정적인 경제 생활을 위해 저축이나 투자 등을 통해 개인의 자산을 관리하는 것

(2) 필요성 : 생애에 걸쳐 소비 활동은 지속되나, 소득을 얻을 수 있는 시기는 한정됨. ➜ 평균 수명의 증가로 자산 관리가 더욱 중요해짐.

### 2. 다양한 금융 자산

(1) 예금

| | |
|---|---|
| 의미 | 금융 기관에 자금을 맡기고 이자를 받는 금융 상품 |
| 특징 | 수익성이 상대적으로 낮지만 안전성이 높음. |
| 종류 | 입출금이 자유로운 요구불 예금과, 이자 수익을 목적으로 일정 기간 동안 돈을 맡겨두는 저축성 예금이 있음. |

(2) 주식

| | |
|---|---|
| 의미 | 기업이 사업 자금 조달을 위해 발행하는 것으로 자금을 투자한 사람에게 그 대가로 회사 소유권의 일부를 지급하는 증서 |
| 특징 | 배당금을 받을 수 있고, 시세 차익을 누릴 수 있어서 수익률은 높으나 주식 가격 변동에 따라 원금 손실이 발생할 수 있어 안전성이 낮음. |

**배당**
주식을 발행하여 사업 자금을 조달하는 주식회사가 회사 경영을 통해 얻은 이익의 일부를 투자자의 투자 지분에 따라 나눠 주는 것

(3) 채권

| | |
|---|---|
| 의미 | 국가나 공공 기관, 기업 등이 미래에 일정한 이자를 지급할 것을 약속하고 돈을 빌린 후 제공하는 증서 |
| 특징 | 예금보다 안전성이 낮지만 수익성이 높고, 주식보다 수익성이 낮지만 안전성이 높은 편임. |

(4) 기타 금융 자산

| | |
|---|---|
| **펀드** | 금융 기관에 돈을 맡겨서 대신 투자하도록 하는 금융 상품으로, 예금 상품보다 높은 수익을 기대할 수 있으나 자산 운용의 결과 원금 손실이 발생할 수 있음. |
| **보험** | 미래에 발생할지 모르는 위험을 대비하여 정기적으로 보험료를 납부하고 사고가 발생할 경우 보험금을 받는 금융 상품 |
| **연금** | 노후 생활의 안정을 위해 평소 돈을 적립하고 은퇴 후에 받는 금융 상품 |

## 3. 자산 관리의 원칙과 합리적 자산 관리

(1) 자산 관리 원칙

| | |
|---|---|
| **안전성** | 금융 상품의 원금과 이자가 보전될 수 있는 정도 |
| **수익성** | 금융 상품의 가격 상승이나 이자 수익을 기대할 수 있는 정도 |
| **유동성** | 필요할 때 쉽게 현금으로 전환할 수 있는 정도 |

Click **금융 자산별 특징**

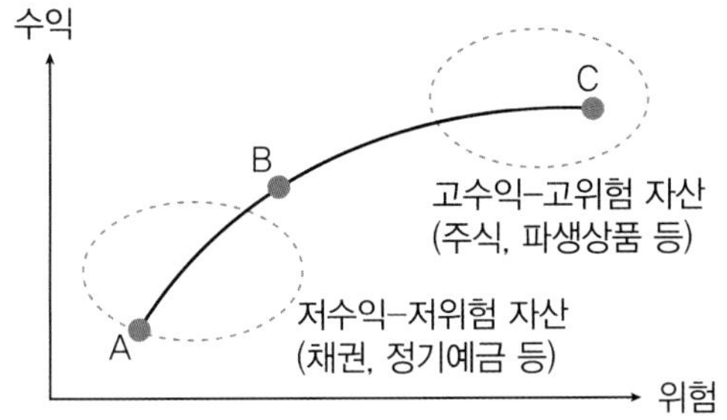


| 구분 | 예금 | 채권 | 주식 |
|---|---|---|---|
| **장점** | 안전성, 유동성이 높음 | 주식보다 안전성이 높음 | 수익성이 큼 |
| **단점** | 수익성이 낮음 | 주식보다 수익성이 낮음 | 안전성이 낮음 |

(2) 합리적인 자산 관리

① 일반적으로 투자 수익이 크면 투자 위험도 커지므로 분산 투자가 필요하다.

② 투자 목적과 기간에 따라 안전성, 수익성, 유동성을 고려하여 다양한 금융 상품에 적절히 배분하는 자산 관리가 필요하다.

## 2 생애 주기별 금융 설계

**생애 주기 곡선**
생애 주기에 따른 소득과 소비를 곡선 형태로 나타낸 것이다.

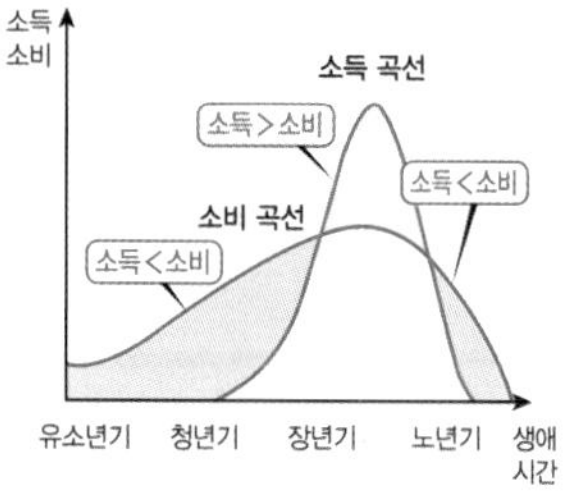


### 1. 생애 주기와 생애 주기별 특징

(1) 생애 주기의 의미 : 시간의 흐름에 따른 인간 삶의 변화를 나타낸 것이다.

(2) 생애 주기별 특징

| 생애 주기 | 발달 과업 |
|---|---|
| 아동기 | 사회 생활에 필요한 지식과 규범을 습득하며, 자아 정체성이 형성됨. |
| 청년기 | 경제적 독립을 위한 취업 준비, 결혼을 위한 준비, 수입 발생 시기 |
| 중·장년기 | 자녀 양육, 주택 마련, 노후 대비, 지출이 증가하나 수입의 증가폭이 큰 시기, 저축 가능 |
| 노년기 | 은퇴 이후의 삶에 적응, 수입보다 지출이 큰 시기 |

### 2. 생애 주기를 고려한 금융 실계

(1) 금융 설계의 필요성 : 제한된 소득을 활용하여 평균 수명 연장에 따른 은퇴 이후 삶에 대한 대비가 필요하다.

(2) 금융 설계의 원칙 : 현재의 소득만을 기준으로 하는 것이 아니라, 전 생애 동안의 예상 소득을 기준으로 장기적 관점에서 소비와 저축을 결정해야 한다.

## 개/념/체/크 TEST

**01** 다음 설명에 해당하는 금융 자산을 쓰시오.

(1) 일정한 계약에 따라 이자를 받기로 하고 은행 등 금융 회사에 돈을 맡기는 것 (　　)

(2) 국가나 기업 등이 미래에 일정한 이자를 지급할 것을 약속하고 돈을 빌린 후 제공하는 증서 (　　)

(3) 기업이 사업 자금 조달을 위해 발행하는 것으로서, 자금을 투자한 사람에게 그 대가로 회사 소유권의 일부를 준다는 증표 (　　)

**02** 다음 설명에 해당하는 자산 관리 원칙을 〈보기〉에서 찾아 기호를 쓰시오.

보 기

ㄱ. 안전성　　ㄴ. 수익성　　ㄷ. 유동성

(1) 금융 자산을 현금으로 쉽게 바꿀 수 있는 정도 (　　)

(2) 금융 상품의 원금과 이자가 보전될 수 있는 정도 (　　)

(3) 금융 상품의 가격 상승이나 수익을 기대할 수 있는 정도 (　　)

**03** 다음 설명이 맞으면 ○표, 틀리면 ×표 하시오.

(1) 예금은 주식에 비해 수익성이 높은 상품이다. (　　)

(2) 채권은 주식과 달리 배당 수익을 누릴 수 있는 상품이다. (　　)

(3) 주식은 예금보다 수익성은 높고 안전성은 낮다. (　　)

(4) 아동기, 청소년기는 소비보다 소득이 적은 시기이다. (　　)

(5) 안정적인 미래를 위해서는 지금의 소득이나 자산을 기준으로 소비와 저축을 결정하는 것이 좋다. (　　)

**개념체크 TEST 정답**

**01** (1) 예금　(2) 채권　(3) 주식

**02** (1) ㄷ　(2) ㄱ　(3) ㄴ

**03** (1) ×, (2) ×, (3) ○ (4) ○, (5) ×

PART V

# 적중 예상 문제

정답 및 해설 별책 16p

## 01 자본주의의 발달과 시장 경제

**01** 다음에서 설명하는 자본주의 형태는 무엇인가?

> 영국의 산업 혁명으로 공장제 기계 공업을 통한 대량 생산이 가능해지고 시장의 역할이 강조되며, 정부 개입의 최소화 및 자유방임주의를 추구한다.

① 신자유주의
② 산업 자본주의
③ 상업 자본주의
④ 수정 자본주의

**02** 다음 내용을 원인으로 발생한 자본주의 형태는 무엇인가?

> 정부가 시장에 개입하는 것은 비효율적이며 부패가 발생한다. 1970년 석유 파동으로 정부의 역할을 제한한 경제 체제이다.

① 신자유주의
② 산업 자본주의
③ 상업 자본주의
④ 수정 자본주의

**03** 자본주의의 역사적 전개 과정을 〈보기〉에서 골라 순서대로 바르게 나열한 것은?

> 보기
>
> ㄱ. 신자유주의　　ㄴ. 수정 자본주의
> ㄷ. 상업 자본주의　　ㄹ. 산업 자본주의

① ㄱ – ㄴ – ㄷ – ㄹ
② ㄹ – ㄷ – ㄴ – ㄱ
③ ㄷ – ㄹ – ㄱ – ㄴ
④ ㄷ – ㄹ – ㄴ – ㄱ

**04** 수정 자본주의에 대한 설명으로 옳은 것은?

① 자유방임주의를 추구한다.
② 절대 왕정의 중상주의 정책을 통해 발달하였다.
③ 대공황에 대한 대책으로 정부의 시장 개입을 강조한다.
④ 석유 파동에 따른 대책으로 시장에 정부의 개입을 강조한다.

**05** 합리적 선택에 대한 설명으로 옳은 것은?

① 매몰 비용을 고려하여 선택한다.
② 많은 사람이 선호하는 것을 선택한다.
③ 선택에 따른 편익이 기회 비용보다 큰 것을 선택한다.
④ 같은 편익을 얻을 수 있는 경우 비용이 가장 큰 것을 선택한다.

**06** 다음 상황에서 갑이 'A'를 선택했을 때의 기회 비용은?(단, 자료 이외의 조건은 고려하지 않는다.)

> 갑은 독서실과 빵집 아르바이트 중 한 가지를 선택할 수 있다.
> A : 갑은 독서실에서 한 시간 아르바이트를 하면 10,000원을 벌 수 있다.
> B : 갑은 빵집에서 한 시간 일하면 9,000원을 벌 수 있다.

① 1,000원　② 9,000원
③ 10,000원　④ 19,000원

**07** (가)와 (나)에 대한 설명으로 옳은 것은?

> (가) 이미 지출되어 회수가 불가능한 비용
> (나) 하나의 대안을 선택해야 하는 상황에서 드는 비용

① (가)는 매몰 비용으로 합리적 선택에 고려하는 비용이다.
② 합리적 선택은 편익이 (가)와 (나)의 합계보다 큰 대안을 선택하는 것이다.
③ 가격이 동일한 상품 중 하나를 소비할 때 포기한 대안들의 편익을 모두 합한 것으로 (나)를 측정할 수 있다.
④ (나)는 가격이 동일한 상품 중 하나를 소비할 때 포기한 대안들 중 가장 편익이 큰 것으로 (나)를 측정할 수 있다.

**08** 다음 합리적 선택의 과정 순서를 〈보기〉에서 찾아 바르게 나열한 것은?

> 보기
> ㄱ. 문제 인식　ㄴ. 평가 기준 설정
> ㄷ. 대안 나열　ㄹ. 선택 및 실행
> ㅁ. 대안 평가

① ㄱ － ㄴ － ㄷ － ㅁ － ㄹ
② ㄱ － ㄷ － ㄴ － ㅁ － ㄹ
③ ㄱ － ㄴ － ㅁ － ㄹ － ㄷ
④ ㄷ － ㄱ － ㄴ － ㅁ － ㄹ

**09** 다음에서 설명하는 개념은 무엇인가?

> 다른 사람이나 유행에 따라 소비하는 현상으로 연예인의 패션을 모방하는 소비를 말한다.

① 합리적 소비　② 스노브 효과
③ 베블런 효과　④ 밴드왜건 효과

**10** 스노브 효과에 대한 설명으로 옳은 것은?

① 편익-비용 분석으로 합리적 소비를 말한다.
② 다른 사람이나 유행에 따라 소비하는 현상을 말한다.
③ 타인이 소비하는 것은 무조건 거부하고 남과 다른 것만을 소비하는 것을 말한다.
④ 자신의 부를 과시하기 위해 가격이 비싸도 소비하는 현상으로 명품 소비가 대표적인 예이다.

## 02 시장 경제의 발전과 경제 주체의 역할

**11** 시장 실패에 대한 설명으로 옳지 않은 것은?

① 공공재 부족 문제도 시장 실패에 해당한다.
② 정부의 개입으로 나타나는 비효율적 시장 문제가 시장 실패이다.
③ 의도치 않게 피해를 입히고도 대가를 치르지 않는 현상은 시장 실패에 해당한다.
④ 하나 또는 소수의 공급자만 존재하여 가격을 임의로 조정하는 경우 시장 실패가 나타난다.

**12** 다음 설명에 해당하는 시장 실패의 유형은 무엇인가?

> 꿀벌은 꽃에서 꿀을 모아 가고, 그 과정에서 과일나무의 열매를 맺는 데 필요한 수분 활동이 이루어진다. 과수원 주변에 양봉업자가 와서 꿀벌을 친다면 과수원 주인은 이전보다 더 많은 과일을 수확할 수 있지만, 그 혜택에 대해 양봉업자에게 대가를 지급하지 않는다.

① 외부 경제　② 외부 불경제
③ 독과점 문제　④ 공공재 부족

**13** 다음 설명에 해당하는 시장 실패의 유형은 무엇인가?

> 유사한 제품을 생산하는 기업끼리 가격, 판매 지역 등에 관한 협정을 맺어 서로 경쟁을 제한하는 것을 담합이라고 한다.

① 외부 경제　② 독과점 문제
③ 외부 불경제　④ 빈부 격차 문제

**14** 시장에서의 정부 역할로 적절하지 않은 것은?

① 기업의 불공정한 거래 행위를 규제한다.
② 누진세를 통한 소득 재분배 정책을 강화한다.
③ 혁신과 창의성을 바탕으로 새로운 상품을 개발한다.
④ 무임승차 문제로 필요한 만큼 생산되지 않는 공공재를 생산 공급한다.

**15** 시장 실패에 대한 정부의 정책으로 옳지 않은 것은?

① 독과점을 막기 위해 기업의 불공정한 거래 행위를 규제한다.
② 시장 실패인 외부 경제 현상에 대해 세금 감면, 보조금을 지급한다.
③ 노동자 및 소비자의 권리를 존중하여 생산 과정에서 법규를 준수한다.
④ 빈부 격차 문제를 개선하기 위해 사회 보장제도를 실시하여 소득 재분배 정책을 강화한다.

## 03 국제 분업과 무역의 영향

**16** 국제 무역에 대한 설명으로 옳은 것은?

① 국제 무역은 교역 대상의 범위가 점점 좁아지고 있다.
② 각 나라는 생활에 필요한 모든 물건을 직접 만드는 것이 가장 이익이다.
③ 각 나라가 생산 조건에 따라 상품을 특화하여 생산하고, 무역 조건이 성립하면 모두에게 이익이 된다.
④ 두 나라의 자연 조건이 동일하다고 가정하면 같은 상품을 생산하는 데 드는 생산비도 동일하다.

**17** 무역의 긍정적 영향으로 볼 수 없는 것은?

① 문화 교류를 활성화한다.
② 규모의 경제 실현으로 경제 발전의 원동력이 될 수 있다.
③ 국가 간 특화로 인해서 각국 특화 산업의 생산성이 향상된다.
④ 국가 간 상호 의존도가 높아지면서 정부가 독자적인 경제 정책을 펼칠 수 있게 된다.

**18** 국제 무역이 증가하는 원인으로 적절하지 않은 것은?

① 국가 간 자유 무역 협정의 체결이 늘어났다.
② 거래와 관련된 무역 장벽이 완전히 사라졌다.
③ 교통 및 통신 수단의 발달로 국가 간 교류가 쉬워졌다.
④ 세계 무역 기구(WTO)의 주도하에 자유 무역주의 경향이 확대되었다.

**19** 다음 중 절대 우위에 대한 설명으로 옳지 않은 것은?

① 절대 우위가 없는 상품은 수입한다.
② 절대 우위를 가진 상품은 생산하여 수출한다.
③ 특정 상품을 상대 국가보다 낮은 생산비로 생산할 수 있을 때 그 상품에 대한 절대 우위를 가진다고 한다.
④ 두 나라 사이의 무역에서 한 나라가 모든 상품의 생산 비용에 절대 우위를 가지는 경우도 무역이 발생할 수 있다.

**20** 다음 중 비교 우위에 대한 설명으로 옳은 것은?

① 다른 나라에 비해 생산의 기회 비용이 작은 상품을 수입한다.
② 다른 나라에 비해 생산의 기회 비용이 큰 상품을 생산하여 수출한다.
③ 모든 상품의 생산 비용에 절대 우위를 가진 경우 국제 무역을 설명할 수 없다.
④ 특정 상품 생산을 더 작은 기회 비용으로 생산할 수 있을 때 비교 우위를 가진다고 한다.

**[21~22] 표는 갑국과 을국이 X재와 Y재 각각 1단위를 생산하는 데 필요한 생산비를 나타낸 것이다. 다음 물음에 답하시오.**

| 구분 | 갑국 | 을국 |
|---|---|---|
| X재 | 10달러 | 8달러 |
| Y재 | 12달러 | 5달러 |

**21** 위의 표를 바탕으로 절대 우위에 대한 설명으로 옳지 <u>않은</u> 것은?

① X재에 절대 우위를 가진 국가는 을국이다.
② Y재에 절대 우위를 가진 국가는 을국이다.
③ 절대 우위를 바탕으로는 무역이 성립될 수 없다.
④ 1단위 생산하는 데 필요한 생산비는 높으면 유리하다.

**22** 위의 표를 바탕으로 비교 우위에 대한 설명으로 옳은 것을 <보기>에서 고른 것은?

보기

ㄱ. 갑국은 Y재에 을국은 X재에 비교 우위를 가진다.
ㄴ. 갑국은 X재 1단위 생산의 기회 비용은 Y재 5/6이다.
ㄷ. 갑국은 Y재 1단위 생산의 기회 비용은 X재 6/5이다.
ㄹ. 을국은 X재 1단위 생산의 기회 비용은 Y재 5/8이다.

① ㄱ, ㄴ　② ㄱ, ㄷ
③ ㄴ, ㄷ　④ ㄴ, ㄹ

**23** 다음에서 설명하는 개념은 무엇인가?

개별 국가끼리 상품이나 서비스의 자유로운 이동을 위해 물품의 관세를 낮추거나 무관세로 상품과 서비스의 수출입 거래가 이루어지도록 하는 협정이다.

① 자유 무역 협정(FTA)
② 세계 무역 기구(WTO)
③ 국제 연합(UN)
④ 비정부기구(NGO)

**24** 세계 무역 기구(WTO)에 대한 설명으로 옳은 것은?

① 개발 도상국의 무역 원조를 위해 만든 기구이다.
② 지리적으로 가까운 국가끼리 구성한 경제 협력체이다.
③ 무역 장벽 강화를 위해 설립하였으며 법적 구속력을 행사한다.
④ 회원국 간 무역 분쟁 조정, 관세 인하 요구 등의 권한을 행사한다.

**25** 국제 무역 확대에 따른 영향으로 적절하지 <u>않은</u> 것은?

① 개인은 상품 선택의 폭이 넓어져 편익이 증가한다.
② 상대적으로 경쟁력이 약한 기업은 도태될 수 있다.
③ 기업이 기술 개발과 생산성 향상을 위해 노력한다.
④ 자유 무역이 확대되어 국가 간 무역 분쟁이 사라진다.

## 04 자산 관리와 금융 생활

**26** 다음에서 설명하는 금융 자산은 무엇인가?

> 배당금을 받을 수 있고, 시세 차익을 누릴 수 있어서 수익률은 높으나 원금 손실이 발생할 수 있다.

① 주식　② 예금
③ 채권　④ 펀드

**27** 다음에서 설명하는 금융 자산은 무엇인가?

> 금융 기관에 돈을 맡겨서 대신 투자하도록 하는 금융 상품으로, 예금 상품보다 높은 수익을 기대할 수 있으나 자산 운용의 결과 원금 손실이 발생할 수 있다.

① 주식　② 예금
③ 채권　④ 펀드

**28** 다음에서 설명하는 것은 무엇인가?

> • 주식보다는 안전성이 높고 예금보다는 낮다.
> • 예금보다 수익성이 높고 주식보다 낮다.

① 적금　② 채권
③ 보험　④ 부동산

**29** 그림은 수익성과 안전성을 기준으로 금융 상품을 구분한 것이다. 이에 대한 옳은 설명을 〈보기〉에서 고른 것은?

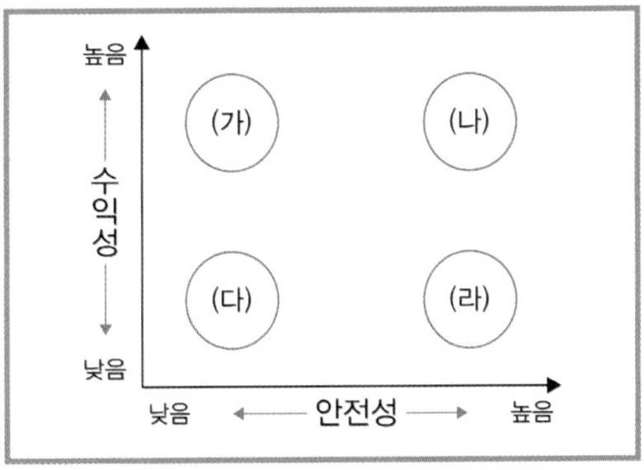


보기
ㄱ. (가)는 '고수익-고위험' 상품이다.
ㄴ. (나)보다 (다)에 해당하는 상품에 투자하는 것이 바람직하다.
ㄷ. 주식은 (라)보다 (가)에 가깝다.
ㄹ. 예금은 (라)보다 (다)에 가깝다.

① ㄱ, ㄴ　② ㄱ, ㄷ
③ ㄴ, ㄷ　④ ㄴ, ㄹ

**30** (가)~(다)에 대한 옳은 진술을 〈보기〉에서 고른 것은? (단, (가)~(다)는 각각 안전성, 수익성, 유동성 중의 하나이다.)

투자자들은 은행 예금, 주식, 부동산 등의 투자 상품들을 다양한 기준에 따라 선택한다. 은행 예금보다 주식을 선호하는 사람들은 (가)보다 (나)를 중시하는 경향이 있고, 보유 자산의 환금성을 중시하는 사람들에게는 (다)가 중요한 판단 기준이다.

보기

ㄱ. 수익성은 (가)에 해당한다.
ㄴ. 일반적으로 은행 예금은 부동산보다 (다)가 높다.
ㄷ. (가)가 높을수록 (나)는 낮아지는 경향이 있다.
ㄹ. 저위험 자산을 선호하는 경우 (다)보다 (나)를 중시한다.

① ㄱ, ㄴ ② ㄱ, ㄷ
③ ㄴ, ㄷ ④ ㄴ, ㄹ

**31** 그래프는 생애 주기별 수입, 지출 곡선을 나타낸 것이다. 이에 대한 분석으로 옳은 것은?

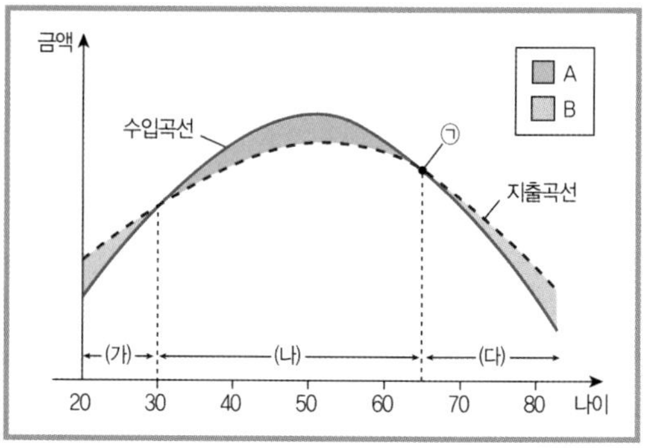


① ㉠은 지출이 '0'이 되는 지점이다.
② B가 A보다 클 때 안정된 노후 대비가 가능해진다.
③ (가) 시기는 수입만으로 지출을 충당할 수 없다.
④ (나) 시기는 수입보다 지출이 많아 부채가 증가한다.

**32** 그림은 인간의 생애 주기를 나타낸 것이다. A~D 단계별 일반적인 발달 과업에 대한 설명으로 옳지 않은 것은?

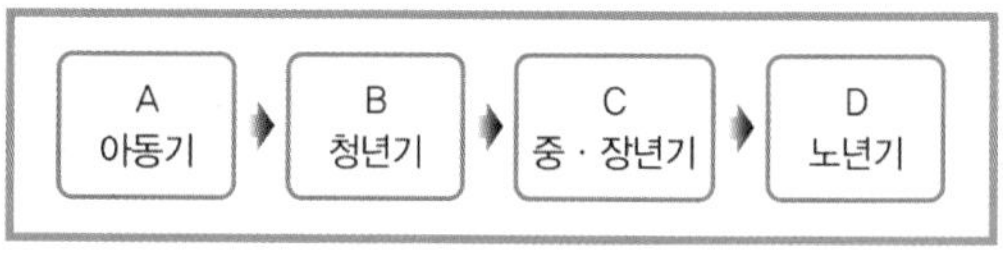


① A에서는 사회 생활에 필요한 지식과 규범을 학습한다.
② B에서는 경제적 독립을 위한 취업 준비를 한다.
③ C에서는 자녀를 양육하고 배우자와 부모의 역할을 한다.
④ D에서는 금융 상품에 투자하여 노후 자금 준비를 시작한다.

**33** 생애 주기를 고려한 금융 설계의 설명으로 옳지 않은 것은?

① 미래 삶에 대하여 예측해 볼 수 있다.
② 생애 주기의 단계별 과업 인식 및 대비책을 마련할 수 있다.
③ 자신의 생애 목표를 수립하고 구체적인 실현 방법을 종합적, 단기적으로 계획하는 것을 말한다.
④ 자신의 미래 직업 선택, 결혼, 노후 생활 등에 대한 준비로 행복한 삶을 영위할 수 있다.

ABCD
1234567890

PART

VI

# 사회 정의와 불평등



이 단원은 정의의 의미와 실질적 기준, 자유주의와 공동체주의의 정의관, 사회 및 공간 불평등 현상과 개선 방안에 대해 알아본다. 정의로운 사회의 조건은 무엇이며 이를 실현하기 위해 어떻게 해야 하는가를 탐구하며, 사회적·공간적 불평등 현상을 완화하려는 다양한 제도와 실천 방안을 탐색한다.

# 01 정의의 의미와 실질적 기준

• 정의가 요청되는 이유를 파악하고, 정의의 의미와 실질적 기준을 설명할 수 있다.

## 1 정의의 의미와 정의가 요청되는 이유

### 1. 정의의 의미와 정의에 대한 여러 사상가들의 입장

| | | |
|---|---|---|
| 정의의 의미 | • 시대와 장소에 따라 다양함.<br>• 사회를 구성하고 유지하는 공정하고 올바른 도리로서, 개인이나 사회가 추구해야 할 기본적이고 핵심적인 덕목 | |
| 공자 | 천하의 바른 정도(正道)를 이루는 것을 삶의 목표로 함. | |
| 아리스토텔레스 | 일반적 정의 | • 법을 준수하는 것<br>• "법을 준수하는 사람은 정의로운 사람이고 법을 지키지 않는 사람은 부정의 하다." |
| | 특수적 정의 | • 분배적 정의(기하학적 비례) : 각자의 가치 및 공동체에 대한 기여도에 따라, 재화 · 명예 · 권력을 비례적으로 분배하는 것<br>• 교정적 정의(산술적 비례) : 타인에게 해를 끼치면 그만큼 보상해 주고, 타인에게 이익을 준 경우 그만큼 보상을 받아 이익과 손해의 균등을 회복시켜주는 것<br>• 교환적 정의 : 같은 가치를 지닌 두 물건을 교환함으로써 교환의 결과에서 공정함을 추구하는 것 |

### 2. 정의가 요청되는 이유

(1) 인간의 존엄성 보장 : 사회 구성원들이 기본적 권리를 누리며 인간다운 삶을 살 수 있음 ➜ 행복 추구권, 자유권, 평등권, 사회권 등의 기본권 보장을 통해 인간다운 삶을 실현

(2) 사회 통합 기반 마련

① 법 앞에서의 평등, 자기 몫의 공정한 분배를 통한 사회 운영으로 사회 구성원들 간의 신뢰도 향상

② 개인선과 공동선을 조화롭게 유지시켜 사회 갈등을 최소화한다.

(3) 옳고 그름에 관한 판단 기준 제공 : 정의를 바탕으로 갈등과 분쟁을 조절하여 사회 문제를 공정하게 처리한다.

**개인선**
개인의 행복 추구나 자아실현 등 개인이 사적으로 누릴 수 있는 이익이다.

**공동선**
공동체 구성원 모두에게 이익이 되거나 공동체의 발전을 이루게 하는 것이다.

## 2 정의의 실질적 기준

### 1. 분배적 정의

| | |
|---|---|
| 의미 | 사회적 지위와 권리, 재화와 서비스 등 사회적·경제적 가치를 공정하게 분배하는 것과 관련된 정의 |
| 특징 | 시대와 사회에 따라 분배 기준이 달라짐. 사회적 합의를 통해 각각의 분배 상황에 맞는 기준을 마련해야 함. |
| 필요성 | 사회적·경제적 가치는 모든 사람의 욕구를 충족할 만큼 충분하지 못하므로 분배적 정의에 따라 사회적 갈등을 해결할 수 있음. |

### 2. 다양한 분배적 정의의 기준

(1) 업적에 따른 분배

| | |
|---|---|
| 의미 | 당사자들이 성취하고 이바지한 정도에 따라 분배하는 것 |
| 장점 | 업적에 대한 보상으로 성취 의욕과 창의성을 높임. |
| 한계 | • 서로 다른 종류의 업적은 비교하기가 어려움.<br>• 경쟁이 과열되어 비인간적인 사회가 될 수 있음.<br>• 사회적 약자에 대한 배려가 부족해질 수 있음. |

(2) 능력에 따른 분배

| | |
|---|---|
| 의미 | 개인이 지닌 잠재력과 재능, 육체적·정신적 능력에 따라 분배하는 것 |
| 장점 | 개인이 지닌 잠재력을 실현할 기회를 제공하여 성취동기를 높이고 업무의 효율성을 높일 수 있음. |
| 한계 | • 능력을 평가하는 정확한 기준을 마련하기가 쉽지 않음.<br>• 노력 이외에 선천적 자질이나, 부모의 사회·경제적 지위 등 우연적인 요소에 영향을 받을 수 있음. |

(3) 필요에 따른 분배

| | |
|---|---|
| 의미 | 인간다운 삶을 보장하기 위해 사람들의 필요에 따라 분배 |
| 장점 | • 사회적 약자를 위해 더 많은 재화를 사용할 수 있음.<br>• 구성원들의 인간다운 삶을 보장할 수 있음.<br>• 사회적 불평등을 완화시킬 수 있음. |
| 한계 | • 한정된 자원으로 모두의 필요를 충족시키기 어려움.<br>• 기여도와 상관없이 분배가 이루어져 생산 동기를 약화시키고, 경제적 비효율성이 증가함. |

**자본주의 분배**
능력, 노력, 업적에 따른 결과의 불평등을 인정하며, 자연스러운 것으로 본다.

**사회주의 분배**
능력에 따라 일하고, 필요에 따른 분배를 주장한다.

## 개/념/체/크 TEST

**01 다음 설명이 맞으면 ○표, 틀리면 ×표 하시오.**

(1) 정의에 대한 관점은 시대와 장소에 따라 다양하다. ( )

(2) 정의는 사회를 구성하고 유지하는 공정하고 올바른 도리이다. ( )

(3) 인간의 존엄성 보장과 정의는 관련이 없다. ( )

**02 아리스토텔레스의 정의에 대한 설명이 맞으면 ○표, 틀리면 ×표 하시오.**

(1) 일반적 정의는 준법정신이다. ( )

(2) 각자의 가치에 따라 분배하는 것을 교정적 정의라고 한다. ( )

(3) 타인에게 손해와 이익을 준 경우 그만큼의 이익과 손해의 균등을 회복시켜 주는 것을 분배적 정의라고 한다. ( )

(4) 같은 가치를 지닌 두 물건을 교환함으로써 교환의 결과에서 공정함을 추구하는 것을 교환적 정의라고 한다. ( )

**03 다음 설명에 해당하는 분배 정의의 기준을 쓰시오.**

(1) 당사자들이 성취하고 이바지한 정도에 따라 분배하는 것 ( )

(2) 자질이나 전문 지식 등 개인의 잠재력과 재능에 따라 분배하는 것 ( )

(3) 인간답게 살아가는 데 기본적인 욕구를 충족할 수 있도록 분배하는 것 ( )

**04 다음 설명이 맞으면 ○표, 틀리면 ×표 하시오.**

(1) 필요에 따른 분배는 생산성을 높이는 동기를 제공할 수 있다. ( )

(2) 업적에 따른 분배는 경쟁이 과열되어 비인간적인 사회가 될 수 있다. ( )

**개념체크 TEST 정답**

**01** (1) ○, (2) ○, (3) ×

**02** (1) ○, (2) ×, (3) ×, (4) ○

**03** (1) 업적 (2) 능력 (3) 필요

**04** (1) ×, (2) ○

# 02 자유주의와 공동체주의의 정의관

• 다양한 정의관의 특징을 파악하고, 구체적인 사례에 적용하여 평가할 수 있다.

## 1 자유주의적 정의관

### 1. 자유주의의 의미와 특징

| | |
|---|---|
| 의미 | 개인의 자유를 존중하고 보장하는 것에 우선적 가치를 부여하는 사상 |
| 특징 | • 자유주의와 개인주의에 기반을 두고 개인의 자유와 권리를 최대한 보장하는 것을 정의로운 것으로 봄.<br>• 개인이 사회에 우선하고, 사회는 개인들의 합에 지나지 않는다고 봄.<br>• 타인의 자유도 존중되어야 한다고 보기 때문에 극단적 이기주의와 구별됨. |

**개인주의**
국가나 사회보다 개인이 우선한다고 보는 입장이다.

### 2. 자유주의적 정의관과 국가관

(1) 정의관 : 개인의 자유롭고 평등한 기본권을 보장하는 것이 정의임. → 개인선의 추구를 통해 공동선이 달성될 수 있음.

(2) 국가관 : 국가는 중립적 입장을 지키고, 개인의 자유로운 선택과 기회를 보장해야 함. → 개인에게 특정한 가치나 삶의 방식을 강제해서는 안 됨.

### 3. 현대 사상가들의 자유주의적 정의관

| 구분 | 롤스의 정의관 | 노직의 정의관 |
|---|---|---|
| 정의관 | 공정으로서의 정의 | 소유 권리로서의 정의 |
| 특징 | 모든 사람은 기본적 자유를 최대한 누려야 하며, 최소 수혜자에게 최대의 이익이 되도록 분배가 되어야 함. | 부정의나 불법을 저지르지 않는 한 개인의 자유와 소유 권리는 최대한 보장되어야 함. |
| 공통점 | • 자유주의적 정의관<br>• 정의 실현을 위해 개인의 자유와 권리가 보장되어야 함. | |
| 차이점 | 롤스는 사회적 약자를 위한 국가의 복지 정책에 찬성하지만, 노직은 국가는 최소 국가만이 정의로우며 사회적 약자를 위한 국가의 복지 정책에 반대함. | |

**최소 국가(야경국가)**
치안 유지와 외적 방어의 기능만을 수행하는 국가이다.

**최소 수혜자(사회적 약자)**
신체적·문화적 특징으로 인해 경제 수준이나 사회적 지위 등에서 열악한 위치에 있는 사람들이다.

**Click** 롤스와 노직의 정의의 원칙

• 롤스의 정의의 원칙

| | | |
|---|---|---|
| **제1원칙** | 평등한 자유의 원칙 | 모든 사람은 평등한 기본적 자유를 최대한 누려야 함. |
| **제2원칙** | 기회균등의 원칙 | 사회적·경제적 불평등의 계기가 되는 직위나 직책은 모든 사람에게 열려 있어야 함. |
| | 차등의 원칙 | 사회적·경제적 불평등은 최소 수혜자에게 최대의 이익이 되도록 편성될 때 정당화됨. |

• 노직의 정의의 원칙

| | |
|---|---|
| **취득의 원칙** | 노동을 통해 정당하게 취득한 재화는 취득한 사람에게 소유 권리가 있음. |
| **양도의 원칙** | 타인에 의해 자유로이 양도받은 재화에 대한 정당한 소유 권리가 있음. |
| **교정의 원칙** | 재화를 취득하고 양도받는 과정에서 부정의가 있었다면 바로잡아야 함. |

## 2 공동체주의적 정의관

**공동체주의와 집단주의의 차이점**

집단의 이익과 목적을 위해 개인의 희생을 강요하는 집단주의 또는 전체주의와는 달리 공동체주의는 개인과 공동체의 유기적 관계 속에서 개인과 사회의 행복 증진을 추구한다는 점에서 차이가 있다.

### 1. 공동체주의 의미와 특징

| | |
|---|---|
| **의미** | 인간의 삶이 공동체에 뿌리를 두고 있음을 강조하는 사상 |
| **특징** | • 개인과 공동체는 상호 유기적 관계에 있음.<br>• 개인을 공동체의 문화와 역사 등의 영향을 받으며 살아가는 존재로 봄.<br>• 공동체는 개인의 정체성을 형성하고 삶의 방향을 상정하는 기반이라고 봄. |

### 2. 공동체주의적 정의관

(1) 정의관 : 공동선을 실현하는 것이 정의 ➜ 공동선이 실현되어야 개인선이 실현될 수 있다고 본다.

(2) 국가관 : 국가는 개인에게 공동체의 미덕을 제시하고 권장하는 역할을 해야 한다.

Click 공동체주의적 정의관의 대표 사상가

• 매킨타이어의 공동체주의

우리는 누구나 특정한 사회적 정체성을 지닌 사람으로서 자신을 둘러싼 환경을 이해한다. 나는 누군가의 아들이거나 딸이고, 누군가의 사촌이거나 삼촌이다. 나는 이 도시 저 도시의 시민이며, 이 조합 또는 저 직업 집단의 구성원이다. … (중략) … 즉, 나는 나의 민족으로부터 다양한 빚과 유산, 정당한 기대와 의무를 물려받는다. 이것들은 내 삶의 주어진 바와 나의 도덕적 출발점을 구성한다.

– 매킨타이어, 「덕의 상실」 –

매킨타이어는 개인의 삶은 공동체의 역사와 전통으로부터 출발한다고 보았다. 이는 개인과 공동체가 상호 유기적인 관계에 있음을 의미한다. 또한 공동체의 구성원으로 '관계적 자아'와 '연고적 자아'를 강조한다.

**연고적 자아**
공동체에 소속된 존재로서, 공동체가 추구하는 가치에 따라 바람직한 역할을 요구받으며 살아가는 인간을 말한다.

## 3. 개인과 공동체의 바람직한 관계

(1) 자유주의와 공동체주의

| 구분 | 자유주의 | 공동체주의 |
|---|---|---|
| 차이점 | 자유주의는 개인의 권리와 사익을 중시하며, 공동체를 개인의 자유와 권리를 실현하기 위한 수단으로 여김. | 공동체에 대한 의무와 공익을 강조하며, 공동체는 개인의 정체성을 형성하고 삶의 방향을 설정하는 기반으로 여김. |
| 공통점 | 상호 보완적인 관계로 모두 개인의 행복한 삶과 정의로운 사회를 지향함. | |

(2) 개인선과 공동선의 조화를 위한 노력

① 개인의 권리와 공동체에 대한 의무, 사익과 공익의 조화를 추구해야 한다.

② 공동체는 개인의 자유와 권리를 최대한 보장하고, 개인은 의무를 다하여 공익을 함께 지향해야 한다.

## 개/념/체/크 TEST

**01** 자유주의 정의관에 대한 설명이 맞으면 ○표, 틀리면 ×표 하시오.

> 개인들은 권리들을 가지고 있으며, 세상에는 어느 인간이나 집단도 이 권리들에 대해 해서는 안 되는 것들이 있다. 이들의 행사는 곧 개인 권리의 침해이다. 이 권리들은 매우 강력하며 폭넓은 것이다.

(1) 개인의 자유가 무엇보다 소중하다. ( )
(2) 사회는 개인들의 합에 지나지 않는다. ( )
(3) 타인의 자유도 존중되어야 한다. ( )
(4) 인간은 공동체에 뿌리를 두고 있다. ( )
(5) 공동선을 실현하는 것이 정의이다. ( )

**02** 공동체주의 정의관에 대한 설명이 맞으면 ○표, 틀리면 ×표 하시오.

> 타자와는 무관하게 독립적으로 존재할 수 있고, 또 자유롭게 선택해서 스스로의 삶에 의미와 가치를 줄 수 있는 환상적인 개인은 없다. 인간이 자율적인 삶을 살기 위해서는 반드시 공동체와의 연을 유지하고 있어야 한다

(1) 개인은 공동체에 영향을 받으며 살아가는 존재이다. ( )
(2) 공동체주의를 집단주의라고도 한다. ( )
(3) 인간을 공동체에 소속되어 살아가는 연고적 자아로 본다. ( )
(4) 개인과 공동체는 상호 유기적 관계에 있다. ( )
(5) 개인선의 추구를 통해 공동선이 달성될 수 있다고 본다. ( )

**03** 다음 설명에 해당하는 자유주의 사상가를 쓰시오.

(1) 모든 사람은 기본적 자유를 최대한 누려야 하며, 최소 수혜자에게 최대의 이익이 되도록 분배가 되어야 한다. ( )
(2) 부정의나 불법을 저지르지 않는 한 개인의 자유와 소유 권리는 최대한 보장되어야 한다. ( )

**개념체크 TEST 정답**

**01** (1) ○, (2) ○, (3) ○ (4) ×, (5) ×
**02** (1) ○, (2) ×, (3) ○ (4) ○, (5) ×
**03** (1) 롤스 (2) 노직

# 03 사회 및 공간 불평등 현상과 개선 방안

• 사회 및 공간 불평등 현상의 사례를 조사하고, 정의로운 사회를 만들려는 다양한 제도적 실천 방안을 제안할 수 있다.

## 1 다양한 사회 불평등 현상

### 1. 사회 불평등 현상의 의미와 특징

(1) 의미 : 부, 명예, 권력 등의 희소한 자원이 개인이나 집단에 차등적으로 분배되어 사회 구성원들이 차지하는 위치가 서열화되어 있는 상태이다.

(2) 특징 : 모든 사회에서 보편적으로 나타나는 현상이지만, 사회나 시대에 따라 불평등의 기준이 다양하게 나타난다.

### 2. 사회 계층의 양극화

(1) 사회 계층 : 사회적 희소가치의 소유 정도에 따라 사회 구성원들 간에 위계가 발생하게 되는데, 그 위계가 같거나 비슷한 사람들의 집합체이다.

(2) 사회 계층의 양극화 현상

① 의미 : 불평등이 심화되어 사회 계층에서 중간 계층의 비중이 줄어들고 상층과 하층의 비중이 늘어나는 현상이다.

② 원인 : 일반적으로 경제적 측면의 불평등이 대표적인 원인이다.

③ 문제점 : 계층 간 갈등이 심화, 사회 불안 증가, 사회 발전의 동력이 줄어들게 된다.

### 3. 사회적 약자 차별

(1) 사회적 약자 : 성별, 장애, 나이, 출신 국가, 소득 수준 등 다양한 측면에서 사회적으로 불리한 위치에 있는 개인이나 집단을 말한다.

(2) 원인 : 사회적 주류 집단과 다르다는 비합리적인 이유에서 오는 차별

**Click** **유리 천장 지수**

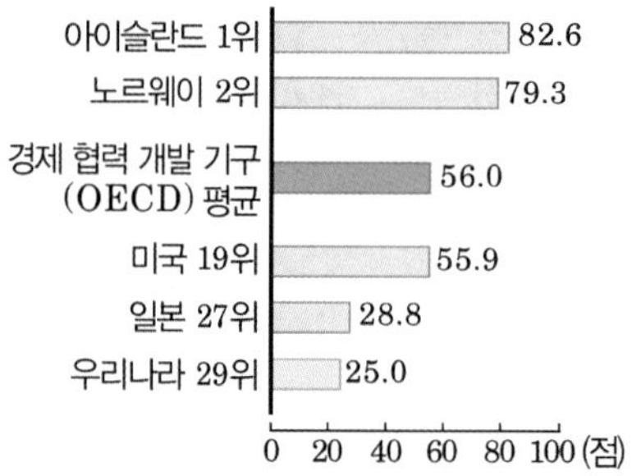


(「영국 이코노미스트」, 2016)

▲ OECD 유리 천장 지수

유리 천장이란 투명한 유리로 가로막혀 있어서 충분한 능력을 갖춘 구성원, 특히 여성이 조직 내에서 고위직으로 승진하지 못하는 상황을 비유적으로 표현한 것이다. 유리 천장 지수를 통해 우리나라의 여성에 대한 차별 정도를 알 수 있다.

## 4. 공간 불평등 현상의 양상과 원인

(1) 공간 불평등의 양상

| | |
|---|---|
| **도시와 농촌** | • 도시 지역 : 이촌 향도 현상으로 인구, 각종 편의 시설이 집중됨.<br>• 농촌 지역 : 지속적 인구 유출과 고령화 현상으로 지역 경제 침체와 각종 편의 시설 부족 현상이 나타남. |
| **수도권과 비수도권** | • 수도권 : 전체 국토의 약 12%를 차지하지만 각종 기반 시설이 집중되어 있음.<br>• 비수도권 : 인구뿐만 아니라 금융, 교육, 문화, 의료 시설 등 부족 현상이 지속되고 있음. |

(2) 공간 불평등 현상의 원인 : 정부 주도의 성장 위주의 경제 개발 정책을 추진하여 성장 가능성이 큰 수도권 또는 대도시에 많은 투자가 이루어진 반면, 비수도권이나 농촌은 개발 투자가 이루어지지 않았다.

(3) 공간 불평등의 문제점 : 공간 불평등이 경제·교육·의료·문화 등의 불평등으로 이어져 불평등을 심화시켜 사회 발전에 악영향을 미친다.

## 2 정의로운 사회를 위한 제도와 실천 방안

### 1. 사회 복지 제도

(1) 의미 : 누구나 경험할 수 있는 다양한 사회적 위험에서 벗어나 최소한의 인간다운 삶을 살 수 있도록 지원하는 제도이다.

(2) 사회 복지 제도의 유형

| | |
|---|---|
| 사회 보험 | 개인과 정부, 기업이 보험료를 분담하여 사회적 위험에 대비하는 제도 |
| 공공 부조 | 국가가 전액 지원하여 저소득 계층의 최저 생활을 보장하는 제도 |
| 사회 서비스 | 도움이 필요한 모든 국민을 대상으로 다양한 서비스 혜택을 지원하는 제도 |

### 2. 적극적 우대 조치

(1) 의미 : 사회적 약자를 우대함으로써 그들이 경험하는 불평등을 적극적으로 개선하려는 제도이다.

(2) 우리나라의 적극적 우대 정책 : 여성 할당제, 장애인 의무 고용 제도 등

(3) 역차별 문제 : 적극적 우대 조치로 인해 오히려 반대편이 차별을 받게 되는 경우 생기는 문제이다.

### 3. 공간 불평등 완화 정책과 필요성

(1) 필요성 : 지역 불평등 해소를 통해 사회적 통합을 실현할 수 있으며, 전 국토를 효율적으로 사용할 수 있다.

(2) 공간 불평등 완화 정책
① 균형 개발 : 수도권에 집중되어 있는 기업, 공공기관 등을 지방으로 분산
② 지역 경쟁력 확보 : 지역의 특성을 살릴 수 있는 축제, 지역 브랜드 개발

**사회 복지 제도의 예**

| | |
|---|---|
| 사회 보험 | • 국민 건강 보험<br>• 고용 보험<br>• 국민 연금<br>• 산업 재해 보상 보험 |
| 공공 부조 | • 국민 기초 생활 보장 제도<br>• 기초 연금<br>• 의료 급여 |
| 사회 서비스 | • 노인 돌봄 서비스<br>• 가사·간병 서비스 |

**여성 할당제**
정치·경제·교육·고용 등의 분야에서 채용이나 승진 시 여성에게 일정 비율 이상의 자리를 보장하는 제도이다.

**장애인 의무 고용 제도**
전체 근로자의 일정 비율에 해당하는 장애인을 고용하도록 하는 제도이다.

## 개/념/체/크 TEST

**01 빈칸에 들어갈 알맞은 말을 쓰시오.**

(1) 부, 명예, 권력과 같은 사회적 희소가치를 누군가는 많이 갖고 누군가는 적게 갖는 현상을 (　　　　　)(이)라고 한다.

(2) (　　　　　)은(는) 경제 수준이나 사회적 지위에 있어 열악한 위치에 있고 불평등한 처우를 받는 사람들을 말한다.

(3) 사회적 희소 가치의 소유 정도에 따라 사회 구성원들 간에 위계가 발생하게 되는데, 그 위계가 같거나 비슷한 사람들의 집합체를 가리켜 (　　　　　)(이)라고 한다.

(4) (　　　　　)(이)란 지역 간에 경제적・사회적・문화적 수준의 차이가 나타나는 현상을 의미한다.

**02 다음 설명에 해당하는 사회 복지 제도를 쓰시오.**

(1) 개인과 정부, 기업이 보험료를 분담하여 사회적 위험에 대비하는 제도 (　　　　)

(2) 도움이 필요한 모든 국민 대상으로 다양한 서비스 혜택을 지원하는 제도 (　　　　)

(3) 국가가 전액 지원하여 저소득 계층의 최저 생활을 보장하는 제도 (　　　　)

**03 사회 복지 제도의 사례에 맞는 사회 복지 제도를 〈보기〉에서 찾아 기호를 쓰시오.**

보 기

ㄱ. 사회 보험　　　ㄴ. 공공 부조　　　ㄷ. 사회 서비스

(1) 산업 재해 보상 보험 (　　)

(2) 노인 돌봄 서비스 (　　)

(3) 국민 기초 생활 보장 제도 (　　)

**04 사회 불평등 현상을 해결하기 위한 설명으로 맞으면 ○표, 틀리면 ×표 하시오.**

(1) 수도권에 집중되어 있는 기업, 공공기관 등을 지방으로 이전한다. (　　)

(2) 공간 불평등을 해결하기 위해서는 성장 거점 개발을 추진해야 한다. (　　)

**개념체크 TEST 정답**

01 (1) 사회 불평등
(2) 사회적 약자
(3) 사회 계층
(4) 공간 불평등

02 (1) 사회 보험
(2) 사회 서비스
(3) 공공 부조

03 (1) ㄱ　(2) ㄷ
(3) ㄴ

04 (1) ○, (2) ×

PART VI

# 적중 예상 문제

정답 및 해설 별책 19p

## 01 정의의 의미와 실질적 기준

**01** 다음 중 정의에 대한 설명으로 옳지 않은 것은?

① 시대와 장소에 따라 다양하다.
② 사회를 유지하는 역할을 한다.
③ 개인만이 추구하는 기본적인 덕목이다.
④ 정의를 바탕으로 갈등과 분쟁을 조절한다.

**02** 다음 중 아리스토텔레스의 정의에 대한 설명으로 옳은 것은?

> 아리스토텔레스는 정의를 ㉠ 일반적 정의와 특수적 정의로 구분하고, 특수적 정의를 다시 ㉡ 분배적 정의와 ㉢ 교정적 정의, ㉣ 교환적 정의로 구분하였다.

보기
ㄱ. ㉠ – 법을 준수하는 것을 의미한다.
ㄴ. ㉡ – 교섭에 있어 잘못된 것을 바로 잡는 것이다.
ㄷ. ㉢ – 가치에 따라 재화를 분배하여 공정함을 실현하는 것이다.
ㄹ. ㉣ – 같은 가치를 지닌 두 물건을 교환하게 하여 교환의 결과가 공정하게 하는 것이다.

① ㄱ, ㄴ　② ㄱ, ㄹ
③ ㄴ, ㄷ　④ ㄴ, ㄹ

**03** 아리스토텔레스의 분배적 정의에 대한 설명으로 옳지 않은 것은?

① 기하학적 비례이다.
② 분배적 정의는 특수적 정의이다.
③ 산술적 비례에 해당하며 같은 가치를 교환한다.
④ 각자의 가치에 따라 재화・명예를 비례적으로 분배하는 것이다.

**04** 다음 내용에 대한 설명으로 옳은 것은?

> 정의로운 분배란 업적을 기준으로 하는 분배입니다. 업적에 따라 분배할 때, 사람들의 성취동기가 높아지고 사회 구성원들의 잠재 능력이 개발될 수 있습니다.

① 업적에 따른 보상으로 성취 의욕과 창의성을 높여준다.
② 필요에 따른 분배가 구성원들 간의 과열 경쟁을 부추긴다고 본다.
③ 능력에 따른 분배가 사회적・경제적 불평등을 심화시킨다고 본다.
④ 기본적인 욕구에 따른 분배가 구성원의 성취동기를 강화시킨다고 본다.

**05** 다음에서 강조하는 분배 기준은 무엇인가?

> 장학금은 그 돈이 꼭 필요한 학생에게 돌아가는 것이 옳다고 생각합니다. 재능이 있거나 성적이 우수한 학생이라고 해서 모두 장학금이 필요한 것은 아니라고 생각합니다.

① 능력 ② 업적
③ 결과 ④ 필요

**06** 다음과 같은 주장을 한 사상가는 누구인가?

> 정의란 천하의 바른 정도(正道)를 이루는 것을 삶의 목표로 한다.

① 공자 ② 칸트
③ 마르크스 ④ 아리스토텔레스

**07** 사회주의 분배 기준으로 옳은 것은?

① 업적에 따른 분배를 강조한다.
② 능력에 따른 분배를 강조한다.
③ 필요에 따른 분배를 강조한다.
④ 노력에 따른 분배를 강조한다.

**08** 필요에 따른 분배의 설명으로 옳은 것은?

① 경제적 효율성이 증가한다.
② 사회 불평등이 완화될 수 있다.
③ 생산 동기를 부여하는 기능을 한다.
④ 사회적 약자에 대한 배려가 부족해진다.

**09** 자본주의 분배 방식에 대한 설명으로 옳은 것은?

① 평등 사회를 지향한다.
② 결과의 불평등을 인정한다.
③ 필요에 따른 분배를 강조한다.
④ 경제적 비효율성과 생산 동기가 약화된다.

## 02 자유주의와 공동체주의의 정의관

**10** 자유주의적 정의관에 대한 설명으로 옳지 않은 것은?

① 사회는 개인의 합이다.
② 국가는 중립적 입장을 지킨다.
③ 국가는 개인에게 공동체의 미덕을 제시해야 한다.
④ 국가는 개인의 자유롭고 평등한 기본권을 보장해야 한다.

**11** 존 롤스의 정의관에 대한 설명으로 옳지 않은 것은?

① 사회적 약자를 위한 국가 복지정책을 지지한다.
② 모든 사람이 경제적으로 평등한 국가를 지향한다.
③ 개인의 자유와 권리를 강조하는 자유주의적 정의관이다.
④ 최소 수혜자에게 최대의 이익이 되도록 분배되어야 한다.

**12** 다음을 주장한 사상가에 대한 설명으로 옳은 것은?

> 무지의 베일 상태에서 모든 사람들이 만장일치로 원칙을 도출한다.
> 제1원칙 : 평등한 자유의 원칙
> 제2원칙 : 기회균등의 원칙, 차등의 원칙

① 공정으로서의 정의관이다.
② 소유 권리로서의 정의관이다.
③ 자신이 취득한 재화를 최소 수혜자를 위해 분배하는 것을 반대한다.
④ 평등과 자유를 강조하지만, 차등의 원칙을 바탕으로 복지 정책에 반대한다.

**13** 다음을 주장한 사상가에 대한 설명으로 옳지 않은 것은?

> 제1원칙 : 취득의 원칙
> 제2원칙 : 양도의 원칙
> 제3원칙 : 교정의 원칙

① 자유주의적 정의관이다.
② 정당한 분배를 위해 국가는 소멸되어야 한다.
③ 양도의 원칙은 정당하게 양도받은 재화는 소유 권리가 있다.
④ 취득의 원칙이란 정당하게 취득한 재화는 소유한 사람에게 소유 권리가 있다.

**14** 롤스와 노직의 공통점으로 옳은 것은?

① 사회주의 사상가들이다.
② 결과의 평등을 주장한다.
③ 공정으로서의 정의관이다.
④ 개인의 자유과 권리를 강조한다.

**15** 공동체주의에 대한 설명으로 옳지 않은 것은?

① 개인과 공동체는 상호 유기적 관계에 있다.
② 개인은 공동체의 영향을 받으며 정체성을 형성해 간다.
③ 개인의 자유와 권리를 공동체에 대한 의무보다 중시한다.
④ 공동체는 개인의 정체성을 형성하고 삶의 방향을 상정하는 기반이라고 본다.

**16** 다음에서 주장하는 내용으로 옳은 것은 무엇인가?

> 나는 이 도시 저 도시의 시민이며, 이 조합 또는 저 직업 집단의 구성원이다. 나는 나의 민족으로부터 다양한 빚과 유산, 정당한 기대와 의무를 물려받는다. 이것들은 내 삶의 주어진 바와 나의 도덕적 출발점을 구성한다.

① 국가는 개인의 합이다.
② 자유주의적 정의관이다.
③ 연고적 자아, 관계적 자아를 강조한다.
④ 공동체를 개인의 자유와 권리 실현 수단으로 본다.

**17** 개인과 공동체의 바람직한 관계로 옳지 않은 것은?

① 사익과 공익의 조화를 추구해야 한다.
② 개인은 의무를 다하여 공익을 지향해야 한다.
③ 개인과 공동체를 상호 보완적 관계로 봐야 한다.
④ 공동체의 목적을 위해 개인의 희생을 요구할 수 있다.

**18** 다음 대화에 대한 갑, 을 입장의 설명으로 옳지 않은 것은?

> 갑 : 사유 재산권 보장을 위해 개발 제한 구역 규제를 완화해야 한다고 생각해.
> 을 : 미래 세대와 공동체를 위해 개발 제한 구역 규제를 완화해선 안 된다고 생각해.

① 갑은 자유주의적 관점에서 사유 재산권 보장을 강조한다.
② 갑은 개발 제한 구역이 장기적으로 개인에게 이익이 된다고 본다.
③ 을은 '자연환경 보호'와 공동체의 이익의 실현을 중시한다.
④ 갑은 사익의 보장을 중시하며, 을은 공익의 실현을 중시한다.

**19** 다음 갑과 을에 대한 입장으로 옳지 않은 것은 무엇인가?

> 갑 : 모든 개인은 자유와 권리를 가지며, 국가는 시민들의 이러한 자유와 권리를 보호해야 한다.
> 을 : 인간은 특정한 공동체 안에서 태어나, 공동체가 추구하는 가치와 목적의 영향 아래 바람직한 역할을 요구받으며 살아가는 존재이다.

① 갑의 입장은 이기주의가 확산될 우려가 있다.
② 갑은 개인의 권리를 공동체에 대한 의무보다 중시한다.
③ 을의 입장은 공동체는 개인의 자유와 권리를 보존하는 수단이다.
④ 을의 입장은 공익의 실현이 개인의 행복한 삶의 바탕이 된다.

## 03 사회 및 공간 불평등 현상과 개선 방안

**20** 불평등에 대한 설명으로 옳지 않은 것은?

① 차별적인 보상은 동기 부여가 되기도 한다.
② 불평등의 수준이 심화되면 갈등이 일어난다.
③ 보편적으로 나타나는 현상이지만 불평등 기준은 다르다.
④ 현대 사회에서 불평등 현상은 경제적 측면에서만 나타난다.

**21** 사회 계층의 양극화 현상에 대한 옳지 않은 설명은 무엇인가?

① 계층 간의 위화감이 조성되고 사회 불만이 증가한다.
② 신체적 · 정신적 능력의 부족 등을 이유로 겪는 어려움이다.
③ 사회 계층의 양극화는 구조적 측면이기 때문에 개인의 문제는 아니다.
④ 사회 계층에서 중간 계층의 비중은 줄어들고 상층과 하층의 비중이 늘어나는 현상이다.

**22** 다음에서 설명하는 개념으로 가장 적절한 것은 무엇인가?

> 투명한 유리로 가로막혀 있어서 충분한 능력을 갖춘 구성원, 특히 여성이 조직 내의 고위직으로 승진하지 못하는 상황을 비유적으로 표현한 것이다.

① 행복 지수
② 유리 천장 지수
③ 경제와 행복 지수
④ 언론의 자유 지수

**23** 공간 불평등에 대한 설명으로 옳지 않은 것은?

① 수도권에 전체 인구의 약 50%가 집중하는 현상을 말한다.

② 지방 정부의 주도로 경제 개발이 일어나 발생하는 현상이다.

③ 도시 지역과 농촌 지역의 경제, 문화, 서비스 시설의 차이로 발생한다.

④ 공간 불평등은 경제·교육·의료 등의 불평등으로 이어져 사회 발전에 악영향을 미친다.

**24** 다음의 문제를 해결하기 위한 방법으로 옳지 않은 것은?

> 도시 지역으로 인구와 산업, 편의 시설 등이 집중되는 반면, 농촌 지역은 인구가 지속적으로 유출되며 지역 경제가 침체되는 현상이 나타난다. 도시 지역 또한 저소득층이 거주하는 지역은 주택이 노후화되고 생활에 불편을 겪는다.

① 지역 축제를 활성화한다.

② 저렴한 공공 임대 주택을 건설한다.

③ 주거 환경 개선을 위한 재개발 사업을 시행한다.

④ 농촌 지역 인구를 기반 시설이 다양한 도시 지역으로 이동시킨다.

**25** 다음에서 설명하는 사회 보장 제도는 무엇인가?

> 개인과 정부, 기업이 분담하여 사회적 위험에 대비하는 제도이다. 이 제도는 의무 가입, 소득과 재산에 따라 차등적으로 납부하는 것을 원칙으로 한다.

① 사회 보험

② 공공 부조

③ 사회 서비스

④ 국민 기초 생활 보장 제도

**26** 다음 ㉠, ㉡, ㉢에 해당하는 복지 제도에 대한 설명으로 옳은 것은?

> ㉠ 국민 연금, 국민 건강 보험, 고용 보험, 산업 재해 보상 보험
> ㉡ 국민 기초 생활 보장 제도, 기초 연금, 의료 급여
> ㉢ 노인 돌봄 서비스, 가사·간병 서비스

① ㉠은 사회적 약자를 위한 적극적 우대 조치이다.

② ㉡은 우리나라 국민이면 누구나 받을 수 있는 보편적 복지이다.

③ ㉢은 도움이 필요한 모든 국민을 대상으로 다양한 서비스 혜택을 지원하는 제도이다.

④ ㉠, ㉡, ㉢ 제도는 모두 보편적 복지에 해당하며 국민의 삶의 질을 높이는 데 기여한다.

**27** **적극적 우대 조치에 대한 설명으로 옳지 <u>않은</u> 것은?**

① 사회적 약자를 우대하는 제도이다.
② 적극적 우대 조치로 인해 차별과 갈등이 사라진다.
③ 여성 할당제, 장애인 의무 고용 제도가 대표적인 예이다.
④ 사회적 약자들이 경험하는 불평등을 적극적으로 개선하려는 제도이다.

# 3부

# 사회 변화와 공존

EBS 교육방송교재

고졸 검정고시 **사회**

PART
VII

# 문화와 다양성

이 단원은 다양한 문화권의 특징, 문화 변동과 전통문화, 문화 상대주의와 보편 윤리, 다문화 사회와 문화의 다양성 존중에 대한 내용을 배운다. 다양한 문화의 특징은 무엇이며, 문화의 형성과 교류를 통해 나타나는 다양한 문화권과 다문화 사회를 이해하기 위해서는 바람직한 문화 인식 태도가 필요함을 파악한다.

# 01 다양한 문화권의 특징

• 자연환경과 인문환경의 영향을 받아 형성된 다양한 문화권의 특징과 삶의 방식을 탐구할 수 있다.

## 1 문화권 형성에 영향을 미치는 자연 · 인문환경

### 1. 문화와 문화권

(1) 문화 : 한 사회의 구성원이 만들어 낸 공통의 생활 양식으로 인문 · 자연환경에 따라 다양하게 나타난다.

(2) 문화권

① 의미 : 문화적 특성이 비교적 넓은 지표 공간에 걸쳐 유사하게 나타나는 범위

② 특징 : 문화권 내에서는 비슷한 생활 양식과 문화 경관이 나타남. 문화권의 경계는 주로 산맥 · 하천 등의 지형에 의해 정해지며 문화권과 문화권이 만나는 곳에서 점이 지대가 존재

**문화경관**
자연 경관에 인간의 영향이 더해져서 이루어진 경관이다.

**점이 시내**
한 지역에 두 지역의 특성이 함께 나타나는 지리적 범위를 말한다.

### 2. 문화 형성에 영향을 미치는 요인

(1) 자연환경 : 기후, 지형 등은 의복, 음식, 주거 형태에 영향을 준다.

| | |
|---|---|
| 의복 | 기후에 따라 의복의 형태가 달라짐.<br>• 열대 기후 지역 : 통풍이 잘되는 가벼운 옷<br>• 건조 기후 지역 : 얇은 천으로 온몸을 감싸는 헐렁한 옷<br>• 한대 기후 지역 : 보온에 유리한 동물의 가죽이나 털로 만든 옷 |
| 음식 | • 아시아 계절풍 기후 지역 : 쌀을 주식으로 하는 음식 문화 발달<br>• 건조 기후 지역과 유럽 : 빵과 고기를 중심으로 하는 음식 문화 발달<br>• 남아메리카 고산 지역 : 감자와 옥수수를 이용한 요리 발달 |
| 주거 | • 열대 기후 지역 : 수상 가옥, 고상 가옥 발달 ➜ 지붕의 경사가 급함.<br>• 건조 기후 지역 : 이동식 천막이나 창문이 작고 벽이 두꺼운 흙벽돌집 ➜ 지붕이 평평함.<br>• 냉대 기후 지역 : 통나무집<br>• 한대 기후 지역 : 이글루 |

**계절풍**
대륙과 해양의 온도 차이에 의해 계절에 따라 바람의 풍향이 바뀌는 바람이다.

(2) 인문환경 : 산업, 종교 등의 인문환경이 문화권 형성에 영향을 준다.

| | |
|---|---|
| 산업 | 주민들의 경제 활동에 영향을 줌.<br>• 농경 문화권은 정착 생활과 공동체 문화가 발전<br>• 상공업 중심의 문화권은 현대적이고 도시적 생활 양식이 나타남. |
| 종교 | • 크리스트교 : 십자가를 세운 성당이나 교회, 크리스마스 등<br>• 이슬람교 : 모스크, 돼지고기와 술 금기, 할랄 식품 먹음, 여성들은 얼굴과 몸을 가리는 베일(히잡, 부르카 등)을 착용함.<br>• 힌두교 : 소를 신성시하며, 갠지스강에서 종교의식으로 목욕을 함.<br>• 불교 : 불교 사원, 탑, 불상의 경관이 나타나며, 육식을 피함. |

## 2 세계의 다양한 문화권

### 1. 유럽 문화권

| | |
|---|---|
| 북서 유럽 | • 게르만족과 개신교의 비율이 높음.<br>• 서안 해양성 기후를 바탕으로 혼합농업과 낙농업이 발달<br>• 산업 혁명의 발상지로 경제 발전 수준이 높음. |
| 남부 유럽 | • 라틴족과 가톨릭의 비율이 높음.<br>• 지중해성 기후를 바탕으로 수목 농업과 관광 산업 발달 |
| 동부 유럽 | • 슬라브족과 그리스 정교의 비율이 높음.<br>• 농업에 종사하는 비율이 높음. |

### 2. 건조 문화권

| | |
|---|---|
| 분포 | 북부 아프리카, 서남아시아, 중앙아시아의 건조 기후 지역 |
| 특징 | • 주민 대부분 이슬람교를 믿고 아랍어 사용<br>• 유목과 오아시스 농업이 발달 |

### 3. 아프리카 문화권

| | |
|---|---|
| 분포 | 사하라 사막 이남 지역, 대부분 열대 기후가 나타남. |
| 특징 | • 유럽 식민 지배의 영향으로 부족과 국경이 불일치하여 지역 분쟁이 발생<br>• 이동식 화전 농업, 플랜테이션 농업 발달 |

**모스크**
이마를 땅에 대고 절하는 곳이란 뜻으로 이슬람에서 예배하는 건물을 이르는 말이다.

**할랄**
이슬람 율법에 제시되어 있는 이슬람교도에게 허용된 것을 '할랄'이라 하며, 할랄에서 허용하는 재료와 조리법으로 만든 식품을 할랄 식품이라고 한다.

**히잡**
이슬람의 여성들의 전통복식 가운데 하나로 머리와 목 등을 가리기 위해서 쓰는 두건의 일종이다.

**부르카**
이슬람 여성들의 전통복식 가운데 하나로서 머리에서 발목까지 덮어쓰는 통옷으로 눈 부위도 망사로 가리는 형태이다.

**혼합 농업**
농작물 재배와 가축 사육을 결합한 농업 형태

**낙농업**
우유를 생산하거나, 우유를 원료로 하여 유제품을 제조하는 산업

**플랜테이션**
선진국의 자본과 기술, 원주민의 노동력을 결합해 대규모 상품 작물을 재배하는 농업 방식

### 4. 아시아 문화권 : 계절풍의 영향으로 벼농사 발달

| | |
|---|---|
| **동아시아** | 유교와 불교 문화 발달, 젓가락 사용과 한자를 공통으로 사용 |
| **동남아시아** | • 불교, 이슬람교, 크리스트교 등 다양한 종교, 문화가 혼재<br>• 세계적인 벼농사 지역, 플랜테이션 발달 |
| **남부아시아** | • 힌두교를 중심으로 이슬람교와 불교가 혼재<br>• 민족, 언어, 종교가 다양하게 분포 |

### 5. 아메리카 문화권 : 유럽인의 진출로 영어, 크리스트교 등 유럽 문화 전파

| | |
|---|---|
| **앵글로 아메리카** | 북서 유럽의 영향으로 주로 영어를 사용, 개신교 우세 |
| **라틴 아메리카** | • 남부 유럽의 영향으로 주로 에스파냐어와 포르투갈어 사용, 가톨릭 우세<br>• 원주민, 백인, 흑인의 다양한 문화가 나타남, 혼혈 인종이 많음. |

### 6. 오세아니아 문화권과 북극 문화권

| | |
|---|---|
| **오세아니아 문화권** | 북서 유럽 문화의 전파로 영어 사용, 개신교 비중이 높음. |
| **북극 문화권** | 순록의 유목 및 수렵 생활을 함. |

**Click** **세계의 문화권**

종교, 민족, 언어, 전통적인 산업 등의 문화 요소를 복합적으로 고려하여 구분한다. 하나의 문화권은 다른 문화권에 영향을 주기도 하는데, 특히 유럽 문화권은 아메리카 문화권과 오세아니아 문화권에 많은 영향을 주었다.

## 개/념/체/크 TEST

**01** 빈칸에 들어갈 알맞은 용어를 쓰시오.

(1) 인간이 환경과 상호 작용을 하면서 형성한 의식주, 풍습, 종교, 언어 등의 생활 양식을 (　　)(이)라고 한다.

(2) 문화적 특성이 비교적 넓은 지표 공간에 걸쳐 유사하게 나타나는 범위를 (　　)(이)라고 한다.

(3) 문화권마다 경계에는 두 지역의 특성이 함께 나타나는 (　　)이(가) 존재한다.

**02** 다음 설명이 맞으면 ○표, 틀리면 ×표 하시오.

(1) 사막 지역에서는 통나무로 집을 짓는다. (　　)

(2) 열대 기후 지역에서는 열, 습기 등을 막기 위해 고상 가옥이 발달한다. (　　)

(3) 이슬람 문화권은 갠지스강을 신성시하며 종교 의식으로 목욕을 한다. (　　)

(4) 크리스트교는 할랄 음식을 먹으며 돼지고기와 술을 금기시 한다. (　　)

(5) 불교 문화권에서는 둥근 돔과 첨탑이 특징인 모스크를 볼 수 있다. (　　)

**03** 다음에서 설명하는 문화권을 쓰시오.

(1) 주민 대부분 이슬람교를 믿고 아랍어를 사용한다. (　　　　　　)

(2) 사하라 사막 이남 지역이며 대부분 열대 기후가 나타난다. (　　　　　　)

(3) 북서 유럽 문화의 전파로 영어를 사용하며, 개신교의 비중이 높다. (　　　　　　)

(4) 산업 혁명의 발상지로 게르만족과 개신교 비율이 높다. (　　　　　　)

**개념체크 TEST 정답**

**01** (1) 문화
(2) 문화권
(3) 점이 지대

**02** (1) ×, (2) ○, (3) ×
(4) ×, (5) ×

**03** (1) 건조 문화권
(2) 아프리카 문화권
(3) 앵글로 아메리카, 오세아니아 문화권
(4) 북서 유럽 문화권

# 02 문화 변동과 전통문화

• 문화 변동의 다양한 양상을 이해한다.
• 현대 사회에서 전통문화가 갖는 의의를 파악할 수 있다.

## 1 문화 변동의 요인과 양상

### 1. 문화 변동의 의미

새로운 문화 요소가 등장하거나 다른 문화 요소와의 접촉을 통해 한 사회의 문화가 끊임없이 변화하는 현상을 말한다.

### 2. 문화 변동의 요인

(1) 내재적 요인 : 발명, 발견

| | |
|---|---|
| 발명 | 기존에 존재하지 않았던 새로운 문화 요소를 만들어 내는 것 |
| 발견 | 기존에 존재하고 있었지만 알려지지 않았던 것을 찾아내는 것 |

(2) 외재적 요인(문화 전파) : 한 사회가 다른 사회와 교류하고 접촉하는 과정에서 새로운 문화 요소가 전달되는 현상

| | |
|---|---|
| 직접 전파 | 서로 다른 구성원과의 직접적인 교류를 통해 새로운 문화 요소가 전파되는 것 예 종교의 전파 |
| 간접 전파 | 인쇄물이나 인터넷, TV 등과 같은 매개체를 통해 이루어지는 전파 예 인터넷을 통해 전파된 한류 열풍 |
| 자극 전파 | 다른 사회의 문화 요소에서 아이디어를 얻어 새로운 문화요소가 발명되는 것 예 한자에 아이디어를 얻어 만들어진 신라 이두 문자 |

### 3. 문화 변동의 양상

(1) 문화 접변 : 전파에 의해 둘 이상의 다른 문화가 장기간 접촉하여 문화 변화 등이 일어나는 것

(2) 문화 접변의 유형

| | |
|---|---|
| 자발적 문화 접변 | 스스로 필요에 따라 외부 문화를 수용하면서 일어나는 문화 접변 |
| 강제적 문화 접변 | 외부의 강제 압력에 의해 일어나는 문화 접변 |

(3) 문화 접변의 결과

| | |
|---|---|
| 문화 동화 | 기존의 문화 요소가 다른 사회의 문화 요소로 흡수되어 정체성을 상실하는 현상<br>예 미국 인디언이 백인 문화와 접촉하면서 자신의 문화를 상실한 것 |
| 문화 병존 | 다른 사회의 문화 요소와 기존의 문화 요소가 각각의 고유한 문화 특성을 유지하며 한 사회에서 함께 공존하는 현상<br>예 우리 사회에 불교, 천주교 등이 종교 문화로 함께 존재하는 것 |
| 문화 융합 | 다른 사회 문화 요소가 전통문화 요소와 결합하여 제3의 새로운 문화 요소가 만들어지는 현상<br>예 한국의 온돌 문화와 서양의 침대 문화가 결합하여 만들어진 온돌침대 |

## 2 전통문화

### 1. 전통문화의 의미와 특성

(1) 의미 : 한 사회에서 오랜 기간 유지되면서 그 사회의 고유한 가치로 인정되는 문화

(2) 특징 : 전통문화는 고정된 상태로 이어져 온 것이 아니며 끊임없이 변화한다.

### 2. 전통문화의 기능

(1) 세계 문화의 다양성을 증진시킨다.

(2) 문화 정체성을 유지하고 자긍심을 고취시킨다.

(3) 구성원의 유대감을 강화하고, 사회 유지와 통합에 기여한다.

### 3. 전통문화의 창조적 계승

(1) 의미 : 과거의 것을 단순히 유지하는 것이 아니라 전통문화가 가진 가치를 깨닫고 시대적 변화에 맞게 재창조한다는 것이다.

(2) 전통문화 창조적 계승 방안

① 전통문화가 지닌 고유성과 독창성을 유지하면서 세계 문화와 교류한다.

② 새로운 문화나 외래 문화를 비판적으로 수용하면서 전통문화와의 조화를 이루려는 노력이 필요하다.

**문화 접변의 결과**
- 문화 동화 : A+B = A
- 문화 병존 : A+B = A・B
- 문화 융합 : A+B = C

※ A・B・C는 문화 요소이며 A는 다른 사회의 문화 요소임.

## 개/념/체/크 TEST

**01** 빈칸에 들어갈 알맞은 용어를 쓰시오.

(1) 기존에 존재하지 않았던 새로운 문화 요소를 만들어 내는 것을 (　　　) (이)라고 한다.

(2) 기존에 존재하고 있었지만 알려지지 않았던 것을 찾아내는 것을 (　　　) (이)라고 한다.

(3) 서로 다른 구성원과의 직접적인 교류를 통해 새로운 문화 요소가 전파되는 것을 (　　　)(이)라고 한다.

(4) 다른 사회의 문화 요소에서 아이디어를 얻어 새로운 문화 요소가 발명되는 것을 (　　　)(이)라고 한다.

(5) 인쇄물이나 인터넷, TV 등과 같은 매개체를 통해 이루어지는 전파를 (　　　)(이)라고 한다.

**02** 다음 설명에 해당하는 문화 변동 양상을 〈보기〉에서 찾아 기호를 쓰시오.

보 기

ㄱ. 문화 동화　　ㄴ. 문화 병존　　ㄷ. 문화 융합

(1) 다른 사회의 문화 요소와 기존의 문화 요소가 각각의 고유한 문화 특성을 유지하며 한 사회에서 함께 공존하는 현상 (　　　)

(2) 기존의 문화 요소가 다른 사회의 문화 요소로 흡수되어 정체성을 상실하는 현상 (　　　)

(3) 다른 사회 문화 요소가 전통문화 요소와 결합하여 제3의 새로운 문화 요소가 만들어지는 현상 (　　　)

**03** 다음 설명이 맞으면 ○표, 틀리면 ×표 하시오.

(1) 전통문화는 아무런 변형이 없이 고정된 상태로 이어져 온 것이다. (　　)

(2) 전통문화는 사회 구성원을 하나로 통합하는 구심점이 되기도 한다. (　　)

(3) 전통문화의 창조적 계승이란 전통문화를 과거의 모습을 있는 그대로 재현하고 보존하는 것을 말한다. (　　)

**개념체크 TEST 정답**

**01** (1) 발명
(2) 발견
(3) 직접 전파
(4) 자극 전파
(5) 간접 전파

**02** (1) ㄴ　(2) ㄱ
(3) ㄷ

**03** (1) ×, (2) ○, (3) ×

# 03 문화 상대주의와 보편 윤리

- 문화적 차이에 대한 상대주의적 태도의 필요성을 이해할 수 있다.
- 보편 윤리의 차원에서 자문화와 타 문화를 성찰한다.

## 1 문화의 이해 태도

### 1. 문화의 특성

(1) 보편성 : 모든 문화에 내재된 공통적인 문화 요소가 있다.
예 의 · 식 · 주

(2) 특수성 : 자연환경, 역사적 배경, 사회적 환경 등의 차이에 따라 문화는 다양한 양상으로 나타남. ➜ 문화의 다양성

### 2. 문화를 이해하는 태도

(1) 자문화 중심주의

| | |
|---|---|
| 의미 | 자기 사회의 문화는 우수하며 다른 사회 문화는 열등하다고 여기는 태도 |
| 순기능 | 자문화의 정체성 유지 및 사회통합에 기여 |
| 역기능 | 국수주의, 문화 제국주의, 국제 분쟁의 원인이 될 수 있음. |

(2) 문화 사대주의

| | |
|---|---|
| 의미 | 다른 사회의 문화가 우월하며 자신의 문화를 열등하다고 여기는 태도 |
| 순기능 | 선진 문물 수용, 자기 문화를 개선하는 데 기여함. |
| 역기능 | 자문화의 주체성을 상실할 우려가 있음. |

(3) 문화 상대주의

| | |
|---|---|
| 의미 | 다른 사회 문화를 해당 사회의 맥락에서 이해하는 태도 |
| 순기능 | • 각각의 문화가 고유성과 가치를 지닌다고 봄.<br>• 절대적인 기준으로 문화 간에 우열을 나눌 수 없음.<br>• 다양한 문화가 평화롭게 공존할 수 있음. |
| 역기능 | 극단적 문화 상대주의 |

**국수주의**
다른 민족이나 국가의 문화를 열등하다고 여겨 자기 민족이나 국가의 문화만 고수하려는 태도이다.

**문화 제국주의**
다른 나라에 자기의 문화를 강제적으로 이식하려는 것을 의미한다.

**전족**
발을 천으로 꽁꽁 동여매어 성장을 멈추게 하는 중국의 풍습이다.

(4) 극단적 문화 상대주의

| | |
|---|---|
| 의미 | 인류의 보편적 가치를 무시하는 문화도 인정하는 태도 |
| 문제점 | • 인류의 보편적 가치를 훼손함.<br>• 사회적 혼란을 야기할 수 있음.<br>예 식인 문화, 명예 살인, 전족 등을 인정하는 태도 |

## 2 보편 윤리와 문화

### 1. 보편 윤리의 의미와 필요성

(1) 보편 윤리의 의미 : 시대와 사회를 초월하여 모든 사람이 존중하고 따라야 하는 윤리 ➜ 인간의 존엄성, 생명 존중, 자유와 평등

(2) 보편 윤리의 필요성

① 극단적 문화 상대주의를 경계할 수 있게 한다.

② 보편 윤리를 통해 자문화와 타 문화를 성찰할 수 있다.

③ 문화가 지닌 고유한 가치를 보존하고 문제점을 개선하여 문화를 발전시킬 수 있다.

### 2. 바람직한 문화 이해 방법

각 문화가 해당 사회의 맥락에서 고유한 가치를 지닌다는 것을 인정하면서 보편 윤리를 통해 문화를 비판적으로 성찰한다.

## 개/념/체/크 TEST

**01 다음 빈칸에 들어갈 알맞은 말을 쓰시오.**

(1) (　　　　　)은(는) 타 문화를 맹목적으로 동경하며 자신의 문화를 열등하게 여기는 태도를 말한다.

(2) (　　　　　)은(는) 각 문화의 고유한 의미와 가치를 인정하는 태도이다.

(3) (　　　　　)은(는) 자기 문화는 우수하며 다른 사회 문화는 열등하다고 여기는 태도이다.

(4) (　　　　　)은(는) 인류의 보편적 가치를 무시하는 문화까지도 인정하는 태도이다.

**02 문화 이해 태도에 대한 설명으로 맞으면 ○표, 틀리면 ×표 하시오.**

(1) 문화 사대주의는 자기 문화의 가치를 존중한다. (　　)

(2) 자문화 중심주의는 타 문화의 가치를 무시한다. (　　)

(3) 문화 사대주의는 문화적 주체성을 상실할 수 있다. (　　)

(4) 자문화 중심주의와 문화 사대주의는 맥락을 고려한 문화 이해를 강조한다. (　　)

(5) 문화 상대주의는 문화를 평가의 대상으로 본다. (　　)

(6) 문화 상대주의는 문화의 다양성에 기여를 한다. (　　)

**03 다음 설명에 해당하는 문화 이해의 태도를 〈보기〉에서 골라 기호를 쓰시오.**

보 기

ㄱ. 문화 상대주의　　ㄴ. 자문화 중심주의　　ㄷ. 문화 사대주의

(1) 문화의 주체성을 상실할 가능성이 높다. (　　)

(2) 문화의 다양성을 보존하는 데 기여할 수 있다. (　　)

(3) 선진 문물의 수용이 용이하다. (　　)

(4) 집단 구성원의 결속력을 강화하는 데 기여한다. (　　)

(5) 사회의 특수한 환경과 역사 속에서 문화를 파악한다. (　　)

**04 시대와 사회를 초월하여 모든 사람이 존중하고 따라야 하는 윤리를 무엇이라고 하는가?**

**개념체크 TEST 정답**

**01** (1) 문화 사대주의
(2) 문화 상대주의
(3) 자문화 중심주의
(4) 극단적 문화 상대주의

**02** (1) ×, (2) ○, (3) ○, (4) ×
(5) ×, (6) ○

**03** (1) ㄷ　(2) ㄱ
(3) ㄷ　(4) ㄴ
(5) ㄱ

**04** 보편 윤리

# 04 다문화 사회와 문화 다양성 존중

- 다문화 사회에서 나타날 수 있는 갈등을 해결하는 방안을 모색한다.
- 문화적 다양성을 존중하는 태도를 기른다.

## 1 다문화 사회

### 1. 다문화 사회의 의미와 양상

(1) 의미 : 언어·인종·종교 등 문화적 배경이 서로 다른 다양한 집단이 하나의 공동체를 구성함으로써 문화 다양성이 나타나는 사회

(2) 등장 배경 : 교통·통신 수단의 발달로 세계화에 따른 교류의 증가

(3) 우리나라의 다문화 양상 : 국제결혼 이민자 증가, 외국인 노동자 증가 등으로 다문화 사회의 진전이 가속화되고 있다.

### 2. 다문화 사회의 긍정적 측면과 부정적 측면

| | |
|---|---|
| 긍정적 측면 | • 다양한 문화적 경험과 문화 선택의 기회가 확대됨.<br>• 노동력 부족 문제를 해결하여 경제 성장에 기여함. |
| 부정적 측면 | • 다양한 문화 유입으로 문화적 충돌 발생 가능<br>• 외국인에 대한 사회적 편견과 차별 발생 가능<br>• 문화적 차이와 의사소통의 어려움 등으로 사회 적응에 어려움을 겪을 수 있음. |

### 3. 다문화 사회에서의 갈등 해결 방안

(1) 개인적 차원의 노력

① 다른 문화를 깊이 이해하도록 노력해야 한다.

② 관용과 문화 상대주의적 태도를 함양해야 한다.

③ 개방적인 자세로 다른 민족 문화를 인정하고 포용하는 세계 시민 의식을 함양해야 한다.

(2) 사회적·국가적 차원의 노력

① 다문화 교육을 강화해야 한다.

② 다문화 가정, 외국인 근로자의 지원을 위한 법 또는 제도를 마련해야 한다.

**관용**
다른 문화에 대하여 편견이나 차별적인 태도를 버리고 문화적 차이를 인정하는 것이다.

**세계 시민 의식**
지구촌 구성원 모두를 이웃으로 생각하고, 세계에서 발생하는 다양한 문제를 함께 해결해 나가야 할 공동의 문제로 받아들이는 태도를 말한다.

### 4. 다문화 사회의 문화 정체성

| | |
|---|---|
| 용광로 이론 (동화주의) | 이민자가 출신국의 언어・문화・사회적 특성을 포기하고, 주류 사회의 일원이 되도록 주류 문화로 편입시켜야 한다고 보는 입장 |
| 샐러드 볼 이론 | 다른 맛을 가진 채소와 과일들이 서로 조화를 이루어 샐러드를 만들듯이, 다양한 문화가 서로 대등하게 조화를 이루어야 한다고 보는 입장 |
| 국수 대접 이론 | 국수가 주된 역할을 하고 고명이 부수적이 역할을 하여 맛을 내듯이, 주류 문화와 비주류 문화가 공존해야 한다고 보는 입장 |

**개/념/체/크 TEST**

**01** 다음 빈칸에 들어갈 알맞은 말을 쓰시오.

(1) (　　　　　)(이)란 인종・언어・종교 등 문화적 배경이 다양한 집단이 하나의 공동체 안에서 함께 살아가는 사회이다.

(2) (　　　　　)(이)란 다른 문화에 대하여 편견이나 차별적인 태도를 버리고 문화적 차이를 인정하는 자세이다.

**02** 다음 설명이 맞으면 ○표, 틀리면 ×표 하시오.

(1) 다문화 사회는 노동력 부족 문제를 해결하여 경제 성장에 기여한다. (　　)

(2) 다문화 사회에서는 새로운 문화에 대한 편견으로 인권 침해가 일어나기도 한다. (　　)

(3) 다문화 사회는 다양한 문화적 경험과 문화 선택의 기회가 확대된다. (　　)

(4) 문화적 다양성을 존중하기 위해서는 문화 간의 차이에서 비롯된 사회적 차별을 인정해야 한다. (　　)

개념체크 TEST **정답**

**01** (1) 다문화 사회
(2) 관용

**02** (1) ○, (2) ○, (3) ○, (4) ×

PART VII

# 적중 예상 문제

정답 및 해설 별책 22p

## 01 다양한 문화권의 특징

**01** 문화와 문화권에 대한 설명으로 옳지 않은 것은?

① 문화란 한 사회의 공통된 생활 양식이다.
② 문화권 내에는 비슷한 생활 양식과 문화 경관이 나타난다.
③ 산맥·하천 등의 지형 등에 의해 문화권의 경계가 정해진다.
④ 문화는 인문환경이 아닌 자연환경의 영향을 크게 받아 형성된다.

**02** 건조 지역의 생활 방식으로 옳지 않은 것은?

① 쌀을 주식으로 하는 음식이 발달한다.
② 창문이 작고 벽이 두꺼운 흙벽돌집을 짓는다.
③ 이 지역의 주민들은 대부분 이슬람교를 믿는다.
④ 얇은 천으로 온몸을 감싸는 헐렁한 옷을 입는다.

**03** 열대 기후 지역에 대한 설명으로 옳지 않은 것은?

① 통풍이 잘되는 가벼운 옷을 주로 입는다.
② 전통 농업으로 이동식 화전 농업이 행해진다.
③ 상업적 농업으로 플랜테이션이 발달하였다.
④ 고상 가옥이 발달하며 지붕의 경사는 완만하며 개방적이다.

**04** 이슬람교에 대한 설명으로 옳지 않은 것은?

① 갠지스강을 신성하게 여긴다.
② 돼지고기와 술을 금기시 한다.
③ 종교 경관으로 모스크를 볼 수 있다.
④ 여성들은 얼굴과 몸을 가리는 베일을 착용한다.

**05** 북유럽에 대한 설명으로 옳지 않은 것은?

① 서안 해양성 기후가 나타난다.
② 라틴족과 가톨릭의 비율이 높다.
③ 산업 혁명의 발상지로 경제 발전 수준이 높다.
④ 목축과 곡물 농업이 결합된 혼합 농업이 발달하였다.

**06** 아프리카 문화권에 대한 설명으로 옳지 않은 것은?

① 대부분 열대 기후가 나타난다.
② 사하라 사막을 포함한 이북 지역에서 나타난다.
③ 이동식 화전 농업과 플랜테이션 농업이 나타난다.
④ 유럽의 식민지 지배의 영향으로 국경과 부족의 불일치가 나타난다.

**07** 아시아 문화권에 대한 설명으로 옳지 않은 것은?

① 동아시아는 유교와 불교 문화, 한자를 공통으로 사용한다.
② 동남아시아는 불교, 이슬람교, 크리스트교 등 다양한 종교, 문화가 나타난다.
③ 남부 아시아는 민족, 언어, 종교가 다양하게 분포하며 유교와 불교 문화가 발달하였다.
④ 동아시아, 동남아시아, 남부 아시아는 계절풍의 영향으로 벼농사가 공통적으로 나타난다.

**08** 아메리카 문화권에 대한 설명으로 옳지 않은 것은?

① 앵글로 아메리카는 북서 유럽의 영향으로 영어와 개신교가 우세하다.
② 라틴 아메리카는 남부 유럽의 영향을 받아 가톨릭이 우세하다.
③ 앵글로 아메리카는 원주민, 백인, 흑인의 다양한 문화가 나타나며 라틴 아메리카보다 혼혈 인종이 많다.
④ 아메리카 문화권은 유럽인의 진출로 영어, 크리스트교 등 유럽 문화가 전파되었다.

**09** 오세아니아 문화권과 북극 문화권에 대한 설명으로 옳지 않은 것은?

① 오세아니아 문화권은 북서 유럽의 문화가 전파되었다.
② 오세아니아 문화권은 개신교 비중이 높으며 영어를 사용한다.
③ 북극 문화권은 농업에 불리하여 순록의 유목과 수렵 생활을 한다.
④ 북극 문화권은 저위도에 분포하며 기후의 영향을 받아 인구 밀도가 낮다.

**10** 다음에서 설명하는 문화권은 무엇인가?

> 라틴족과 가톨릭의 비율이 높으며 지중해성 기후를 바탕으로 수목 농업과 관광 산업이 발달했다. 수목 농업으로 포도, 올리브, 오렌지 등을 생산한다.

① 북서 유럽　　② 남부 유럽
③ 동부 유럽　　④ 북부 아메리카

## 02 문화 변동과 전통문화

**11** 다음에 해당하는 문화 변동 요인은 무엇인가?

> 인간은 동물을 사냥하기 위해 활을 만들어 사용하였다. 활 시위를 잡아당기었다가 놓으면 발생하는 소리를 이용하여 현악기를 만들었다.

① 발명　　② 발견
③ 직접 전파　　④ 자극 전파

**12** 다음 사례에 해당하는 문화 변동의 요인은 무엇인가?

> • 체로키 인디언은 영어의 알파벳을 보고 아이디어를 얻어 체로키 문자를 발명하였다.
> • 신라의 설총은 한자에서 아이디어를 얻어 이두를 발명하였다.

① 발견　　② 직접 전파
③ 간접 전파　　④ 자극 전파

**13** 다음에서 설명하는 개념은 무엇인가?

> 인쇄물이나 인터넷, TV 등과 같은 매개체를 통해 이루어지는 전파를 말한다.

① 발견　　② 직접 전파
③ 간접 전파　　④ 자극 전파

**14** 다음 사례에 해당하는 문화 변동의 요인은 무엇인가?

> 당나라의 중앙아시아 정복 시도로 고선지 장군이 이끄는 당나라군이 탈라스를 침공한다. 이 과정에서 인질로 잡힌 당나라 규사를 통해 종이 만드는 방법이 이슬람 세계에 전파된다.

① 발견　　② 직접 전파
③ 간접 전파　　④ 자극 전파

**15** 다음과 같은 상황에서 나타나는 문화 변동의 유형은 무엇인가?

> 1940년 일본은 대륙전쟁을 준비하기 위해 우리나라에 민족 말살 정책을 실시한다. 이 정책 중 하나가 일본식 성과 이름을 갖도록 하는 창씨개명이다.

① 자극 전파
② 간접 전파
③ 자발적 문화 접변
④ 강제적 문화 접변

**16** 다음에서 설명하는 문화 접변의 결과는 무엇인가?

> 다른 사회 문화 요소가 전통문화 요소와 결합하여 제3의 새로운 문화 요소가 만들어지는 현상이다.

① 문화 융합　　② 문화 병존
③ 문화 동화　　④ 문화 획일화

**17** 다음에서 설명하는 문화 접변 결과는 무엇인가?

> 우리나라에는 다양한 종교가 존재한다. 대표적인 종교로 개신교, 천주교, 불교 등 여러 종교가 있다.

① 문화 융합　　② 문화 병존
③ 문화 동화　　④ 문화 획일화

**18** 다음 ㉠에 대한 설명으로 옳지 <u>않은</u> 것은 무엇인가?

> 내재적 문화 변동 : 발명, ___㉠___
> ___㉡___ : 직접 전파, 간접 전파, 자극 전파

① ㉠은 문화 변동의 원인이 된다.
② ㉡은 외재적 문화 변동에 해당한다.
③ ㉡은 전파에 의해 둘 이상의 다른 문화가 접촉하여 발생한다.
④ ㉠은 기존에 존재하지 않았던 새로운 문화 요소를 만들어 내는 것이다.

**19** 다음 중 전통문화에 대한 설명으로 옳지 않은 것은?

① 전통문화는 변화 없는 상태로 이어져 내려온 문화이다.
② 한 사회에서 오랜 기간 고유한 가치로 인정되는 문화이다.
③ 전통문화와 새로운 문화의 조화를 이루려는 노력이 필요하다.
④ 전통문화가 지닌 고유한 독창을 유지하면서 세계 문화와 교류가 필요하다.

**20** 다음 중 전통문화의 올바른 기능이 아닌 것은?

① 세계 문화의 다양성을 증진한다.
② 문화 정체성을 유지하고 자긍심을 고취시킨다.
③ 구성원의 유대감을 강화하고, 사회 유지와 통합에 기여한다.
④ 전통문화는 자신들의 문화가 다른 문화보다 우월하다는 자부심을 지니게 해준다.

## 03 문화 상대주의와 보편 윤리

**21** 다음은 문화의 특성 중 무엇에 해당하는가?

> 문화는 역사적 배경, 자연환경에 따라 다양하게 나타나지만 모든 문화에 내재된 공통적인 문화 요소가 있다.

① 보편성 ② 특수성
③ 개방성 ④ 축적성

**22** 다음 내용과 같은 문화 이해 태도는 무엇인가?

> 다른 사회 문화를 해당 사회의 맥락에서 이해하는 태도이다. 문화를 평가의 대상이 아닌 이해의 대상으로 간주한다.

① 문화 사대주의
② 문화 상대주의
③ 자문화 중심주의
④ 극단적 문화 상대주의

**23** 자문화 중심주의에 대한 설명으로 옳지 않은 것은?

① 문화 제국주의로 국제 분쟁의 원인이 될 수 있다.
② 인류의 보편적 가치를 무시하고 모든 문화를 인정한다.
③ 자문화 중심주의의 장점으로 자문화의 정체성과 사회 통합에 기여한다.
④ 자기 사회의 문화는 우수하며 다른 사회 문화는 열등하다고 여기는 태도이다.

**24** 다음 사례에 나타난 문화 이해 태도는 무엇인가?

> 갑 : 인도에서 남편이 죽으면 아내를 함께 태워 죽이던 풍습인 사티(Sati)가 있어. 과부의 재혼 금지 풍습에 따라 점차 일반으로 확대되어 풍습이 되었기 때문에 사티(Sati) 제도를 고유한 풍습으로 인정해 주어야 해.
> 을 : 너의 문화 이해 태도는 ___㉠___ 야.

① 문화 사대주의
② 문화 상대주의
③ 자문화 중심주의
④ 극단적 문화 상대주의

**25** 다음에 해당하는 문화 이해 태도는 무엇인가?

> 우리나라의 문화는 부족한 부분이 많다. 우리가 따라야 할 나라는 오직 미국뿐이다. 앞서 있는 미국의 문화를 수용하는 것이 마땅하다.

① 문화 사대주의
② 문화 상대주의
③ 자문화 중심주의
④ 극단적 문화 상대주의

**26** 다음에 해당하는 문화 이해 태도는 무엇인가?

> 남부 아시아에서는 밥을 손으로 먹는다고 해. 우리나라처럼 숟가락과 젓가락을 사용하지 않고 손으로 음식을 먹는 것은 저급한 문화인 것 같아.

① 문화 사대주의
② 문화 상대주의
③ 자문화 중심주의
④ 극단적 문화 상대주의

**27** 다음 상황에 대해 가장 적절한 올바른 태도는 무엇인가?

> 어떤 사회에는 가족이나 부족 내에서 구성원들이 공동체의 명예를 더럽혔다는 이유로 살인을 정당화하는 풍습이 있다. 특히 정조를 잃거나 간통을 한 여성을 그 여성의 친족이 살해하는 경우가 있는데, 그들은 이를 '명예살인'이라고 하며 정당화한다.

① '명예살인' 역시 상대주의 관점으로 문화를 이해해야 한다.
② 우리나라 문화의 기준으로 평가한다면 옳지 못한 문화이다.
③ 각 사회마다 문화와 전통은 다양하기 때문에 전통문화로서 이해해야 한다.
④ 인간의 존엄성은 문화 속에서도 실현되어야 한다. 인간의 존엄성을 침해하는 문화는 문화가 아니다.

**28** 다음 문화 이해 태도에 대한 설명으로 옳지 <u>않은</u> 것은?

① 자문화 중심주의는 자기 문화의 정체성을 보존한다는 장점이 있다.
② 문화 상대주의는 문화의 다양성 형성에 기여한다는 장점을 지니고 있다.
③ 문화 사대주의는 타 문화의 적극적 수용이라는 측면에서 장점이 나타난다.
④ 극단적 문화 상대주의는 자신의 문화의 우월성을 강조하여 국수주의 또는 문화 제국주의를 초래할 수 있다.

**29** 표는 A와 B의 문화 이해 태도를 구분한 것이다. A와 B에 해당하는 것은 무엇인가?

| 구분 | A | B |
|---|---|---|
| 문화의 다양성에 기여를 하는가? | 예 | 아니요 |
| 국수주의를 초래할 위험이 있는가? | 아니요 | 예 |

| | A | B |
|---|---|---|
| ① | 문화 상대주의 | 문화 사대주의 |
| ② | 문화 사대주의 | 자문화 중심주의 |
| ③ | 문화 상대주의 | 자문화 중심주의 |
| ④ | 자문화 중심주의 | 문화 사대주의 |

**30** 보편 윤리에 대한 설명으로 옳지 않은 것은?

① 극단적 문화 상대주의가 나타날 수 있다.
② 인간의 존엄성, 생명 존중, 자유와 평등의 가치를 가진다.
③ 시대와 사회를 초월하여 모든 사람이 존중하고 따라야 한다.
④ 문화가 지닌 고유한 가치를 보존하고 문제점을 개선할 수 있다.

## 04 다문화 사회와 문화 다양성 존중

**31** 다음 중 다문화 사회에 대한 설명으로 옳지 않은 것은?

① 우리나라 역시 다문화 사회가 진전되고 있다.
② 교통·통신의 발달로 인한 교류 증가로 나타난다.
③ 국제결혼 이민자 증가, 외국인 노동자 증가로 문화의 획일화가 나타난다.
④ 언어, 인종, 종교 등 문화적 배경이 서로 다른 다양한 집단이 하나의 공동체를 구성함으로써 나타난다.

**32** 다문화 사회의 장점으로 옳지 않은 것은?

① 문화가 다양해진다.
② 노동력 부족 문제를 해결할 수 있다.
③ 다양한 문화 간 문화적 충돌 발생이 줄어든다.
④ 다양한 문화적 경험과 문화 선택의 기회가 확대된다.

**33** 다문화 사회 갈등의 개인적 차원의 해결 방안으로 옳은 것은?

① 다문화 교육을 강화한다.
② 관용과 문화 상대주의적 시민 의식을 함양한다.
③ 다문화 가정을 위한 법 또는 제도를 마련한다.
④ 정부에서 다문화 가정의 갈등 해결을 위한 기구를 설립한다.

**34** 다음과 같이 변화하는 사회에 필요한 적절한 대응 방안이 <u>아닌</u> 것은?

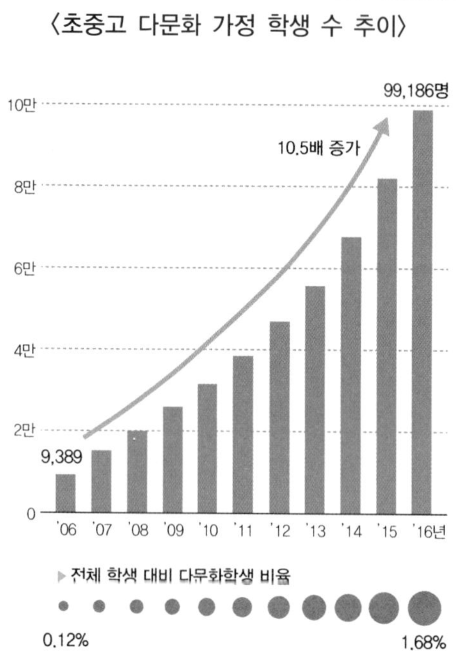


① 다문화 교육을 강화한다.
② 문화의 다양성을 인정하고 관용의 태도를 기른다.
③ 다른 나라의 문화를 평가가 아닌 이해의 대상으로 바라봐야 한다.
④ 다문화 가정의 문화를 한국 문화로 동화시켜 갈등을 최소화해야 한다.

**35** 다음 글의 입장에 대한 설명으로 옳지 <u>않은</u> 것은?

> 하나의 샐러드 그릇에 여러 재료를 넣더라도 각 재료 고유의 특성은 살아 있습니다. 이처럼 다양한 문화가 각각의 정체성을 유지하면서 사회 통합을 이루어야 합니다.

① 문화 간의 우열을 부정한다.
② 각 문화가 지닌 특수성을 인정한다.
③ 문화를 통합하여 새로운 문화를 발명한다.
④ 각 문화의 조화를 강조하여 사회 통합을 이룬다.

memo

PART

VIII

# 세계화와 평화

01 세계화에 따른 변화

02 국제 사회의 행위 주체와 평화를 위한 노력

03 남북 분단과 동아시아의 역사 갈등

이 단원은 세계화에 따른 변화, 국제 사회의 행위 주체와 평화를 위한 노력, 남북 분단과 동아시아의 역사 갈등에 대하여 알아본다. 세계화는 우리 삶에 어떠한 영향을 미치며 세계화에 따른 문제와 국제 사회의 분쟁을 해결하려면 국제 사회의 협력과 평화를 추구하는 세계 시민 의식이 필요함을 파악한다.

# 01 세계화에 따른 변화

- 세계화 양상을 다양한 측면에서 파악한다.
- 세계화 시대에 나타나는 문제를 조사하여 이를 해결하는 방안을 제안할 수 있다.

## 1 세계화에 따른 다양한 양상

### 1. 세계화와 지역화

(1) 세계화

| | |
|---|---|
| 의미 | 국제 사회의 상호 의존성 증가로 세계가 하나로 통합되는 현상 |
| 배경 | 교통·통신의 발달과 세계 무역 기구(WTO)의 출범 |
| 영향 | • 국경의 의미 약화로 동질적인 문화 경관이 확산됨.<br>• 전 지구적 규모로 경제적 상호 의존과 협력, 경쟁 증가 |

**세계 무역 기구(WTO)**
국제 무역 확대, 회원국 간의 통상 분쟁 해결을 위해 1995년에 설립된 국제 기구이다.

(2) 지역화

| | |
|---|---|
| 의미 | 지역의 독특한 사회·문화적 특성이 세계적 가치를 지니게 되는 현상 |
| 배경 | 다양한 차원의 지역들이 세계를 움직이는 주요 단위로 성장함. |
| 지역화 전략 | 장소 마케팅, 지리적 표시제, 지역 브랜드, 지역 축제 등의 전략을 통해 특정 지역이 세계적인 가치를 가지게 되어 지역 경제가 활성화됨. |

**장소 마케팅**
특정 장소를 매력적인 상품이 되도록 하기 위해 독특한 이미지를 만들고, 이를 통해 부가가치를 창출하는 전략이다.

**지리적 표시제**
지리적 표시제는 상품의 품질, 명성, 특성 등이 근본적으로 해당 지역에서 비롯되는 경우 그 지역의 생산품임을 증명하고 표시하는 제도이다.

**지역 브랜드**
특정 지역이나 그 지역의 대표적인 상품을 특별한 브랜드로 인식시킴으로써 지역의 이미지와 지역 경쟁력을 향상시키려는 전략이다.

### 2. 세계 도시와 다국적 기업

(1) 세계 도시 : 경제·정치·문화 등 다양한 측면에서 전 세계적으로 중심지 역할을 하는 도시를 말한다.

(2) 다국적 기업의 국제 분업과 영향

① 다국적 기업 : 세계 각 지역에 자회사, 지점, 생산 공장 등을 운영하고, 세계적으로 제품을 생산·판매하는 기업

② 다국적 기업의 국제 분업 : 기업의 이윤을 극대화하기 위해 본사, 연구소, 생산 공장 등의 입지를 세계적인 범위에서 공간적 분업을 한다.

| | | |
|---|---|---|
| 본사 | 경영 기획 및 관리 | 주로 본국의 대도시에 입지 |
| 연구소 | 핵심 기술 및 디자인의 개발 | 대학 및 연구 시설이 밀집한 곳, 쾌적한 연구 환경 등 |
| 생산 공장 | 제품 생산 | • 주로 저렴한 노동력이 풍부한 개발 도상국<br>• 시장 개척을 위해 선진국에 입지하기도 함. |

③ 영향

| | |
|---|---|
| 긍정적 영향 | 산업 시설 유치 지역은 일자리 증가, 경제 활성화, 기술 습득 등 |
| 부정적 영향 | 다국적 기업에 대한 경제적 의존도 심화, 기술 수준이 낮은 산업은 경쟁력이 약화됨. |

## 2 세계화에 따른 문제점과 해결 방안

### 1. 문화의 획일화의 의미와 해결 방안

| | |
|---|---|
| 의미 | 전 세계의 문화가 비슷해져 가는 현상 |
| 문제점 | 각 지역의 문화의 고유성이 사라지고 전통문화의 정체성이 약화됨. |
| 해결 방안 | 자문화의 정체성을 유지하며 외래 문화를 능동적으로 수용해야 함. |

### 2. 국가 간의 빈부 격차 심화와 해결 방안

| | |
|---|---|
| 의미 | 세계화에 따른 자유 무역의 확대로 기술과 자본이 풍부한 선진국과 기업은 경쟁에서 유리한 반면, 상대적으로 경쟁력을 키우지 못한 개발 도상국과 기업은 경쟁에서 불리해짐. |
| 문제점 | 전 세계적으로 부는 증가하고 있지만, 부가 선진국에 집중되어 선진국과 개발 도상국의 소득 격차가 확대됨. |
| 해결 방안 | • 공적 개발 원조를 통한 개발 도상국 지원<br>• 공정 무역을 통한 불공정한 무역 구조 문제 해결 |

**공적 개발 원조**
선진국 정부를 비롯한 공공 기관이 개발 도상국의 경제 발전과 사회 복지 증진을 목표로 제공하는 원조이다.

**공정 무역**
개발 도상국에서 생산하는 제품에 정당한 가격을 지급하여, 생산자가 경제적으로 자립할 수 있도록 해주는 무역 방식이다.

**Click** **일반 커피와 공정 무역 커피의 이익 배분 구조**

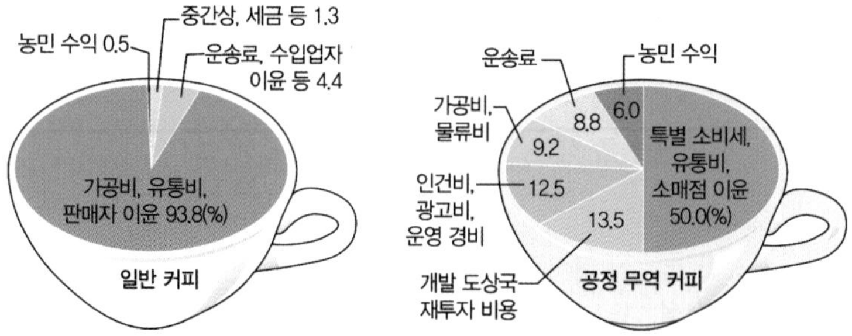


➜ 국제 거래가 확대되면 상대적으로 경쟁력이 약한 산업은 경쟁에서 도태될 가능성이 높다. 최근에는 이러한 경제적 불평등을 심화하는 무역 구조를 개선하기 위해 공정 무역 운동이 진행되고 있다. 공정 무역이란 생산지의 노동자에게 정당한 노동력의 대가를 지급하고 직거래를 통해 소비자에게 더 저렴한 상품을 제공하려는 운동을 말한다.

## 3. 보편 윤리와 특수 윤리 간의 갈등과 해결 방안

(1) 보편 윤리 : 모든 사회의 구성원의 행위를 규제하고 사회 질서를 유지하며 통합하는 윤리

(2) 특수 윤리 : 특정 사회에서만 준수하는 특수한 윤리

(3) 해결 방안

① 세계 시민 의식을 바탕으로 갈등의 평화적 해결을 위한 노력

② 특정 사회의 가치가 인류의 보편적 가치를 훼손하는지에 대한 비판적 사고

③ 특수 윤리를 인정하되 인간의 존엄성이나 자유, 평등 등 인류의 보편적 가치를 무시하는 행위까지 특수 윤리로 인정해서는 안 된다.

**세계 시민 의식**
지구촌의 문제에 책임 의식을 갖고 그 문제를 해결하기 위해 적극적으로 행동하려는 마음가짐이다.

## 개/념/체/크 TEST

**01** 다음 빈칸에 들어갈 알맞은 말을 쓰시오.

(1) (　　　　)은(는) 교통·통신 발달에 따라 지역 간의 상호 의존성이 높아지고, 전 세계가 단일한 생활권을 형성해 나가는 범세계적인 흐름과 추세를 말한다.

(2) (　　　　)(이)란 특정 지역이 그 지역의 고유한 전통이나 특성을 살려 세계적인 경쟁력을 갖추려고 노력하는 과정을 의미한다.

**02** 다음 설명이 맞으면 ○표, 틀리면 ×표 하시오.

(1) 교통과 통신의 발달로 국가 간, 지역 간에 사람과 물자의 이동이 활발해졌다. (　　)

(2) 세계화가 진행되면 국가 간 경제적 상호 의존이 나타나기 때문에 무역 마찰은 해소된다. (　　)

(3) 세계화는 전 세계적으로 문화의 획일화 문제를 가져올 수 있다. (　　)

(4) 다국적 기업에서 경영을 담당하는 본사는 주로 노동비가 저렴한 국가에 입지한다. (　　)

(5) 다국적 기업의 연구소는 쾌적한 환경, 대학 및 연구 시설이 밀집한 곳에 입지한다. (　　)

(6) 다국적 기업이 입지하면 일자리가 증가하며 경제가 활성화된다. (　　)

**03** 개발 도상국에서 생산하는 제품에 정당한 가격을 지급하여, 생산자가 경제적으로 자립할 수 있도록 해주는 무역 방식을 무엇이라 하는가?

**04** 세계화에 따른 문제 해결 방안으로 맞으면 ○표, 틀리면 ×표 하시오.

(1) 보편 윤리와 특수 윤리 간의 갈등은 보편 윤리를 공통으로 중시하는 가운데 각 사회의 특수 윤리를 성찰하는 태도를 가져야 한다. (　　)

(2) 문화의 획일화 현상은 선진국의 문화를 발달된 문화로 인식하고 수용하여 문화의 다양성에 힘쓴다. (　　)

**개념체크 TEST 정답**

**01** (1) 세계화 (2) 지역화

**02** (1) ○, (2) ×, (3) ○, (4) ×
(5) ○, (6) ○

**03** 공정 무역

**04** (1) ○, (2) ×

# 02 국제 사회의 행위 주체와 평화를 위한 노력

• 국제 갈등과 협력의 사례를 통해 국제 사회의 행위 주체의 역할을 파악하고, 평화의 중요성을 인식한다.

## 1 국제 사회의 갈등과 협력

### 1. 국제 갈등

(1) 원인 : 자원, 영토, 민족, 인종, 종교, 인권 문제 등 다양한 원인으로 발생한다.

(2) 특징 : 여러 가지 원인에 의해 복합적으로 발생하며, 지구촌의 다른 구성원이나 다른 국가에도 많은 영향을 미쳐 지구촌 전체의 문제로 보아야 한다.

(3) 해결 방법

① 갈등 당사자 간의 대화와 양보를 통한 평화적 해결 노력

② 국제 협약, 국제법을 통한 해결 방안을 모색할 수 있다.

**Click** 세계 분쟁 지역

**◆ 국제 협약**
세계 여러 나라가 어떤 문제에 대해 서로 협의한 뒤 맺는 약정이다.

**◆ 국제법**
국가 간의 협약에 따라 국가 간 권리·의무 등을 규정한 국제 사회의 법률이다.

**◆ 대표적인 분쟁 지역**
- 카스피 해 : 러시아, 이란, 카자흐스탄, 아제르바이잔, 투르크메니스탄 등 연안 국가들의 유전지대와 관련된 갈등지역이다.
- 팔레스타인 분쟁 : 2차 세계 대전 이후 팔레스타인 지역에 이스라엘 건국 ➜ 유대인(유대교)과 아랍인(이슬람교) 간 갈등지역이다.
- 카슈미르 분쟁 : 카슈미르 지역에서의 힌두교(인도 중심)와 이슬람교(파키스탄의 지원) 사이의 갈등이다.

### 2. 국제 사회의 행위 주체의 종류 및 역할

| | |
|---|---|
| 국가 | • 국제 사회를 구성하는 가장 기본적인 행위 주체<br>• 일정한 영토, 국민을 바탕으로 주권을 가진 행위 주체<br>• 자국의 이익 추구와 자국민의 안전 보호를 위한 외교 활동을 함.<br>• 국제 사회에서 법적 지위를 갖고 공식적인 활동을 할 수 있는 자격을 지님. |
| 국제 정부 기구 | • 세계의 각 국가를 구성원으로 하는 국제 사회 행위 주체<br>• 국가 간 이해관계 조정, 국가 간 분쟁 중재, 국가의 행위를 규제하는 국제 규범 정립 등의 역할을 담당함.<br>예 국제 연합(UN), 세계 보건 기구(WHO), 국제 통화 기금(IMF) 등 |
| 비정부 기구 (NGO) | • 개인이나 민간단체 주도로 만들어진 국제 사회 행위 주체<br>• 국제 사회의 보편적 가치인 환경 보호, 인권 보장 등을 위해 노력함.<br>예 국경 없는 의사회(MSF), 그린피스(Greenpeace), 국제 사면 위원회(AI) |
| 기타 | 다국적 기업, 개별 국가 내의 지방 정부, 국제적 영향력이 강한 개인 등 |

## 2 국제 평화의 중요성

### 1. 평화의 의미

(1) 국제 평화의 중요성

① 전쟁의 위협에서 벗어나 인류의 안전과 생존 보장

② 빈곤과 기아, 각종 차별과 불평등 때문에 발생하는 문제들을 해결함으로써 인간다운 삶을 보장한다.

(2) 소극적 평화와 적극적 평화

| | |
|---|---|
| 소극적 평화 | • 전쟁, 테러, 범죄, 폭행 등의 물리적 폭력이 발생하지 않아 직접적 폭력이 제거된 상태<br>• 빈곤, 인권 침해와 같은 낮은 삶의 질에 대한 고통을 설명하기 어렵다는 한계를 지님. |
| 적극적 평화 | • 직접적 폭력뿐만 아니라 구조적, 문화적 폭력이 제거된 상태<br>• 실질적인 국제 평화를 이루려면 소극적 평화에 머무르지 말고 적극적 평화를 실현하도록 노력해야 함. |

**구조적 폭력**
부정의한 사회 제도나 구조를 통하여 이루어지는 폭력을 말한다.

**문화적 폭력**
문화적 영역이 직접적 폭력이나 구조적 폭력을 정당화하는 데 이용되는 형태의 폭력을 말한다.

**갈퉁**
인간 존엄성, 삶의 질을 중시하는 적극적 평화의 실현을 강조하였다.

## 개/념/체/크 TEST

**01 다음 설명이 맞으면 ○표, 틀리면 ×표 하시오.**

(1) 오늘날의 국제 갈등은 주로 하나의 원인에 의해서 발생한다. (　　)

(2) 국제 갈등은 어느 한 국가의 노력만으로는 해결하기 어렵다. (　　)

(3) 국제 사회는 주권을 가진 국가를 기본 구성 요소로 하여 상호 관계가 이루어지는 사회이다. (　　)

(4) 국제 사회에서는 각 국가마다 독립된 주권을 가지고 있기 때문에 힘의 논리가 작용하지 않는다. (　　)

**02 다음 설명에 해당하는 국제 사회의 행위 주체를 〈보기〉에서 골라 기호를 쓰시오.**

보기

ㄱ. 국가　　　ㄴ. 국제 기구　　　ㄷ. 비정부 기구

(1) 환경이나 평화, 인권 등 인류 공동의 이익을 위해 개인이나 민간단체가 주도하여 만든 조직이다. (　　)

(2) 일정한 지역과 국민을 바탕으로 주권을 가진 국제 사회의 가장 기본적이고 대표적인 행위 주체이다. (　　)

(3) 각 나라의 정부를 구성 단위로 하여 평화 유지나 경제, 사회 협력 등 국제적 목적이나 활동을 위해 구성된 조직체이다. (　　)

**03 다음 설명이 맞으면 ○표, 틀리면 ×표 하시오.**

(1) 개인은 국제 사회의 행위 주체로 활동할 수 없다. (　　)

(2) 대표적인 국제 기구로 그린피스, 국제 앰네스티 등을 들 수 있다. (　　)

(3) 국제 비정부 기구는 국제 사회의 보편적 가치보다 국가의 이익을 위해 노력한다. (　　)

(4) 정부 간 국제 기구는 국가들 사이의 이해관계를 조정하거나 국가 간 분쟁을 중재하는 역할을 한다. (　　)

**04 다음 설명이 소극적 평화에 해당하면 '소', 적극적 평화에 해당하면 '적'을 쓰시오.**

(1) 전쟁, 테러, 범죄, 폭행 등의 물리적 폭력이 발생하지 않아 직접적인 폭력이 제거된 상태 (　　)

(2) 직접적 폭력뿐만 아니라 구조적, 문화적 폭력이 제거된 상태 (　　)

**05 다음 설명이 맞으면 ○표, 틀리면 ×표 하시오.**

(1) 국제 평화는 인류의 생존과 번영을 위해 꼭 이루어야 한다. (　　)

(2) 실질적인 국제 평화를 이루려면 소극적 평화에 머무르지 말고 적극적 평화를 실현하도록 노력해야 한다. (　　)

**개념체크 TEST 정답**

**01** (1) ×, (2) ○, (3) ○, (4) ×

**02** (1) ㄷ　(2) ㄱ　(3) ㄴ

**03** (1) ×, (2) ×, (3) ×, (4) ○

**04** (1) 소　(2) 적

**05** (1) ○, (2) ○

# 03 남북 분단과 동아시아의 역사 갈등

- 남북 분단과 동아시아의 역사 갈등 상황을 분석할 수 있다.
- 우리나라가 국제 사회의 평화에 이바지할 수 있는 방안을 제안할 수 있다.

## 1 남북 분단의 배경과 통일의 필요성

### 1. 남북 분단의 배경

(1) 국제적 배경 : 냉전 체제에서 비롯한 국제적 환경

(2) 국내적 배경

① 8·15 광복 이후 통일 정부를 수립하려는 노력들의 실패

② 1950년 6·25전쟁으로 남북 분단을 고착시키는 결과를 가져왔다.

### 2. 통일의 필요성과 통일을 위한 노력

(1) 통일의 필요성

| | |
|---|---|
| 개인·민족적 측면 | • 이산가족의 고통을 해소<br>• 민족의 동질성 회복 |
| 정치적 측면 | • 전쟁의 위협에서 벗어나 정치적 안정과 평화를 얻을 수 있음.<br>• 구성원의 자유와 인권 보장 |
| 경제적 측면 | • 군비 경쟁에서 소모적인 비용을 절감하여 이를 경제 발전과 복지 사회 건설을 위해 사용할 수 있음.<br>• 국토의 일체성을 회복하고 효율적인 국토 운영이 가능함. |
| 사회·문화적 측면 | • 민족의 이질화 현상을 극복하고 동질성을 회복하여 민족의 역사와 전통을 발전시킬 수 있음. |

(2) 통일을 위한 노력

① 군사적 긴장 상태를 완화하고 신뢰를 회복하기 위해 평화적 교류와 협력을 지속적으로 추진해야 한다.

② 한반도의 통일이 국제 사회의 평화와 번영을 가져올 수 있다는 점을 주변 국가에 설득해야 한다.

**냉전(Cold War)**
제2차 세계 대전 이후 자유주의 진영(미국)과 공산주의 진영(소련)이 이념을 중심으로 대립한 것을 말한다.

**Click** 통일 관련 비용

| | |
|---|---|
| **분단 비용** | • 분단에 따른 대립과 갈등으로 발생하는 비용<br>• 외교, 국방 비용과 같은 유형적 비용과 이산가족의 고통, 전쟁의 공포와 같은 무형적 비용이 분단 비용에 해당함. ➜ 소모적 성격의 비용 |
| **평화 비용** | • 통일 이전에 평화 정착 및 유지를 위해 지불하는 비용<br>• 북한의 사회 간접 자본 확충, 남북 경제 협력과 관련된 비용 |
| **통일 비용** | • 통일 이후에 남북한의 정치·경제·문화의 통합 비용<br>• 통일에 따른 편익을 증진하기 위한 투자 성격의 비용 |

## 2 동아시아 역사 갈등과 해결을 위한 노력

### 1. 동아시아의 역사 갈등

(1) 영토 분쟁

| | |
|---|---|
| **쿠릴 열도** | 1905년 러·일 전쟁 이후 일본의 영토로 편입되었고 제2차 세계 대전 이후 소련이 점령함으로써 영토 분쟁 발생 |
| **센카쿠 열도** | 청·일 전쟁 이후 일본이 차지하였으나 이 지역에 석유와 천연가스가 풍부하다는 사실이 밝혀지면서 중국, 타이완이 자국의 영토라고 주장함. |
| **시사 군도** | 베트남이 점유하고 있던 시사 군도를 중국이 무력 점령하면서 영토 분쟁이 발생함. |
| **난사 군도** | 중국, 필리핀, 베트남, 말레이시아, 브루나이, 타이완 등이 영유권을 주장함. |

❯ 동아시아 영토 분쟁 지역

(2) 역사 인식 문제

① 일본의 역사 왜곡

㉠ 일본군 위안부 문제 : 제2차 세계 대전 과정에서 한국 여성들을 강제로 징용하여 인권을 유린하였지만 현재 일본 정부는 이 사실을 부정하고 있다.

㉡ 역사 교과서 왜곡 문제 : 일본의 강압적 지배와 침략 전쟁을 정당화하고 있다.

㉢ 야스쿠니 신사 참배 문제 : 제2차 세계 대전의 전쟁 범죄자들이 안치되어 있는 신사를 일본 정치인들이 참배하고 있다.

② 중국의 동북공정 문제 : 고조선, 고구려, 발해 등 우리나라의 역사를 중국의 역사에 포함하고자 한다.

## 2. 우리나라가 국제 사회의 평화에 기여할 수 있는 방안

(1) 우리나라가 국제 사회에서 갖는 중요성

① 지정학적 측면 : 유라시아 대륙과 태평양을 연결하는 지리적 요충지에 위치한다.

② 정치적 측면 : 국제 연합, 안전보장 이사회를 역임하는 등 정치적 영향력이 증가하였다.

③ 경제적 측면 : 경제 협력 개발 기구(OECD) 가입, 경제 대국으로 성장하였다.

④ 문화적 측면 : 많은 문화재가 유네스코 세계 문화 유산으로 등재되었으며, 한류 열풍 확산으로 문화적 위상이 높아졌다.

(2) 국가적 차원의 노력

① 분단 극복 : 동아시아 지역의 군사적 대립과 긴장을 완화시켜야 한다.

② 해외 원조 : 경제적으로 어려운 나라들을 돕거나 빈곤으로 고통받는 사람들에 대해 해외 원조를 실시한다.

③ 평화 유지 활동 : 국제 연합 회원국으로서 평화 유지군을 파견하는 등의 활동을 통해 분쟁이나 테러, 전쟁 등에 대응해 나가야 한다.

④ 환경 보호 : 친환경적 산업 발전으로 탄소 배출량을 줄여 나감으로써 지구 온난화 방지와 환경 보호에 적극 동참한다.

**동북공정**
중국의 동북 3성인 랴오닝성, 지린성, 헤이룽장성의 역사, 지리, 민족 문제를 다루는 국가적 연구 사업이다.

## 개/념/체/크 TEST

**01 남북 통일의 필요성에 대한 서술로 옳으면 ○표, 틀리면 ×표 하시오.**

(1) 민족 문화의 역사와 전통을 발전시킬 수 있다. ( )

(2) 불필요한 비용을 절감할 수 있다. ( )

(3) 정치적 안정과 평화를 얻을 수 있다. ( )

(4) 이산가족의 고통을 해소할 수 있다. ( )

**02 다음 빈칸에 들어갈 알맞은 말을 쓰시오.**

(1) ( ) 비용은 분단으로 인한 대립과 갈등으로 발생하는 비용이다.

(2) ( ) 비용은 분단 비용과 통일 비용의 절감을 가져온다.

(3) ( ) 비용은 통일 이후 남북한 체제가 통합하는 데 소요되는 비용이다.

**03 다음에서 설명하는 동아시아 영토 분쟁 지역을 쓰시오.**

(1) 1905년 러・일 전쟁 이후 일본의 영토로 편입되었고 이후 러시아와 일본의 영토 분쟁 지역이다. ( )

(2) 청・일 전쟁 이후 일본이 차지하였으나 많은 지하자원의 발견 이후 중국, 일본, 타이완의 분쟁 지역이다. ( )

**04 다음 설명이 맞으면 ○표, 틀리면 ×표 하시오.**

(1) 우리나라는 유라시아 대륙과 태평양을 연결하는 지리적 요충지이다. ( )

(2) 우리나라는 경제 협력 개발 기구(OECD)에 가입하였으며 경제 대국으로 성장하고 있다. ( )

(3) 일본은 동북공정을 통하여 역사적 왜곡을 하고 있다. ( )

(4) 일본은 한반도 침략에 대한 반성 없이 야스쿠니 신사 참배 문제를 일으킨다. ( )

**개념체크 TEST 정답**

**01** (1) ○, (2) ○, (3) ○, (4) ○

**02** (1) 분단 (2) 평화 (3) 통일

**03** (1) 쿠릴 열도 (2) 센카쿠 열도

**04** (1) ○, (2) ○, (3) ×, (4) ○

# PART VIII 적중 예상 문제

정답 및 해설 별책 25p

## 01 세계화에 따른 변화

**01** 다음 세계화에 대한 설명으로 옳지 <u>않은</u> 것은?

① 국제 사회의 상호 의존성이 증가하고 있다.
② 국경의 의미가 약화되고 획일화된 문화가 나타난다.
③ 교통·통신의 발달과 세계 무역 기구(WTO)의 출범으로 인해 나타났다.
④ 세계 무역 기구(WTO)로 인해 무역의 갈등은 사라졌으며 세계화가 진전되고 있다.

**02** 다음 지역화에 대한 설명으로 옳지 <u>않은</u> 것은?

① 지역의 독특한 문화의 특성이 세계적 가치를 가지는 현상이다.
② 다양한 차원의 지역들이 세계를 움직이는 주요 단위로 성장한다.
③ 지역과 세계와의 단절을 통해 지역의 특정 문화를 유지 발전시켜야 한다.
④ 장소 마케팅 등의 전략을 통해 특정 지역이 세계적인 가치를 가지게 되어 지역 경제가 활성화 될 수 있다.

**03** 다음에서 설명하는 것의 개념은 무엇인가?

> 경제·정치·문화 등 다양한 측면에서 전 세계적으로 중심지 역할을 하는 도시를 말한다.

① 지역화 ② 세계화
③ 세계 도시 ④ 다국적 기업

**04** 다음 다국적 기업에 대한 설명으로 옳지 <u>않은</u> 것은?

① 다국적 회사의 본사는 주로 본국의 대도시에 입지한다.
② 연구소는 저렴한 노동력이 풍부한 개발 도상국에 입지한다.
③ 공간적으로 본사, 연구소, 생산 공장 등으로 공간적 분업을 한다.
④ 세계 각 지역에 자회사, 지점, 생산 공장 등을 운영하여 제품을 생산 판매한다.

**05** 다국적 기업의 긍정적 측면에 대한 설명으로 옳지 <u>않은</u> 것은?

① 기술 습득을 통해 기술력이 향상된다.
② 다국적 기업의 투자로 경제가 활성화 된다.
③ 다국적 기업에 대한 경제적 의존도가 심화된다.
④ 다국적 기업의 산업 시설 유치 지역에 일자리가 증가한다.

**06** 국가 간의 빈부 격차에 대한 설명으로 옳지 않은 것은?

① 전 세계적으로 선진국과 개발 도상국의 소득 격차가 확대된다.
② 세계화에 따른 자유 무역의 확대로 국가 간의 빈부 격차를 줄일 수 있다.
③ 빈부 격차를 해결하기 위해 공적 개발 원조를 통한 개발 도상국에의 지원이 필요하다.
④ 공정 무역을 통해 불공정한 무역 구조 문제를 해결하여 생산지의 노동자에게 정당한 노동력의 대가를 지급해야 한다.

**07** 선진국과 개발 도상국 간의 빈부 격차 문제를 완화하기 위한 국제 사회의 노력으로 옳지 않은 것은?

① 공정 무역 확대
② 국가 간 자유 무역의 확대
③ 선진국 기술의 개발 도상국 이전
④ 개발 도상국에 대한 선진국의 투자 확대

**08** 다음에서 설명하는 개념은 무엇인가?

> 모든 사회 구성원의 행위를 규제하고 사회 질서를 유지하며 통합하는 윤리이다.

① 보편 윤리　② 특수 윤리
③ 지역 윤리　④ 직업 윤리

**09** 보편 윤리와 특수 윤리 간의 갈등과 해결 방안으로 옳지 않은 것은?

① 세계 시민 의식을 바탕으로 갈등 문제를 해결해야 한다.
② 인류의 보편적 가치를 훼손하는지에 대해 비판적인 사고가 필요하다.
③ 특수 윤리를 인정하되 인간의 존엄성을 무시하는 행위까지 특수 윤리로 인정해서는 안 된다.
④ 고유한 윤리인 특수 윤리를 그 사회의 전통임을 인정하여 보편 윤리와 구분하는 태도가 필요하다.

**10** 세계화의 특징으로 옳은 것은?

① 국제 분업이 확대되었다.
② 국가 간 상호 의존도가 작아졌다.
③ 생활 공간의 범위가 좁아졌다.
④ 선진국과 개발 도상국 간 빈부 격차가 작아졌다.

## 02 국제 사회의 행위 주체와 평화를 위한 노력

**11** 다음 중 국제 갈등에 대한 설명으로 옳지 않은 것은?

① 자원, 영토, 민족, 인종 등 다양한 원인으로 발생한다.
② 국제 갈등 해결 과정에서 사회가 발전될 수 있다.
③ 국제 갈등은 지구촌의 다른 구성원이나 다른 국가에도 많은 영향을 준다.
④ 국제법, 국제 협약을 통해서만 국제 갈등이 해결되어 평화를 이룰 수 있다.

**12** 카슈미르 분쟁이 일어난 원인으로 옳은 것을 〈보기〉에서 모두 고르면?

보기
㉠ 영유권을 둘러싼 마찰
㉡ 종교적 차이로 인한 갈등
㉢ 석유 자원 확보를 위한 갈등
㉣ 물 자원과 물 오염을 둘러싼 갈등

① ㉠, ㉡ ② ㉠, ㉢
③ ㉠, ㉣ ④ ㉡, ㉢

**[13~14] 다음은 이스라엘과 아랍인의 갈등 지역이다. 물음에 답하시오.**

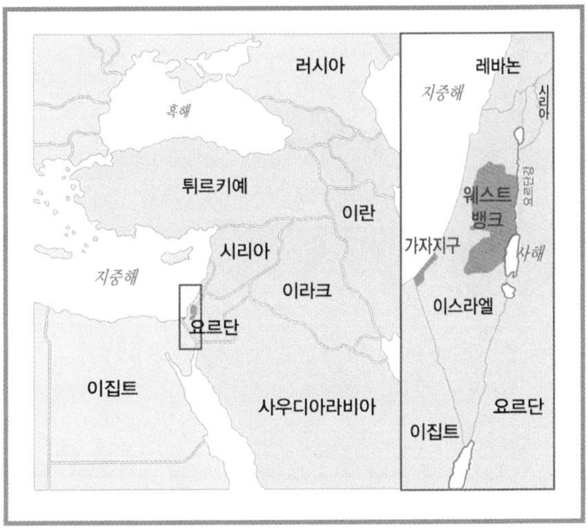


**13** 위 그림에서 나타나는 분쟁 원인은 무엇인가?

① 물 분쟁 ② 종교 분쟁
③ 자원 분쟁 ④ 인권 분쟁

**14** 그림에 나타난 지역의 분쟁에 대한 설명으로 옳은 것은?

① 이스라엘 하천 상류 지역에 댐을 건설하여 나타난 분쟁이다.
② 이스라엘은 유대교, 팔레스타인은 이슬람교이며 민족, 종교 분쟁 지역이다.
③ 팔레스타인 지역에 많은 석유와 천연가스가 매장되어 있어 나타난 분쟁이다.
④ 소를 신성시 여기는 팔레스타인과 유일신 신앙인 이스라엘과의 갈등 지역이다.

**15** 다음 설명에서 나타나는 국제 사회 행위 주체는 무엇인가?

> 세계의 각 국가를 구성원으로 하는 국제 사회 행위 주체이다. 국가 간 이해관계 조정, 국가 간 분쟁 중재, 국가의 행위를 규제하는 국제 규범 정립 등의 역할을 담당한다.

① 국가 ② 개인
③ 국제 기구 ④ 다국적 기업

**16** 다음에서 설명하는 국제 사회 행위 주체의 예로 바른 것은?

> 개인이나 민간단체 주도로 만들어진 국제 사회 행위 주체이다.

① 국제 연합(UN)
② 세계 보건 기구(WHO)
③ 국제 통화 기금(IMF)
④ 그린피스(Greenpeace)

**17** 국제 사회 행위 주체에 대한 설명으로 옳지 않은 것은?

① 국제 사회를 구성하는 가장 기본적인 행위 주체는 국가이다.
② 비정부 기구는 국제 사회의 보편적 가치를 추구하기 위해 노력한다.
③ 국제 기구는 국가 간 이해관계 조정, 국가 간 분쟁 중재의 역할을 담당한다.
④ 국제 사회의 행위 주체는 집단, 국가를 단위로 하여, 개인은 국제 사회 행위 주체로 볼 수 없다.

**18** 소극적 평화에 대한 설명으로 옳은 것은?

① 직접적 폭력이 사라진 상태이다.
② 구조적 폭력이 사라진 상태이다.
③ 차별과 불평등이 사라진 상태이다.
④ 문화적인 폭력이 사라진 상태이다.

**19** 적극적 평화에 대한 설명으로 옳은 것은?

① 직접적 폭력이 사라진 상태이다.
② 문화적·구조적 폭력이 사라진 상태이다.
③ 직접적 폭력뿐만 아니라 구주적, 문하적 폭력이 사라진 상태이다.
④ 전쟁, 테러, 범죄 등의 물리적 폭력이 사라진 상태를 말한다.

**20** 다음 중 평화에 대한 설명으로 옳지 않은 것은?

① 인간다운 삶을 보장받기 위해서는 평화가 필요하다.
② 갈퉁은 인간의 존엄성, 삶의 질을 중시하는 적극적 평화를 강조하였다.
③ 구조적 폭력은 직접적 폭력과 문화적 폭력을 정당화하는 데 이용되는 폭력이다.
④ 부정의한 사회 제도나 구조를 통하여 이루어지는 폭력을 구조적 폭력이라 한다.

## 03 남북 분단과 동아시아의 역사 갈등

**21** 다음에서 강조하고 있는 통일의 필요성으로 가장 적절한 것은?

> 러시아는 세계 최대의 천연가스 수출국이다. 현재 우리나라는 천연가스를 해운 교통을 통해 수입하고 있다. 통일이 이루어지고 파이프라인을 통해 러시아에서 북한을 통해 남한으로 천연가스를 수입한다면 현재 가격의 1/3로 이용할 수 있다.

① 통일은 인도주의적 차원에서 필요하다.
② 통일은 민족의 손상된 자부심을 회복하기 위해 필요하다.
③ 통일은 문화적 차원에서 민족의 이질화 극복을 위해 필요하다.
④ 통일은 민족적 역량 낭비를 방지하고 경제 활성화와 국가 경쟁력 강화를 위해 필요하다.

**22** 통일의 필요성에 대한 설명으로 옳지 않은 것은?

① 민족의 동질성을 회복하기 위해 필요하다.
② 세계 평화를 정착하는 데 기여할 수 있다.
③ 세계의 대표 국가가 되기 위해 통일은 필요하다.
④ 분단에 따른 민족 구성원의 고통을 감소시킬 수 있다.

**23** 다음 중 분단 비용에 대한 설명으로 옳지 않은 것은?

① 소모적 성격의 비용이다.
② 이산가족의 고통 역시 분단 비용에 해당한다.
③ 외교, 국방 비용과 같은 유형적 비용이 있다.
④ 분단 상태에서 남북 경제 협력과 관련된 비용이다.

**24** 다음 중 평화 비용에 대한 설명으로 옳지 않은 것은?

① 남북 경제 협력과 관련된 비용이다.
② 통일 편익을 증진하기 위한 비용이다.
③ 분단 비용과 통일 비용을 줄여주는 역할을 한다.
④ 통일 이전에 평화 정착 및 유지를 위해 지불하는 비용이다.

[25~27] 다음 지도를 보고 물음에 답하시오.

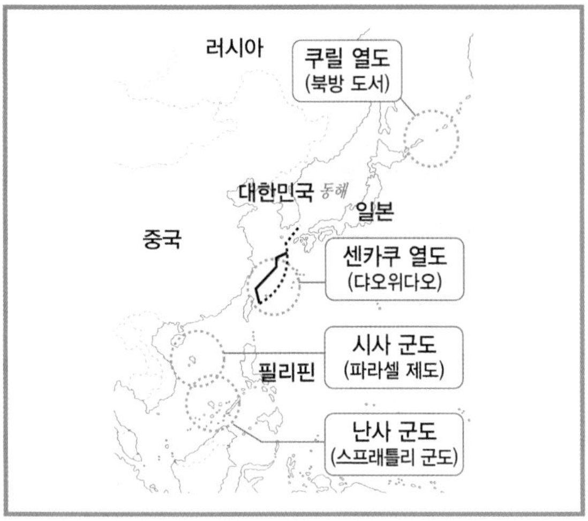


**25** 다음 중 센카쿠 열도에 대한 설명으로 옳은 것은?

① 일본과 러시아의 분쟁지역이다.
② 중국의 실효적 지배 지역이다.
③ 중국과 일본, 타이완의 갈등 지역이다.
④ 베트남이 점유하고 있던 지역을 중국이 점령하면서 분쟁이 발생한 지역이다.

**26** 위 그림에서 일본과 러시아의 영토 분쟁 지역은?

① 쿠릴 열도　② 시사 군도
③ 난사 군도　④ 센카쿠 열도

**27** 센카쿠 열도, 시사 군도, 난사 군도의 분쟁에 공통된 당사국은?

① 일본　② 중국
③ 러시아　④ 베트남

**28** 일본의 역사 왜곡에 해당하지 않은 것은?

① 일본 위안부 문제
② 야스쿠니 신사 참배
③ 역사 교과서 왜곡 문제
④ 동북공정 사업 추진 문제

**29** 다음에서 설명하는 우리나라의 중요성은 어떠한 측면인가?

> 우리나라는 지리적으로 유라시아 대륙과 태평양을 연결하는 지리적 요충지이다.

① 지정학적 측면　② 정치적 측면
③ 경제적 측면　④ 문화적 측면

**30** 우리나라가 국제 사회의 평화에 기여할 수 있는 방안으로 옳지 않은 것은?

① 경제적으로 어려운 나라들을 해외 원조를 통해 도와야 한다.
② 분단을 극복하여 동아시아 지역의 군사적 대립과 긴장을 완화해야 한다.
③ 지하자원 개발, 경제적 생산 활동, 국제 무역을 통해 이익을 창출해야 한다.
④ 국제 연합 회원으로 평화 유지군을 파견하여 분쟁이나 테러, 전쟁에 대응해 나가야 한다.

memo

EBS 교육방송교재

고졸 검정고시 **사회**

PART

IX

# 미래와 지속 가능한 삶

이 단원은 인구 문제의 양상과 해결 방안, 지속 가능한 발전을 위한 노력, 미래 지구촌의 모습과 우리의 삶에 대한 내용을 학습한다. 지구촌의 미래와 관련하여 지속 가능한 발전이 우리 삶에 어떤 영향을 미치는지, 인구 문제 해결, 지속 가능한 발전을 위한 다양한 방안과 자신의 미래 삶의 방향 설정에 관해 탐구한다.

# 01 인구 문제의 양상과 해결 방안

• 세계의 인구 분포와 구조 등에 관한 자료 분석을 통해 현재와 미래의 인구 문제 양상을 파악하고 그 해결 방안을 제안할 수 있다.

## 1 세계의 인구

### 1. 세계의 인구 변화

(1) 세계의 인구 성장 : 산업화 이전과 달리 산업화 이후 급격히 증가

(2) 선진국과 개발 도상국의 인구 성장

① 선진국 : 1960년대 이후 출생률 감소로 낮은 인구 증가율이 나타난다.

② 개발 도상국 : 제2차 세계 대전 이후 산업화로 높은 인구 증가율을 보인다.

**세계 인구 규모의 변화**

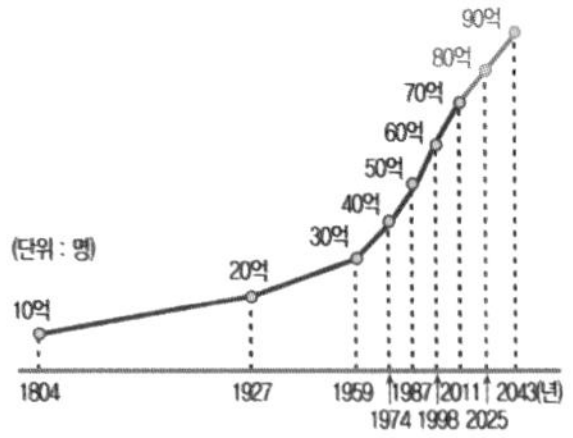


세계 인구는 산업 혁명 이후 급속도로 증가했고 2011년 약 70억 명이며, 2050년에는 90억 명이 넘을 것으로 전망된다.

### 2. 인구 분포

(1) 세계의 인구 분포 : 지역의 특성에 따라 불균등하게 분포한다.

(2) 인구 분포의 요인

| | |
|---|---|
| 자연적 요인 | 기후, 지형 – 온화한 기후, 넓은 평야, 해안 지역에 인구 밀집 |
| 사회 · 경제적 요인 | 산업, 교통, 문화 – 농업이나 공업이 발달한 지역, 일자리가 풍부하며 교통이 편리한 지역에 인구 밀집 |

### 3. 세계의 인구 구조와 인구 이동

(1) 세계의 인구 구조

| | |
|---|---|
| 선진국 | 노년층 인구 비중은 높고 출생률이 낮아 유소년층 인구 비중이 낮음 ➜ 노령화 지수와 중위 연령이 높음. |
| 개발 도상국 | 노년층 인구 비중은 낮고, 유소년층 인구 비중은 높음. ➜ 유소년 부양비가 높으며 선진국보다 중위 연령이 낮음. |

(2) 세계의 인구 이동

| | |
|---|---|
| 경제적 이동 | 개발 도상국에서 선진국으로 이동<br>예 라틴 아메리카에서 미국으로 이동, 아프리카에서 유럽으로 이동 |

**중위 연령**
전체 인구를 연령 순서대로 세웠을 때 중간에 있는 사람의 나이를 말한다.

**노령화 지수**
유소년층 인구에 대한 노년층 인구의 비율을 말한다.

**유소년 부양비**
청 · 장년층 인구에 대한 유소년층 인구의 비율을 말한다.

| | |
|---|---|
| 정치적 이동 | 전쟁이나 분쟁에 의한 이동<br>예 소말리아 내전, 시리아 내전으로 인한 이동 |
| 환경적 이동 | 사막화, 해수면 상승 등 기후 변화에 따른 환경 재앙을 피해 이동<br>예 투발루섬 주민이 뉴질랜드, 오스트레일리아로 이동 |

## 2 세계의 인구 문제

### 1. 저출산·고령화 문제와 해결 방안 : 선진국에서 주로 나타난다.

| 구분 | 저출산 | 고령화 |
|---|---|---|
| 원인 | 여성의 사회적 진출 증가, 초혼 연령 상승, 결혼 및 출산에 대한 가치관 변화 등 | • 저출산 현상<br>• 의학 발달과 생활 수준 향상으로 평균 수명 연장 |
| 문제점 | 생산 연령 인구 감소에 따른 노동력 부족, 잠재 성장률 하락 | 노년 부양비 증가로 세대 간 갈등 문제 발생 |
| 해결 방안 | 출산 및 육아 비용의 사회적 지원 강화, 남녀 가사와 양육 분담 등 | 노인 연금 제도 및 사회 보장 제도 강화, 일자리 확대와 정년 연장 등 |

### 2. 인구 과잉 문제와 해결 방안 : 개발 도상국에서 주로 나타난다.

| 구분 | 인구 과잉 | 대도시 인구 과밀 |
|---|---|---|
| 원인 | 사망률의 빠른 감소, 높은 출생률에 따른 인구 급증 | 급속한 산업화·도시화에 따른 이촌 향도 현상 |
| 문제점 | 식량 및 자원의 부족, 기아와 빈곤, 실업 문제 발생 등 | 일자리 부족으로 인한 실업 문제, 주택 부족 등의 도시 문제 발생 |
| 해결 방안 | • 산아 제한 정책 시행<br>• 인구 부양력을 높이기 위한 경제 발전과 식량 증산 정책 실시 등 | • 촌락의 생활 환경 개선<br>• 중소 도시 육성 정책 등 |

**고령화 현상**
총인구 중에서 65세 이상 노년층 인구가 차지하는 비율이 높아지는 현상이다.

**생산 연령 인구**
생산 활동에 참여할 수 있는 15세 이상 65세 미만의 인구이다.

**노년 인구 부양비**
생산 인구인 청장년 인구에 대한 노년 인구의 비율

**인구 구조**
일정한 지역 안의 인구 구조를 성별과 연령 등을 통해 인구 피라미드로 파악할 수 있다. 선진국은 방추형, 개발도상국은 피라미드형 인구 피라미드가 나타난다.

**선진국 인구 피라미드**

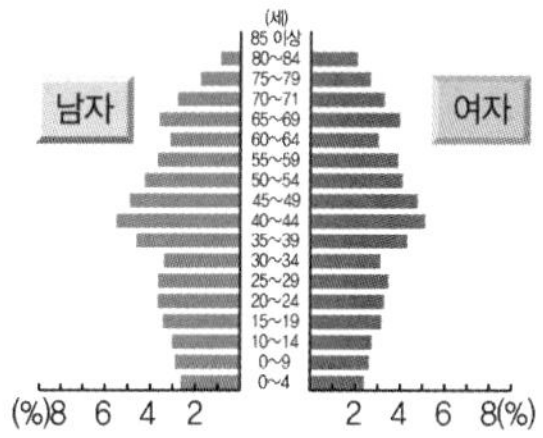


**개발 도상국 인구 피라미드**

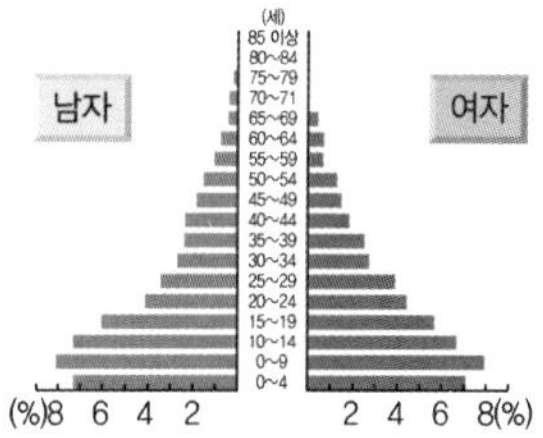

Click 세계의 인구 성장

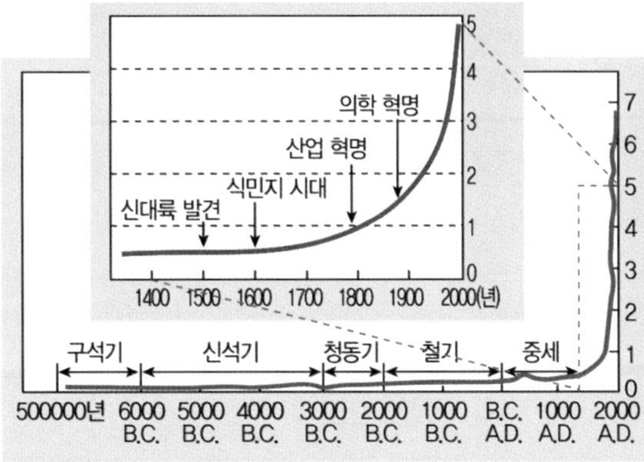


산업 혁명 이전에는 기아, 질병, 전쟁 등으로 사망률이 높아 세계의 인구가 오랜 기간 동안 느린 속도로 증가하였다. 산업 혁명 이후에는 의학 기술이 발달하고 생활 수준이 향상되면서 사망률이 감소하고, 경제 발전으로 인구 부양력이 높아지면서 세계의 인구가 급속히 증가하기 시작하였다.

**인구 부양력**
한 나라의 인구가 그 나라의 사용 가능한 자원에 의해 생활할 수 있는 능력으로, 지역이 어느 정도의 인구를 수용할 수 있는지 나타낸다.

## 3. 인구 변천 단계

| 성장 단계 | 제1단계 | 제2단계 | 제3단계 | 제4단계 |
|---|---|---|---|---|
| 성장 유형 | 다산 다사형 | 다산 감사형 | 감산 소사형 | 소산 소사형 |
| 인구증가율 | 낮음 | 높음 | 감소 | 낮음 |
| 인구 증감 | 정체 | 급증 | 증가 | 정체 |
| 특징 | 높은 영아 사망률 | 의학 발달 등으로 사망률 급락 | 가족 계획으로 출생률 감소 | 인구 고령화 |
| 우리나라의 시기 | 1920년 이전 | 일제강점기, 1950~60년대 | 1970~80년대 | 1990년대 이후 |

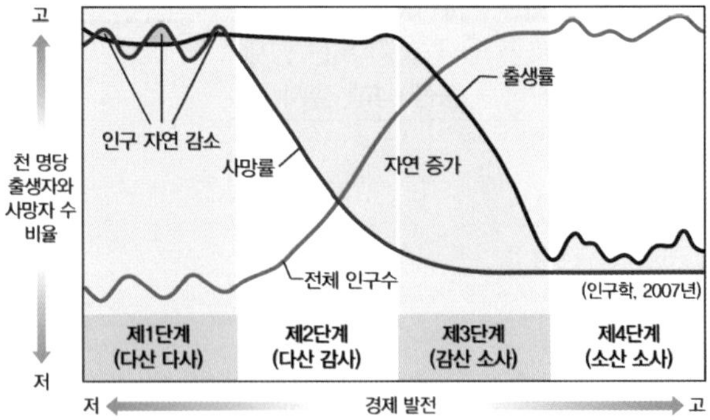


인구 성장 단계

## 개/념/체/크 TEST

**01** 다음 설명이 맞으면 ○표, 틀리면 ×표 하시오.

(1) 세계의 인구는 지역의 특성에 따라 불균등하게 분포한다. ( )

(2) 선진국은 제2차 세계 대전 이후 산업화로 높은 인구 증가율을 보인다. ( )

(3) 전 세계 인구의 약 90% 이상이 북반구에 거주하며, 온대 기후 지역에 밀집하여 분포한다. ( )

(4) 선진국은 노령화 지수와 중위 연령이 높으며, 개발 도상국은 유소년층 인구 비중이 높다. ( )

(5) 최근에는 취업 기회를 찾아 개발 도상국에서 선진국으로 이동하는 인구 이동이 활발하다. ( )

**02** 빈칸에 들어갈 알맞은 말을 쓰시오.

(1) 선진국에서는 여성의 사회 활동 증가와 결혼 및 자녀관의 변화 등으로 ( ) 문제가 나타나고 있다.

(2) 65세 이상 인구의 비율이 높아지는 현상을 ( )(이)라고 한다.

**03** 다음은 인구 문제에 대한 설명이다. 맞으면 ○표, 틀리면 ×표 하시오.

(1) 저출산 문제는 고령화 현상을 가속화시킨다. ( )

(2) 고령화 현상은 노년 부양비 증가로 세대 간 갈등이 발생된다. ( )

(3) 선진국의 인구 문제는 사망률의 빠른 감소와 높은 출생률로 발생한다. ( )

(4) 개발 도상국은 급격한 이촌 향도 현상으로 주택 부족 등의 문제가 발생하고 있다. ( )

(5) 인구 과잉 문제는 출산 및 육아 비용의 사회적 지원 강화, 남녀 가사와 양육 분담으로 해결해야 한다. ( )

**개념체크 TEST 정답**

**01** (1) ○, (2) ×, (3) ○ (4) ○, (5) ○

**02** (1) 저출산 (2) 고령화

**03** (1) ○, (2) ○, (3) × (4) ○, (5) ×

# 02 지속 가능한 발전을 위한 노력

• 지구적 차원에서 사용 가능한 자원의 분포와 소비 실태를 파악하고, 지속 가능한 발전을 위한 개인적 노력과 제도적 방안을 설명할 수 있다.

## 1 자원의 분포와 특징

### 1. 자원의 의미와 특성

(1) 자원의 의미 : 자연물 중에서 일상생활과 경제 활동에 쓸모와 가치가 있으며, 기술적 · 경제적으로 개발이 가능한 것을 말한다.

(2) 자원의 특징

| | |
|---|---|
| **유한성** | 대부분의 매장량은 한정되어 있음.<br>예 화석 연료(석유, 석탄, 천연가스) |
| **편재성** | 자원은 특정 지역에 편중되어 분포함.<br>예 서남아시아에 석유가 집중적으로 매장되어 있음. |
| **가변성** | 기술 · 경제 · 문화적 조건 등에 따라 자원의 의미와 가치가 달라짐.<br>예 이슬람 문화에서는 돼지고기를 식량자원으로 이용하지 않음. |

**Click** **기술 발달과 경제성에 따른 자원의 분류**

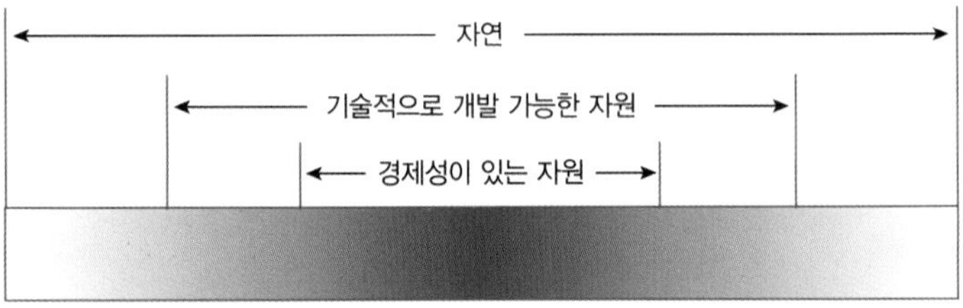


➜ 천연자원의 경우 자연으로만 인식되던 물질이 기술 개발로 인하여 채굴 및 이용이 가능해지면 자원으로서의 가치를 지니게 된다. 그러나 상업적인 생산과 본격적인 산업 부문에서의 이용은 자원 수요의 증가, 자원 가격의 상승, 기술의 발달로 인한 이용 및 채굴 비용의 감소 등의 요인으로 인하여 자원의 경제성이 확보된 이후부터 가능하다.

**가채 연수**
어떤 자원의 확인된 매장량을 연간 생산량으로 나눈 값으로, 현재와 같은 수준으로 채굴할 경우 앞으로 몇 년이나 더 채굴이 가능한가를 보여준다. 즉, 자원의 고갈 시기를 나타내는 지표이다. 자원의 고갈 시기란 그 자원의 부존량이 모두 채굴되어 전혀 남아 있지 않은 상태가 아니라 매장량의 80%가 채굴되었을 때를 말한다.

**석유의 편재성**
석유는 세계 에너지 소비량에서 가장 높은 비중을 차지할 정도로 수요가 많지만 서남아시아를 비롯한 일부 지역에 매장되어 있어 편재성이 큰 편이다. 이로 인해 석유 자원을 둘러싼 지역 간 갈등과 분쟁이 끊이지 않고 있으며, 공급 불안정에 따른 국제 석유 가격의 변화도 큰 편이다.

## 2. 주요 에너지 자원의 분포와 소비

(1) 석탄

| | |
|---|---|
| **분포** | 고기 조산대 주변에 주로 매장 |
| **특징** | • 18세기 산업 혁명 이후 동력 자원으로 이용되면서 주요 자원이 됨.<br>• 제철 공업 및 화력 발전의 연료로 이용<br>• 석유보다 수송·이용 면에서 불리하고, 연소 시 대기 오염 물질을 많이 배출함.<br>• 가정용 연료로 많이 이용하였으나, 최근 소득 수준이 높아지고 주된 연료로 석유와 천연가스가 이용되면서 소비 감소 |
| **이동** | 주요 수출국은 오스트레일리아·러시아 등, 주요 수입국은 중국·우리나라·일본 등 |

(2) 석유

| | |
|---|---|
| **분포** | • 신생대 제3기층의 배사 구조에 주로 매장<br>• 페르시아 만을 중심으로 서남아시아 지역에 세계 석유의 약 60% 이상이 매장되어 있음. |
| **특징** | • 수송 기관 및 화력 발전 연료용, 난방 연료 및 화학 공업의 원료<br>• 19세기 후반 내연 기관의 발명으로 본격 사용<br>• 지역적 편재성이 큼, 소비지와 생산지가 달라 국제적 이동이 많음. |
| **이동** | 우리나라, 일본, 유럽의 많은 나라들은 대부분 수입에 의존 |

(3) 천연가스

| | |
|---|---|
| **분포** | 신생대 제3기층에 석유와 함께 매장되어 있는 경우가 많음. |
| **특징** | • 주로 가정용으로 이용, 수송 기관 및 화력 발전 연료용 등으로 이용<br>• 에너지 효율이 높고 오염 물질의 배출이 적은 청정 에너지<br>• 냉동 액화 기술과 파이프라인 건설 등으로 저렴한 수송과 저장이 가능해지면서 이용 증가 |
| **이동** | 생산국은 이란·미국·러시아 등, 주요 수입국은 우리나라·일본·독일 등 |

(4) 세계 에너지 소비 실태

① 산업화 이후 에너지 자원으로 석탄과 석유가 많이 사용되었으며, 최근에는 천연가스의 사용이 늘어나고 있다.

② 에너지 소비 구조 : 석유 > 석탄 > 천연가스

**배사 구조**

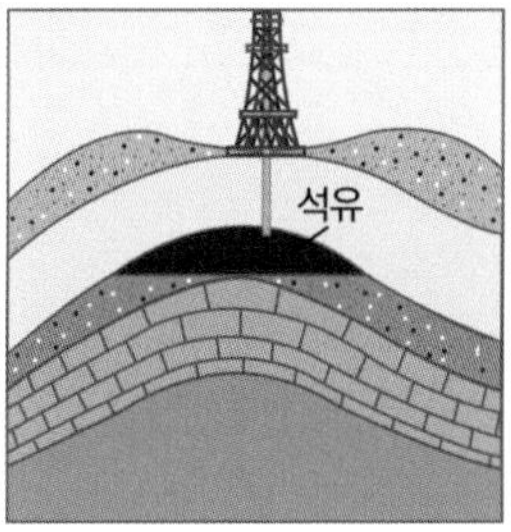


퇴적 당시 수평이었던 지층이 지각의 변동으로 밀리고 구부러져 둥근 모양을 형성한 구조를 말하는데, 석유가 모일 수 있는 조건이 된다.

Click **주요 에너지 자원의 분포와 이동**

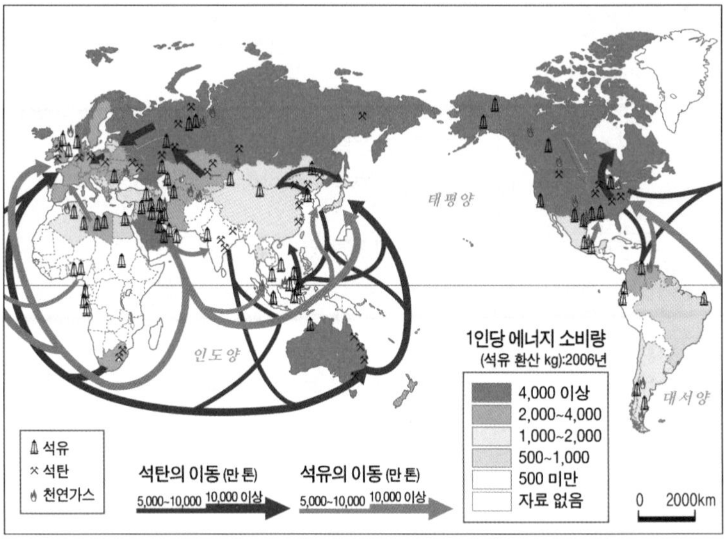


### 3. 자원의 분포와 소비에 따른 문제

| | |
|---|---|
| **자원 확보를 둘러싼 갈등** | • 자원의 생산자와 소비자의 불일치로 인해 발생 → 편재성<br>• 자원 민족주의의 확산으로 갈등이 심화 |
| **자원 고갈 문제** | 자원의 소비량 증가, 자원의 유한성으로 인해 발생 |
| **환경 문제** | 자원을 개발·소비하는 과정에서 오염 물질이 발생하여 환경 문제 발생 예 지구 온난화, 산성비 문제 |
| **에너지 소비 격차** | 선진국과 개발 도상국 간의 생활 수준 및 경제 발달 차이로 인해 1인당 자원 소비량의 격차 발생 |

## 2 지속 가능한 발전을 위한 노력

### 1. 지속 가능한 발전의 의미와 필요성

(1) 의미 : 현재와 미래 세대의 삶이 원활하게 유지될 수 있는 범위 내에서 현재 세대의 필요를 충족시키는 개발과 발전 방식이다.

(2) 필요성 : 자원 고갈, 환경 오염, 생태계 파괴, 빈부 격차 확대, 갈등과 분쟁 등의 문제를 해결하기 위한 대안으로 '지속 가능한 발전'이 주목받게 되었다.

**지속 가능한 발전**
지속 가능성의 개념은 원래 생물학적 논리에서 출발하였으나 이후 경제, 복지, 의료, 문화, 예술 등 사회 전반의 문제로까지 확대되었으며, 그 파급 효과도 컸다. 지속 가능한 발전은 개발 대상이 무엇이냐에 따라 여러 가지로 달라질 수 있다. 그러나 크게 자연의 재생 능력의 범위 안에서 자연 조건을 만족시키는 개발, 세대 간의 자연 자원 이용의 형평성이 보장되는 개발, 절대 빈곤의 추방을 통한 사회 정의 실현으로서의 개발 등으로 압축된다. 즉, 사회, 경제, 환경이 조화를 이룬 발전이 되어야 함을 의미한다.

## 2. 지속 가능한 발전을 위한 노력

(1) 국제·국가적 차원의 노력

| | |
|---|---|
| **경제적 측면** | • 신·재생 에너지의 보급 확대<br>• 개발 도상국의 빈곤 문제 해결 및 경제·사회 발전과 복지 향상을 위한 공적 개발 원조(ODA) 실시 |
| **환경적 측면** | 국제 환경 협약 체결, 온실가스 감축을 위한 제도 실시 |
| **사회적 측면** | 사회 계층 간 통합을 위한 사회 취약 계층 지원 제도 마련 |

(2) 개인적 노력 : 윤리적 소비 실천, 공정 무역 제품 이용하기, 로컬 푸드 구매하기

(3) 지속 가능한 발전의 지향점

① 자원 남용 및 환경 파괴를 막음. ➜ 환경과 경제 개발을 조화시키는 발전

② 절대적 빈곤을 퇴치하여 사회 불안 해소

③ 생태계 수용 능력 내에서의 개발 ➜ 환경 용량을 초과하지 않는 개발

Click **지속 가능한 발전의 구조**

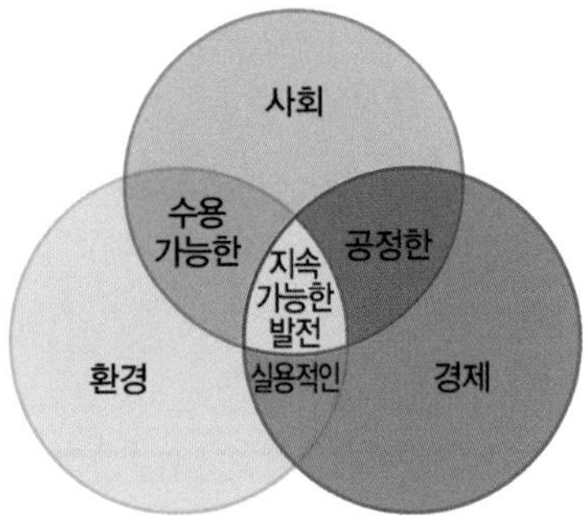


➜ 1987년 세계 환경 개발 위원회에서 처음 정의되었다. 지속 가능한 발전을 위해서는 경제 성장, 사회 안정과 통합, 환경 보전의 균형이 필요하다.

**윤리적 소비**
소비자가 윤리적인 가치 판단에 따라 상품이나 서비스를 구매하는 것

**로컬 푸드**
장거리 운송을 거치지 않은, 가까운 지역에서 생산되는 농산물을 의미한다.

## 개/념/체/크 TEST

**01** 다음 설명에 해당하는 자원의 특징을 〈보기〉에서 찾아 기호를 쓰시오.

보 기

ㄱ. 유한성　　　ㄴ. 편재성　　　ㄷ. 가변성

(1) 서남아시아에 석유가 집중적으로 매장되어 있다. (　　)

(2) 검은 물에 불과했던 석유가 내연 기관이 발명되면서 중요한 에너지 자원이 되었다. (　　)

(3) 대부분의 자원은 매장량이 한정되어 있어 계속 사용하다보면 언젠가는 고갈된다. (　　)

**02** 다음 설명이 맞으면 ○표, 틀리면 ×표 하시오.

(1) 석유는 산업 혁명 이후 동력 자원으로 이용되면서 주요 자원이 되었다. (　　)

(2) 석탄은 신생대 제3기층의 배사 구조에 주로 매장되어 있다. (　　)

(3) 천연가스는 신생대 제3기층에 매장되어 있으며, 에너지 효율이 높고 오염 물질의 배출이 적다. (　　)

(4) 세계에서 가장 많이 사용하고 있는 에너지는 석탄이다. (　　)

**03** 빈칸에 들어갈 알맞은 말을 쓰시오.

(1) (　　　　)은(는) 미래 세대가 사용할 자원을 낭비하거나 여건을 저해하지 않는 범위 내에서 현세대의 성장을 추구하는 발전이다.

(2) 소비자가 윤리적인 가치 판단에 따라 상품이나 서비스를 구매하는 것을 (　　　　)(이)라고 한다.

개념체크 TEST **정답**

**01** (1) ㄴ　(2) ㄷ　(3) ㄱ

**02** (1) ×, (2) ×, (3) ○, (4) ×

**03** (1) 지속 가능한 발전　(2) 윤리적 소비

# 03 미래 지구촌의 모습과 우리의 삶

• 미래 지구촌의 모습을 다양한 측면에서 예측하고, 이를 바탕으로 자신의 미래 삶의 방향을 설정할 수 있다.

## 1 미래 지구촌의 모습

### 1. 미래 예측의 필요성과 방법

(1) 미래 예측의 필요성 : 미래 예측을 통해 미래 사회에 대한 유연한 대처가 가능해지면 개인, 국가는 안정적인 발전을 할 수 있다.

(2) 미래 예측 방법

① 전문가 합의법(델파이 기법) : 각 분야의 전문가에게 설문을 반복하여 특정한 주제에 대한 전문가 집단의 합의를 도출하는 방식

② 시나리오 기법 : 일반적으로 3~4가지의 시나리오를 작성하여 미래에 대비하는 방법으로, 미래의 위험을 줄일 수 있지만 미래에 중요할 수도 있는 시나리오가 무시될 수도 있다.

### 2. 지구촌의 미래 사회 모습

긍정적 관점과 부정적 관점이 공존한다.

| 구분 | 긍정적 관점 | 부정적 관점 |
|---|---|---|
| 정치·경제·사회적 측면 | • 정치적 협력, 국제 기구의 활동이 증가할 것으로 예상됨.<br>• 영토나 종교를 둘러싼 분쟁이 줄어들 수 있음. | • 다양한 원인으로 국가 간, 지역 간 갈등의 발생 빈도가 증가할 것으로 예상됨.<br>• 특정 직업의 소멸로 인한 실업 문제가 나타날 수 있음. |
| 환경적 측면 | 국가 간 협력 강화로 전 지구적으로 나타나는 환경 문제가 해결될 수 있음. | 현재의 환경 문제를 해결하지 못할 경우 지구촌의 생태 환경은 더욱 악화될 것으로 예상됨. |
| 과학 기술의 발달과 미래 사회 | • 고도화된 정보화로 시민들의 정치 참여가 활발하여 개인의 영향력이 커질 것으로 예상됨.<br>• 생명 공학의 발달로 난치병 치료가 가능해 수명이 더욱 길어질 수 있음.<br>• 사물 인터넷 발달, 자율 주행 자동차 등으로 편리성 증대 | • 과학 기술의 오작동에 따른 안전 문제가 발생할 수 있음.<br>• 개인 정보 유출에 따른 사생활 침해와 감시 문제가 발생할 수 있음.<br>• 유전자 조작, 인간 복제와 관련하여 윤리적 문제가 발생할 수 있음. |

**미래학**
과거 또는 현재 상황을 바탕으로 하여 가능성과 개연성 있는 미래를 연구하는 학문

**델파이**
그리스에서 예언가들이 미래를 점지하던 아폴론 신전이 있던 델포이에서 유래하였다.

**사물 인터넷**
자동차, 냉장고와 같은 사물에 센서와 통신 기능을 내장하여 인터넷에 연결하는 기술을 의미한다.

## 3. 미래 사회를 위한 준비

(1) 올바른 가치관 정립 : 개방적 태도, 관용 등을 바탕으로 올바른 인성과 가치관을 키우기 위해 노력해야 한다.

(2) 비판적 사고력 증진 : 사회 현상을 비판적으로 분석하여 합리적인 문제 해결 과정에 적극적으로 참여할 수 있는 능력 함양

(3) 세계 시민으로서의 공동체 의식 함양

**관용**
정치, 종교, 도덕, 학문, 사상 등의 영역에서 서로 의견이 다르다고 하여 이를 폭력을 통해 물리적으로 해결해서는 안 된다는 이념이다.

**개/념/체/크 TEST**

**01 괄호에서 알맞은 말을 골라 'O' 표시를 하시오.**

(1) 각 분야의 전문가에게 설문을 반복하여 특정한 주제에 관해 전문가 집단의 합의를 도출하는 미래 예측 방식을 (전문가 합의법, 시나리오 기법)이라고 한다.

(2) 미래 사회는 멸종 위기에 처한 생물 종의 복원 기술 수준이 (높아, 낮아)질 것으로 예측된다.

(3) 교통 기술의 발달로 (시간 거리, 물리적 거리)가 크게 단축될 것이다.

(4) (생명 및 유전자 공학, 인공 지능 로봇)의 발달은 인간의 노동력을 대체하여 여가 시간을 늘려 줄 것이다.

**02 다음 미래 지구촌의 모습으로 맞으면 ○표, 틀리면 ×표 하시오.**

(1) 미래의 지구촌은 정치적 · 경제적으로 국가 간 협력이 강화되는 동시에 갈등도 커질 것이다. ( )

(2) 과학 기술 발달로 인간의 활동 범위가 지구촌을 벗어나 우주까지 확대될 것이다. ( )

(3) 경제 성장과 인구 증가로 자원의 소비량이 더욱 증가할 것이다. ( )

(4) 세계 시민으로서 공동체 의식의 중요성이 작아질 것이다. ( )

**개념체크 TEST 정답**

**01** (1) 전문가 합의법
(2) 높아
(3) 시간 거리
(4) 인공 지능 로봇

**02** (1) ○, (2) ○, (3) ○, (4) ×

PART IX

# 적중 예상 문제

정답 및 해설 별책 28p

## 01 인구 문제의 양상과 해결 방안

**01** 다음 그림은 인구 성장 모습이다. 설명으로 옳지 않은 것은?

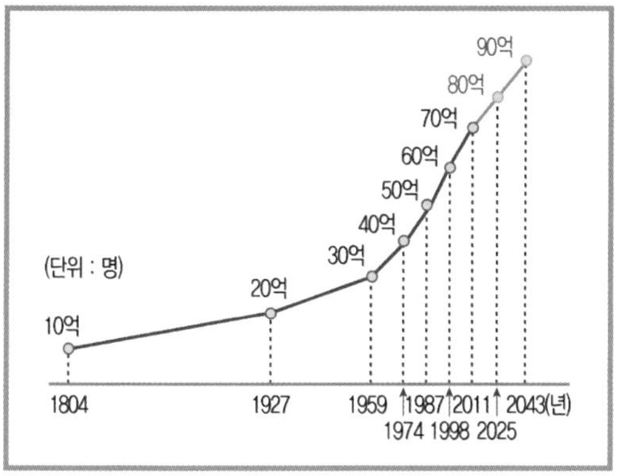


① 의학 기술 발달의 영향을 받았다.
② 생활 수준이 향상되면서 인구가 증가한다.
③ 최근에는 선진국 주도로 인구 성장이 이루어진다.
④ 산업 혁명 이후에 인구가 빠르게 성장하고 있는 것을 알 수 있다.

**02** 다음 인구 변천 단계 그래프에 대한 설명으로 옳은 것은?

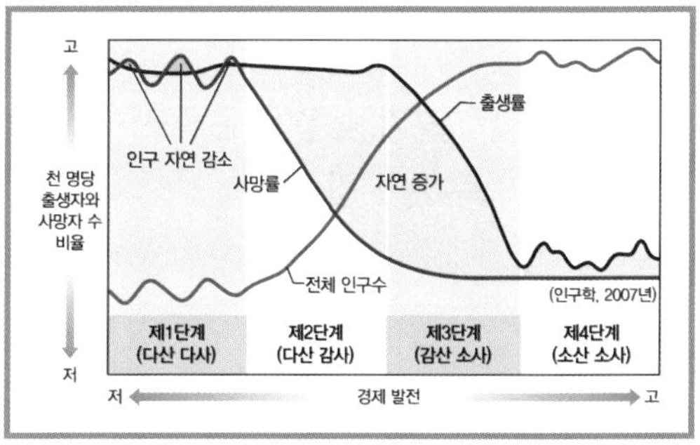


① 1단계는 다산 다사이며 저위 정체기에 해당한다.
② 2단계는 의학 발달로 출생률이 감소하는 형태이다.
③ 3단계는 낮은 사망률과 감소하는 출생률로 인구가 감소한다.
④ 4단계는 소산 소사 유형으로 인구 고령화에 따른 노인 문제가 발생한다.

**03** 세계의 인구 분포에 대한 설명으로 옳지 않은 것은?

① 전 세계 고르게 인구가 분포한다.
② 세계 인구의 약 90% 이상은 북반구에 거주한다.
③ 농업 발달에 유리한 냉・온대 기후 지역에 가장 많은 인구가 분포한다.
④ 온대 기후 지역의 하천 주변과 해안 지역에 세계 인구의 절반이 거주한다.

**04** 다음 중 인구 분포에 영향을 주는 요인으로 옳은 것은?

① 산업화 이전에는 경제적 요인의 영향을 크게 받는다.
② 산악 지대와 부족한 일자리는 인구 집중의 요인이다.
③ 하천 주변, 해안 지역 등 물을 얻기 쉬운 곳에 인구가 집중한다.
④ 해발 고도가 높은 곳은 농사에 유리한 지형으로 인구 집중의 요인이 된다.

**05** 인구 이동에 대한 설명으로 옳지 않은 것은?

① 정보 통신의 발달로 최근에 국제적 이동이 감소한다.
② 경제적, 정치적, 사회적 조건이 다르기 때문에 발생한다.
③ 배출 요인에는 빈곤, 낮은 임금, 실업, 불편한 생활 환경, 자연재해 등의 요인이 있다.
④ 흡인 요인은 높은 임금, 풍부한 일자리, 좋은 주거 환경, 정치 종교의 자유 보장 등이 있다.

**06** 그래프를 통해 알 수 없는 것은?

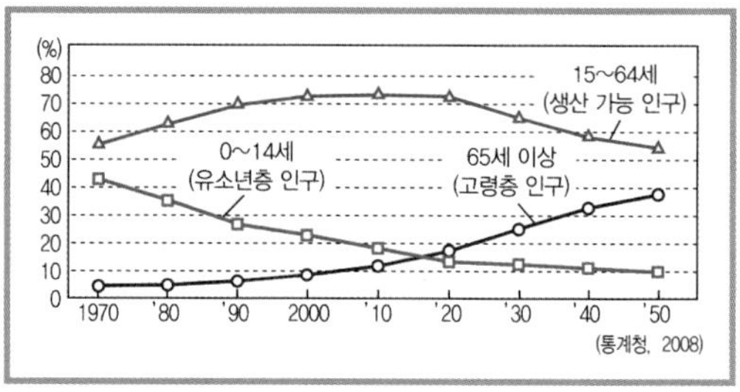


① 고령층 인구 비율이 증가하고 있다.
② 유소년층 인구 비율이 감소하고 있다.
③ 인구 분포의 지역적 불균형이 해소되었다.
④ 생산 가능 인구 비율은 2020년 이후 감소한다.

**07** 고령화 현상으로 발생하는 문제 해결 방안으로 옳지 않은 것은?

① 출산율을 높이기 위한 정책이 필요하다.
② 노인의 일자리 창출을 위하여 산아 제한정책이 필요하다.
③ 정년 연장과 임금 피크제의 도입으로 노인 일자리를 창출한다.
④ 사회 보장 제도의 개선을 통해 노년층의 안정된 삶을 보장한다.

**08** 표에 나타나는 사회 변동을 바르게 분석한 사람은?

〈우리나라의 인구 변화 추이 지표〉

| 구분 | 2000년 | 2010년 | 2020년 | 2030년 |
|---|---|---|---|---|
| 노년 부양비(%) | 10.1 | 15.2 | 22.1 | 38.6 |
| 유소년 부양비(%) | 29.4 | 22.2 | 18.6 | 20.0 |

① 갑 : 정보화가 주된 원인이겠군.
② 을 : 노인들의 사회적 영향력은 점점 커지겠군.
③ 병 : 유소년 부양비는 지속적으로 감소하고 있군.
④ 정 : 2020년 이후엔 노년층보다 유소년층 인구가 더 많겠군.

**09** 다음 〈가〉와 〈나〉의 인구 피라미드에 대한 설명으로 옳은 것은?

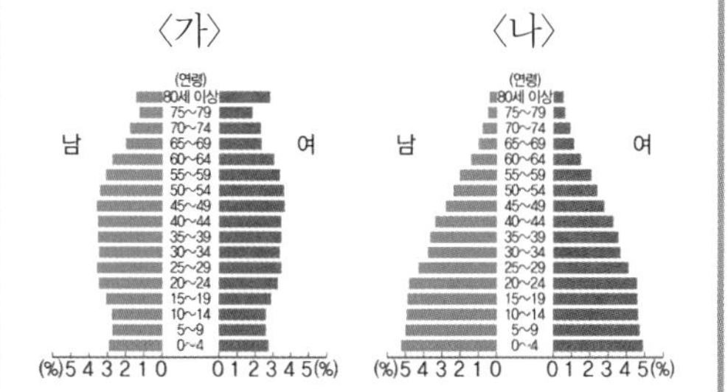


① 〈가〉는 방추형으로 인구가 감소한다.
② 〈가〉는 별형으로 청·장년층의 전입이 활발하다.
③ 〈나〉는 피라미드형으로 주로 노년 부양비가 늘어난다.
④ 〈나〉는 표주박형이며 청·장년층의 전출로 인구가 감소한다.

**10** 개발 도상국에서 나타나는 인구 문제에 대한 설명으로 옳지 <u>않은</u> 것은?

① 사망률의 빠른 감소가 나타나 인구가 급증한다.
② 급속한 산업화에 따라 이촌 향도 현상이 나타난다.
③ 노년 부양비 증가로 세대 간 갈등 문제가 발생한다.
④ 식량 부족 문제, 기아와 빈곤 실업 등의 문제가 발생한다.

## 02 지속 가능한 발전을 위한 노력

**11** 다음에서 설명하는 자원의 특징은 무엇인가?

> 기술·경제·문화적 조건 등에 따라 자원의 의미와 가치가 달라진다.

① 유한성 ② 편재성
③ 가변성 ④ 무한성

**12** 다음에서 설명하는 개념은 무엇인가?

> 어떤 자원의 확인된 매장량을 연간 생산량으로 나눈 값으로 현재와 같은 수준으로 채굴할 경우 몇 년이나 더 채굴이 가능한가를 보여준다.

① 가채 연수 ② 자원의 편재성
③ 자원 민족주의 ④ 지속 가능한 발전

**13** 다음에서 설명하는 자원은 무엇인가?

> 신생대 제3기층의 배사 구조에 주로 매장되어 있다. 19세기 후반 내연 기관의 발명으로 사용량이 증가하였다. 또한 세계에서 가장 많이 사용되는 1차 에너지 자원이다.

① 석탄 ② 석유
③ 원자력 ④ 천연가스

**14** 다음에서 설명하는 자원은 무엇인가?

> 신생대 3기층에 매장되어 있는 경우가 많다. 주로 가정용으로 사용하며 에너지 효율이 높고 오염 물질의 배출이 적은 청정 에너지이다.

① 석탄 ② 석유
③ 원자력 ④ 천연가스

**15** 다음과 같은 현상이 나타나는 원인은 무엇인가?

> 자원의 생산지와 소비지의 불일치로 활발한 자원의 이동이 발생한다. 또한 자원 확보를 둘러싼 갈등은 자원의 생산지와 소비지의 불일치로 인해 발생한다.

① 유한성 ② 편재성
③ 가변성 ④ 무한성

**16** 다음에서 설명하는 것은 무엇인가?

> 자원을 많이 보유하고 있는 개발 도상국들이 자원을 국유화하여 국제 정치적 무기화하려는 현상을 말한다.

① 환경 문제 ② 지구 온난화
③ 자원 민족주의 ④ 에너지 소비 격차

**17** 다음 설명에 가장 적절한 개념은 무엇인가?

> 현재와 미래 세대의 삶이 원활하게 유지될 수 있는 범위 내에서 현재 세대의 필요를 충족시키는 방식이다.

① 공정 무역 ② 윤리적 소비
③ 로컬 푸드 구매 ④ 지속 가능한 발전

**18** 지속 가능한 발전을 위한 국제·국가적 차원의 노력으로 옳은 것은?

① 윤리적 소비를 실천한다.
② 공정 무역 제품을 이용한다.
③ 국제 환경 협약을 체결한다.
④ 로컬 푸드 운동에 참여한다.

**19** 다음 중 석탄에 대한 설명으로 옳지 않은 것은?

① 고기 조산대 주변에 분포한다.
② 현재 가정용 연료로 많이 이용된다.
③ 주요 수출국은 오스트레일리아・러시아이다.
④ 18세기 산업 혁명 당시 중요한 동력 자원으로 이용되었다.

**20** 세계 에너지 구조에 대한 설명으로 옳지 않은 것은?

① 최근에는 천연가스를 많이 사용하고 있다.
② 산업화 이후에 석탄과 석유가 많이 사용되었다.
③ 에너지 사용량은 석유 > 석탄 > 천연가스 순으로 이용되고 있다.
④ 에너지의 자급률이 늘어나면서 자원의 국제적 이동은 줄어들고 있다.

## 03 미래 지구촌의 모습과 우리의 삶

**21** 미래 예측의 필요성으로 옳지 않은 설명은?

① 미래에 대한 완벽한 대처가 가능하다.
② 국가의 안정적인 발전을 이룰 수 있다.
③ 미래에 발생할 불안 요소를 줄일 수 있다.
④ 미래 예측을 통해 사회에 대한 유연한 대처가 가능하다.

**22** 델파이 기법에 대한 설명으로 옳은 것은?

① 전문가 합의법이라고도 한다.
② 여러 시나리오를 작성하여 미래에 대비하는 방법이다.
③ 미래에 중요할 수도 있는 시나리오가 무시될 수 있다.
④ 모든 사람들에게 설문을 반복하여 특정한 주제에 대한 합의를 도출하는 방식이다.

**23** 지구촌의 미래 사회 모습으로 옳지 않은 것은?

① 정보화 사회로 시민들의 정치 참여가 활발할 것이다.
② 특정 직업의 소멸로 인한 실업 문제가 나타날 수 있다.
③ 개인 정보 유출에 따른 사생활 침해와 감시 문제가 발생할 수 있다.
④ 개별 국가의 영향력 확대로 전 지구적 차원의 문제를 국가 차원에서 해결할 것이다.

**24** 다음은 미래 전망에 대한 내용이다. (가)와 (나)에 해당하는 영역으로 옳은 것은?

> (가) 전자 민주주의 발달, 국제 기구 활동 증가, 영토와 종교 분쟁 축소
> (나) 저출산 · 고령화, 다문화 확산, 사이버 범죄 증가

| | (가) | (나) |
|---|---|---|
| ① | 경제 영역 | 정치 영역 |
| ② | 정치 영역 | 사회 영역 |
| ③ | 사회 영역 | 문화 영역 |
| ④ | 문화 영역 | 경제 영역 |

**25** 미래 사회를 위한 자세로 옳지 않은 것은?

① 개방적 태도를 가져야 한다.
② 비판적 사고 능력을 가져야 한다.
③ 세계 시민으로서의 공동체 의식을 함양해야 한다.
④ 힘을 바탕으로 국제 갈등, 미래 사회의 문제점을 해결해야 한다.

**26** 다음에서 설명하는 가장 적절한 개념은 무엇인가?

> 자동차, 냉장고와 같은 사물에 센서와 통신 기능을 내장하여 혁신적인 서비스와 제품을 제공한다.

① 반도체 ② 인공지능
③ 사물 인터넷 ④ 유전자 조작

memo

EBS 교육방송교재

고졸 검정고시 **사회**

# 4부

# 실전 모의고사 및 기출문제

EBS 교육방송교재

고졸 검정고시 **사회**

PART
X

# 실전 모의고사

# 제 1 회 실전 모의고사

정답 및 해설 별책 31p

**01** 사회 현상을 바라보는 관점에 따라 고려해야 할 요소를 옳게 연결한 것을 〈보기〉에서 고른 것은?

보기

ㄱ. 시간적 관점 – 시대적 배경과 맥락
ㄴ. 공간적 관점 – 규범적 방향성과 반성
ㄷ. 사회적 관점 – 사회 구조 및 법과 제도
ㄹ. 윤리적 관점 – 장소와 분포 및 인간 관계

① ㄱ, ㄴ　② ㄱ, ㄷ
③ ㄴ, ㄷ　④ ㄴ, ㄹ

**02** 사회 현상의 원인은 복잡하고 다양한 의미를 가지고 있기 때문에 필요한 관점은 무엇인가?

① 시간적 관점　② 공간적 관점
③ 사회적 관점　④ 통합적 관점

**03** 다음은 행복론에 관한 서술이다. 유교의 행복론에 대한 설명으로 옳은 것은 무엇인가?

① 이성을 발휘할 때 행복은 달성이 된다.
② 육체의 고통이 없고 마음에 불안이 없는 것이 행복이다.
③ 하늘로부터 부여받은 도덕적 본성을 보존하고 함양하는 것이 행복이다.
④ 타고난 그대로의 본성에 따라 인위적인 것이 더해지지 않은 자연 그대로의 모습으로 살아가는 것이 행복이다.

**04** 다음의 행복관은 어느 시대에 해당하는 것인가?

유한한 인간이 참된 행복에 도달하려면 신앙을 통해 영원하고 완전한 신과 하나가 되어야 한다고 본다.

① 중세　② 근대
③ 고대 그리스　④ 헬레니즘 시대

**05** 행복을 위한 조건으로 적절하지 않은 것은?

① 높은 학력　② 정주 환경
③ 민주주의　④ 경제적 안정

**06** 다음과 같은 특성이 나타나는 지형은 무엇인가?

석회암이 용식되어 형성된 지형이다. 석회동굴, 돌리네 등이 형성되어 관광지로 이용된다.

① 빙하 지형　② 화산 지형
③ 해안 지형　④ 카르스트 지형

**07** 냉대 기후 지역에 대한 설명으로 옳지 않은 것은?

① 겨울이 비교적 길다.
② 통나무집이 나타난다.
③ 침엽수림 지대가 나타난다.
④ 냉난방 시설이 함께 발달한다.

**08** 다음과 같은 자연관을 가진 사상가는 누구인가?

> • 식물은 동물을 위해, 동물은 인간을 위해 존재한다.
> • 이성을 가진 인간이 자연을 이용할 수 있다.

① 칸트 ② 베이컨
③ 아퀴나스 ④ 아리스토텔레스

**09** 레오폴드의 자연관으로 옳은 것은?

① 이분법적 관점을 가진다.
② 도구적 자연관이 나타난다.
③ 공동체의 범위는 동물, 식물, 토양을 포함한 생태계이다.
④ 인간을 제외한 자연은 영혼이 없는 물질의 결합일 뿐이다.

**10** 다음과 같은 원인으로 나타난 환경 문제는 무엇인가?

> 염화 플루오린화 탄소(CFCs)의 사용량 증가로 나타나는 현상이다. 인간에게 피부암, 백내장 등의 영향을 끼친다.

① 산성비 ② 사막화
③ 지구 온난화 ④ 오존층 파괴

**11** 우리나라의 도시화 · 산업화에 대한 설명으로 옳지 않은 것은?

① 도시 거주 인구 비율이 높아지는 현상을 도시화라 한다.
② 현재는 3차 산업의 비중이 2차 산업의 비중보다 높다.
③ 지속적으로 이촌 향도 현상이 나타나 도시의 인구가 증가하고 있다.
④ 농업 중심의 사회에서 공업, 서비스업 중심으로 변화는 현상을 산업화라 한다.

**12** 도시화에 따른 문제점으로 적절하지 않은 것은?

① 인구 집중으로 인해 주택 문제가 나타난다.
② 포장 면적이 증가하여 홍수 발생 위험이 증가한다.
③ 열섬 현상으로 도심 지역의 온도가 주변 지역보다 낮게 나타난다.
④ 교통량의 증가로 교통이 혼잡해지고 주차난 등의 갈등이 발생한다.

**13** 정보화 사회의 문제점으로 옳지 않은 것은?

① 사이버 범죄에 노출되기 쉽다.
② 인터넷 중독 문제가 발생한다.
③ 개인 정보 유출 문제가 나타난다.
④ 유비쿼터스로 인해 정보의 접근이 제한된다.

**14** 지역 조사 과정에서 다음 설명에 해당하는 과정은 무엇인가?

> 문헌, 지도, 사진, 항공 사진 등을 통해 지역 정보를 수집한다.

① 주제 선정 ② 실내 조사
③ 야외 조사 ④ 보고서 작성

**15** 바자크(K.Vasak)의 인권 3세대론의 설명으로 옳지 않은 것은?

① 1세대 인권은 국가로부터 불간섭을 요구하는 권리이다.
② 2세대 인권은 사회적 약자의 인간다운 삶을 보장받기 위해 국가가 적극적으로 개입하는 권리이다.
③ 3세대 인권은 인권의 보편적 가치의 인식 확산으로 여성, 장애인, 아동, 난민 등 차별받는 집단의 인권 보호에 주목한다.
④ 3세대 인권의 예로 교육을 받을 권리, 근로 3권, 사회 보장을 받을 권리 등이 해당한다.

**16** 다음에서 설명하는 기본권은 무엇인가?

> • 다른 기본권 보장의 전제 조건이다.
> • 차별을 받지 않을 권리이다.

① 자유권 ② 평등권
③ 참정권 ④ 청구권

**17** 시민 불복종에 대한 설명으로 옳지 않은 것은?

① 공익성을 가진다.
② 최후의 수단으로 시도 되어야 한다.
③ 비밀리에 이루어지는 위법 행위이다.
④ 폭력적인 불복종은 정당화 될 수 없다.

**18** 다음과 같은 자본주의는 무엇인가?

> • 산업 혁명의 결과
> • 시장의 역할을 강조한다.
> • 자유방임주의를 추구한다.

① 상업 자본주의 ② 산업 자본주의
③ 수정 자본주의 ④ 신자유주의

**19** 다음에서 설명하는 개념은 무엇인가?

> 특정 상품 생산이 다른 국가에 비해 상대적으로 더 작은 기회 비용으로 상품을 생산할 수 있는 상태이다.

① 기회 비용 ② 절대 우위
③ 비교 우위 ④ 생산 탄력성

**20** 다음 설명에 해당하는 금융 자산은 무엇인가?

> 금융 기관에 돈을 맡겨서 대신 투자하도록 하는 금융 상품으로, 자산 운용의 결과 원금 손실이 발생할 수 있다.

① 예금 ② 주식
③ 채권 ④ 펀드

**21** 공공 부조에 대한 설명으로 옳은 것은?

① 모든 국민 대상으로 강제가입이 원칙이다.
② 저소득층의 최저 생활을 보장하는 제도이다.
③ 원하는 모든 국민 대상으로 다양한 서비스를 제공한다.
④ 개인과 기업이 보험료를 분담하여 사회적 위험에 대비하는 제도이다.

**22** 다음과 같은 현상에 대한 설명으로 옳은 것은?

> 우리나라의 전통 음식인 불고기와 서양 음식인 피자가 결합하여 만들어진 것이 불고기 피자이다.

① 문화 병존에 대한 설명이다.
② 내재적 문화 변동에 대한 설명이다.
③ 문화 접변의 결과 제3의 새로운 문화 요소가 만들어진 것이다.
④ 다른 사회의 문화 요소와 기존의 문화 요소가 각각의 고유한 문화 특성을 유지하면서 한 사회에서 공존하는 현상이다.

**23** 다음은 갈퉁이 주장한 평화이다. ㄱ에 대한 설명으로 옳은 것은?

> ___ㄱ___은(는) 전쟁, 테러, 범죄, 폭행 등의 물리적 폭력이 발생하지 않아 직접적 폭력이 제거된 상태를 말한다.

① ㄱ은 완전한 평화가 아니다.
② 적극적 평화에 대한 설명이다.
③ 문화적 폭력이 제거된 상태를 말한다.
④ 구조적 폭력이 제거된 상태를 말한다.

**24** 개발 도상국에서 나타나는 인구 문제로 옳지 않은 것은?

① 세계의 인구 성장을 주도하고 있다.
② 일자리 부족으로 인한 실업 문제가 나타난다.
③ 식량 및 자원의 부족, 기아와 빈곤 문제가 발생한다.
④ 높은 출생률에 따라 노년 부양비 증가로 세대 갈등이 나타난다.

**25** A 에너지 자원에 대한 설명으로 옳은 것은?

> A자원은 세계에서 2번째로 많이 사용되고 있는 화석 에너지이다.

① 주로 가정용으로 사용된다.
② 산업 혁명 이후 동력 자원으로 이용되고 있다.
③ 신생대 3기 배사 구조에 주로 매장되어 있다.
④ 우리나라, 일본, 러시아 등 많은 나라에서 수입에 의존하고 있다.

# 제 2 회 실전 모의고사

정답 및 해설 별책 33p

**01** ㄱ의 관점이 필요한 이유로 가장 적절한 것은?

> 인간, 사회, 환경의 여러 주제를 탐구하기 위해서는 시간적 관점, 공간적 관점, 윤리적 관점 등을 모두 고려하여 종합적으로 살펴보는 ( ㄱ )이 요구된다.

① 사회 구조적 대책을 마련하는 것이 무엇보다 중요하기 때문이다.
② 하나의 사회 현상에도 여러 분야가 긴밀하게 얽혀 있기 때문이다.
③ 사회의 다양한 문제도 단순화하여 하나의 해결책으로 해결 가능하기 때문이다.
④ 인간의 존엄성이 무엇보다 중요하여 성찰적 태도와 반성적 태도 가치를 추구하는 태도가 필요하기 때문이다.

**02** 다음 내용에서 강조하는 사회를 탐구하는 관점은 무엇인가?

> 많은 나라의 어린이들이 식량과 마실 물이 부족하여 고통을 받고 있다. 반면에 식량 자원을 이용하여 에너지를 생산하는 나라도 있다. 인간은 평등하며 존엄하다. 고통받는 어린이를 위해 원조를 의무로 간주해야 한다.

① 시간적 관점　② 공간적 관점
③ 윤리적 관점　④ 통합적 관점

**03** 다음 행복론을 주장하는 입장은 무엇인가?

> '나'라는 인식을 벗어 버리기 위한 수행과 중생을 구제하는 삶이 행복이다.

① 유교　② 불교
③ 도가　④ 스토아 학파

**04** 다음과 같은 판단을 지지할 사상가는 누구인가?

> 친구와 PC방을 가기 위해 부모님께 거짓말해야 할지 고민하다 인간으로서 마땅히 지켜야할 법칙을 위반하는 것이기 때문에 사실대로 말씀드렸다.

① 칸트　② 벤담
③ 아리스토텔레스　④ 에피쿠로스 학파

**05** 다음의 그래프가 나타내는 의미는 무엇인가?

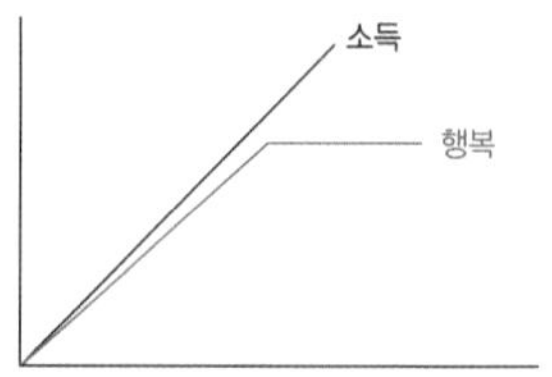


① 소득과 행복은 관련이 없다.
② 소득과 행복은 반비례 관계이다.
③ 소득과 행복은 항상 비례하는 것은 아니다.
④ 소득이 증가하면 행복은 지속적으로 증가한다.

**06** 다음 그림과 같은 가옥 구조가 나타나는 기후 지역의 특징으로 옳은 것은?

① 일년 내내 기온이 낮다.
② 유목이 주로 나타난다.
③ 플랜테이션 농업이 나타난다.
④ 온몸을 감싸는 옷을 즐겨 입는다.

**07** 다음과 같은 자연재해의 설명으로 옳지 않은 것은?

> 지역마다 허리케인, 사이클론, 윌리윌리 등의 명칭을 사용한다.

① 고위도 지역에서 주로 발생한다.
② 인명 피해와 재산 피해가 크게 나타난다.
③ 재해를 예측, 예방하여 피해를 줄일 수 있다.
④ 대표적인 자연재해로 우리나라에서는 태풍이라고 부른다.

**08** 다음과 같은 자연관을 가진 사상은 무엇인가?

> 인간과 자연이 조화를 이루는 천인합일(天人合一)의 경지를 지향한다.

① 유교 ② 불교
③ 도교 ④ 크리스트교

**09** 다음과 같이 자연을 바라보는 관점은 무엇인가?

> 어떤 것이 생명공동체의 온전성, 안정성, 아름다움의 보존에 이바지한다면 그것은 옳고, 그렇지 않다면 그르다.

① 인간 중심주의 ② 동물 중심주의
③ 생명 중심주의 ④ 생태 중심주의

**10** 지구 온난화의 영향이 아닌 것은 무엇인가?

① 해수면이 상승한다.
② 육지의 면적이 증가한다.
③ 이상 기후 현상이 나타난다.
④ 겨울의 기간이 점차 짧아진다.

**11** 다음 그래프에 대한 설명으로 옳지 않은 것은?

우리나라의 도시화율 변화

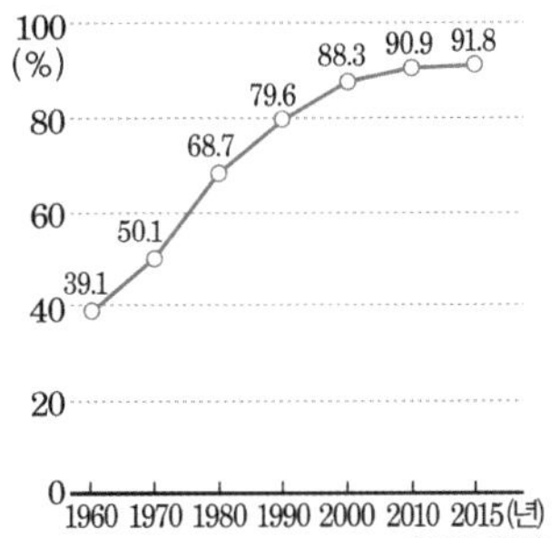


(통계청, 2016)

① 1960년 이전까지 농촌이 도시보다 인구가 많았다.
② 1960년대 산업화와 함께 도시화 현상이 나타났다.
③ 현재는 전체 인구의 90% 이상이 도시에 거주하고 있다.
④ 미래 사회는 더욱더 도시화 현상이 심화될 것이다.

**12** 도시 내부 공간에 대한 설명으로 옳지 않은 것은?

① 토지 이용의 집약도가 높아지고 있다.
② 도시 내부 구조는 지대에 따라 분업화가 된다.
③ 효율적 이용을 위해 고층 건물을 짓고 불투수층 면적이 좁아진다.
④ 도시의 규모가 커질수록 도시 내부의 공간의 분업이 뚜렷해진다.

**13** 다음과 같은 변화로 나타나는 정보화 사회의 문제점은 무엇인가?

| |
|---|
| CCTV 설치, 휴대 전화 위치 추적, 드론의 상용화 |

① 정보 격차 ② 사생활 침해
③ 사이버 범죄 ④ 인터넷 중독

**14** 촌락에 대한 설명으로 옳지 않은 것은?

① 인구 감소로 인해 노동력이 부족하다.
② 도시와 가까운 촌락은 인구 유출 현상이 크게 나타난다.
③ 문화생활, 교육 및 의료 시설의 부족 현상이 나타난다.
④ 지역 브랜드화, 지리적 표시제로 촌락 문제를 해결해야 한다.

**15** 다음에서 설명하는 기본권은 무엇인가?

| |
|---|
| • 독일 바이마르 헌법에 최초로 명시되었다.<br>• 사회적 약자의 인간다운 생활을 위해 국가에 적극적으로 요구할 수 있는 권리이다. |

① 사회권 ② 청구권
③ 자유권 ④ 참정권

**16** 다음 설명에 해당하는 인권 보장을 위한 제도적 장치는 무엇인가?

| |
|---|
| 위헌 법률 심판 제도나 헌법 소원 심판 제도를 통해 법률이나 공권력이 개인의 기본권을 침해했는지를 판단함 |

① 법치주의 ② 헌법 재판소
③ 권력 분립 제도 ④ 국민 주권의 원리

**17** 다음 A에 해당하는 것은 무엇인가?

| |
|---|
| 헌법 제37조 ② : 국민의 모든 자유와 권리는 국가 안전 보장·질서 유지 또는 공공복리를 위하여 필요한 경우에 한하여 ( A )(으)로써 제한할 수 있으며, 제한하는 경우에도 자유와 권리의 본질적인 내용을 침해할 수 없다. |

① 법률 ② 명령
③ 조례 ④ 규칙

**18** 정의롭지 못한 법이나 정책을 변혁시키려는 목적으로 행해지는 의도적인 위법 행위는 무엇인가?

① 시민 혁명 ② 군사 혁명
③ 국가 내전 ④ 시민 불복종

**19** 청소년 노동에 대한 설명으로 옳지 않은 것은?

① 만 15세 이상이어야 근로가 가능하다.
② 근로계약서를 반드시 작성해야 한다.
③ 근로 시간은 하루 7시간, 일주일에 35시간을 넘겨서는 안 된다.
④ 유해한 업종은 부모님의 동의와 노동부 장관의 인허가증이 있어야 한다.

**20** 다음에 해당하는 소비는 무엇인가?

> 갑은 친구 을이 구입한 옷을 보고 멋있다고 생각했지만 을이 입고 있어서 소비를 하지 않았다.

① 베블런 효과　② 스노브 효과
③ 윤리적 소비　④ 밴드왜건 효과

**21** 갑국의 경우 보유 자원으로 신발만 생산하면 최대 5개, 옷만 생산하면 최대 7개 생산할 수 있고, 을국은 신발 6개, 옷 11개를 최대한 생산할 수 있다. 다음 설명으로 옳지 않은 것은 무엇인가?

| 구분 | 갑국 | 을국 |
|---|---|---|
| 신발 | 5개 | 6개 |
| 옷 | 7개 | 11개 |

① 옷에 대한 절대 우위는 을국에 있다.
② 신발에 대한 절대 우위는 을국에 있다.
③ 갑국은 신발을 생산하기 위해 포기하는 기회비용은 옷 7/5개이다.
④ 을국은 신발을 생산하기 위해 포기하는 기회비용은 옷 6/11이다.

**22** 롤스의 정의론에 대한 설명으로 옳지 않은 것은?

① 평등한 자유의 원칙을 주장한다.
② 취득, 양도, 교정의 원칙을 강조한다.
③ 기회 균등과 차등의 원칙을 강조한다.
④ 사회적 약자를 위한 복지 정책을 지지한다.

**23** 문화 변동 요인 중 내재적 요인에 대한 설명으로 옳은 것은?

① 자발적 문화 접변이 내재적 요인이다.
② 발명과 발견이 문화 변동의 요인이다.
③ 발명이 일어나면 항상 문화 변동이 나타난다.
④ 다른 사회와 교류하고 접촉하는 과정에서 나타난다.

**24** 다음 중 영토 분쟁 지역 중 중국이 포함되지 않은 지역은?

① 쿠릴 열도　② 센카쿠 열도
③ 시사 군도　④ 난사 군도

**25** 다음과 같은 인구 이동이 일어나는 원인은 무엇인가?

> 투발루섬 주민들이 뉴질랜드, 오스트레일리아로 이동한다.

① 경제적 이동이다.
② 전쟁에 의한 이동이다.
③ 종교적 자유를 찾아 이동한다.
④ 자연환경의 변화에 따른 이동이다.

PART XI

# 2024년 기출문제

2024 제 1 회

# 사회



정답 및 해설 별책 36p

**01** 질 높은 정주 환경을 조성하기 위한 조건으로 적절한 것을 〈보기〉에서 고른 것은?

보기

ㄱ. 깨끗한 자연환경
ㄴ. 안락한 주거 환경
ㄷ. 생활 시설의 부족
ㄹ. 빈부 격차의 심화

① ㄱ, ㄴ ② ㄱ, ㄷ
③ ㄴ, ㄷ ④ ㄷ, ㄹ

**02** 인권의 특성에 대한 설명으로 적절한 것을 〈보기〉에서 고른 것은?

보기

ㄱ. 누구나 침범할 수 있는 권리이다.
ㄴ. 타인에게 양도할 수 있는 권리이다.
ㄷ. 인간이 태어나면서부터 가지는 천부적 권리이다.
ㄹ. 인간이라면 누구나 누릴 수 있는 기본적 권리이다.

① ㄱ, ㄴ ② ㄱ, ㄷ
③ ㄴ, ㄷ ④ ㄷ, ㄹ

**03** 다음에서 설명하는 기본권은?

- 국가의 의사 결정 과정에 참여할 수 있는 권리이다.
- 선거권, 공무 담임권, 국민 투표권 등이 있다.

① 사회권 ② 평등권
③ 청구권 ④ 참정권

**04** 다음에서 설명하는 경제 체제로 적절한 것은?

- 시장에서의 자유로운 경쟁을 통해 상품의 생산, 교환, 분배, 소비가 이루어진다.
- 개인이 재산을 자유롭게 획득하고 사용할 수 있는 사유 재산 제도를 바탕으로 한다.

① 법치주의 ② 자본주의
③ 공동체주의 ④ 자문화 중심주의

**05** ㉠에 들어갈 내용으로 알맞은 것은?

**헌법 제37조** ② 국민의 모든 자유와 권리는 국가 안전 보장・질서 유지 또는 ( ㉠ )을/를 위하여 필요한 경우에 한하여 법률로써 제한할 수 있으며, 제한하는 경우에도 자유와 권리의 본질적인 내용을 침해할 수 없다.

① 기후 변화 ② 공공복리
③ 문화 동화 ④ 비폭력성

**06** ㉠, ㉡에 들어갈 사회 복지 제도는?

> • ( ㉠ )은/는 일정 수준의 소득이 있는 개인과 정부, 기업이 보험료를 분담하여 구성원의 사회적 위험에 대비하는 제도이다. 그 예로 국민 건강 보험이 있다.
> • ( ㉡ )은/는 저소득 계층이 최소한의 삶을 꾸릴 수 있도록 국가가 전액 지원하여 돕는 제도이다. 그 예로 국민 기초 생활 보장 제도가 있다.

| | ㉠ | ㉡ |
|---|---|---|
| ① | 사회 보험 | 공공 부조 |
| ② | 공공 부조 | 사회 보험 |
| ③ | 개인 보험 | 공공 부조 |
| ④ | 공공 부조 | 개인 보험 |

**07** 시장 실패에 대한 사례로 가장 적절한 것은?

① 자원이 효율적으로 배분된다.
② 공공재의 공급 부족 문제가 발생한다.
③ 생산량이 증가할수록 단위당 생산 비용이 감소한다.
④ 소비자가 윤리적인 가치 판단을 하고 상품을 소비한다.

**08** 편익에 대한 설명으로 적절한 것을 〈보기〉에서 고른 것은?

> 보기
> ㄱ. 선택을 통해 얻게 되는 이익이다.
> ㄴ. 경기 침체와 동시에 물가가 상승하는 현상이다.
> ㄷ. 대가를 지급하고 난 뒤 회수할 수 없는 비용이다.
> ㄹ. 금전적인 이익뿐 아니라 비금전적인 것도 포함한다.

① ㄱ, ㄴ　② ㄱ, ㄹ
③ ㄴ, ㄷ　④ ㄷ, ㄹ

**09** ㉠에 들어갈 내용으로 옳은 것은?

> • 노동조합을 통해 사용자와 자주적으로 교섭할 수 있는 권리이다.
> • **헌법 제33조** ① 근로자는 근로 조건의 향상을 위하여 자주적인 단결권·( ㉠ ) 및 단체 행동권을 가진다.

① 문화권　② 자유권
③ 행복 추구권　④ 단체 교섭권

**10** 바람직한 생애 주기별 금융 설계에 대한 설명으로 가장 적절한 것은?

① 현재의 소득만을 고려한다.
② 생애 주기 전체를 고려하여 설계한다.
③ 중·장년기에는 저축하지 않고 소득의 전액을 지출한다.
④ 생애 주기의 각 단계에 따라 필요한 자금의 크기는 같다고 본다.

**11** 다음에서 설명하는 문화 변동의 요인은?

- 문화 변동의 내재적 변동 요인이다.
- 이미 존재하고 있었지만 알려지지 않은 문화 요소를 찾아낸 것이다.

① 발견 ② 전파
③ 비교 우위 ④ 절대 우위

**12** 다음 퀴즈에 대한 정답으로 옳은 것은?

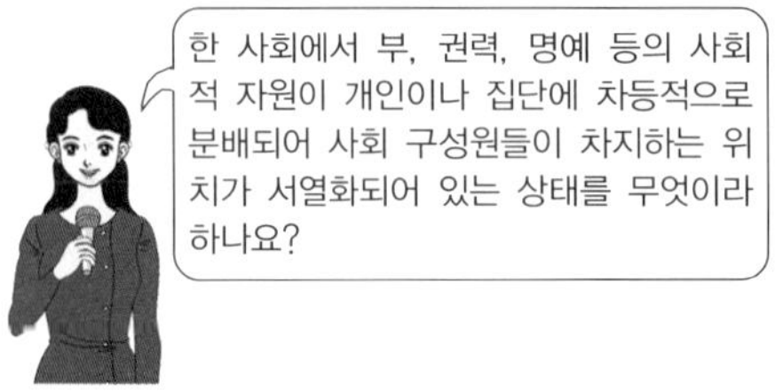


① 사회 불평등 ② 소비자 주권
③ 문화 상대주의 ④ 스태그플레이션

**13** ㉠에 들어갈 내용으로 적절한 것은?

**수업 주제 : 분배적 정의의 실질적 기준**
- 분배적 정의의 실질적 기준 : ( ㉠ ), 업적, 능력
- ( ㉠ )에 따른 분배의 의미 : 인간다운 삶을 보장하기 위해 기본적인 욕구를 충족할 수 있도록 분배하는 것이다. 사회적 약자를 위해 더 많은 재화를 사용할 수 있다.

① 담합 ② 독점
③ 필요 ④ 특화

**14** 다음에 해당하는 기후 지역으로 옳은 것은?

- 분포 지역 : 북극해 연안
- 전통 산업 : 사냥 · 어로 · 순록 유목
- 전통 의복 : 동물의 가죽이나 털로 만든 두꺼운 옷

① 열대 기후 지역 ② 건조 기후 지역
③ 온대 기후 지역 ④ 한대 기후 지역

**15** ㉠에 들어갈 내용으로 가장 적절한 것은?

**사막화**
- 의미 : 사막 주변 지역이 사막으로 변화하는 현상
- 사례 지역 : 사하라 사막 이남의 사헬 지대
- 원인 : ( ㉠ )

① 녹지 확대 ② 인구 감소
③ 과도한 목축 ④ 일조량 부족

**16** 다음에서 설명하는 자연관은?

- 인간을 자연보다 우월한 존재로 여기고, 인간의 이익이나 행복을 먼저 고려하는 관점이다.
- 산업화 · 도시화 과정에서 발생한 환경 파괴의 주된 요인으로 지적받기도 한다.

① 문화 사대주의 ② 생태 중심주의
③ 인간 중심주의 ④ 직접 민주주의

**17** ㉠, ㉡에 해당하는 종교는?

> • ( ㉠ ) : 주로 인도에서 신봉하는 다신교로, 소를 신성시한다.
> • ( ㉡ ) : 성지인 메카를 향해 기도하며, 돼지고기와 술을 금기시한다.

| | ㉠ | ㉡ |
|---|---|---|
| ① | 불교 | 힌두교 |
| ② | 이슬람교 | 힌두교 |
| ③ | 불교 | 이슬람교 |
| ④ | 힌두교 | 이슬람교 |

**18** 저출산 문제 해결 방안으로 적절한 것을 <보기> 에서 고른 것은?

> 보기
> ㄱ. 보육 시설 확충
> ㄴ. 산아 제한 정책 실시
> ㄷ. 출산 장려금 지원
> ㄹ. 개발 제한 구역 확대

① ㄱ, ㄷ ② ㄱ, ㄹ
③ ㄴ, ㄷ ④ ㄴ, ㄹ

**19** 교통 · 통신의 발달이 가져온 변화로 가장 적절한 것은?

① 시공간의 제약이 크게 줄었다.
② 지역 간의 교류가 단절되었다.
③ 경제 활동의 범위가 축소되었다.
④ 다른 지역과의 접근성이 낮아졌다.

**20** 다음에서 설명하는 용어는?

> 기업의 규모가 커지면, 일반적으로 본사나 연구소는 자본과 기술 확보가 유리한 대도시에, 제품을 생산하는 공장은 저임금 노동력이 풍부한 지역에 각각 설립하게 된다.

① 공정 무역 ② 공간적 분업
③ 탄소 발자국 ④ 지리적 표시제

**21** ㉠에 들어갈 내용으로 옳은 것은?

> **학습 주제 : ( ㉠ )의 문제점**
> • 개인 정보 유출로 인한 사생활 침해
> • 프로그램 불법 복제 같은 사이버 범죄 증가

① 교외화 ② 정보화
③ 님비 현상 ④ 열섬 현상

**22** 다음에서 설명하는 문화권을 지도의 A~D에서 고른 것은?

> 리오그란데강 이남 지역으로, 남부 유럽의 문화가 전파되어 주로 에스파냐어와 포르투갈어를 사용하고 가톨릭을 믿는다. 원주민(인디오)과 아프리카인, 유럽인의 문화가 혼재되어 나타난다.

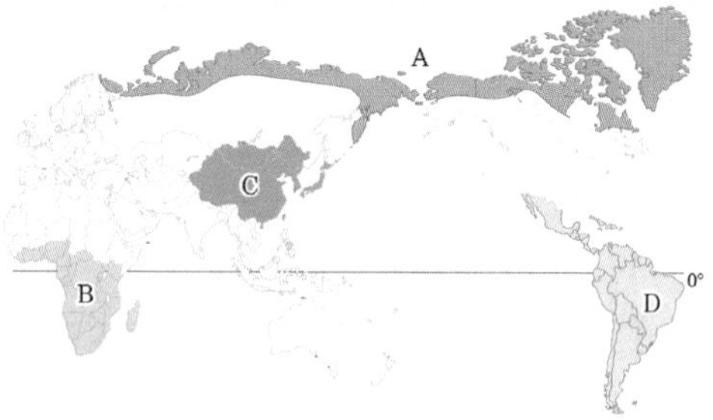


① A ② B
③ C ④ D

**23** 다음에서 설명하는 용어는?

> 일정한 지역 안의 인구를 성별, 연령별 등의 기준으로 나누어 본 것으로, 해당 지역의 사회·경제적 특성을 파악하는 데 유용하다.

① 인구 절벽 ② 인구 과잉
③ 인구 구조 ④ 인구 이동

**24** 다음에 대해 설명한 내용으로 가장 적절한 것은?

> • 그린피스(Greenpeace)
> • 국경 없는 의사회(MSF)

① 국제 비정부 기구이다.
② 자국의 이익 실현을 최우선으로 한다.
③ 국제 분쟁 지역에 평화 유지군을 파견한다.
④ 국가를 회원으로 하는 정부 간 국제기구이다.

**25** ㉠에 들어갈 내용으로 옳은 것은?

> 자원의 특징 중 하나로 언젠가는 고갈된다는 성질을 자원의 ( ㉠ )이라고 한다.

① 도시성 ② 동질성
③ 유한성 ④ 편리성

# 2024 제 2 회 사회

정답 및 해설 별책 40p

**01** ㉠에 들어갈 내용으로 가장 적절한 것은?

> **학습 주제 : [ ㉠ ]의 필요성과 사례**
> - 필요성 : 시민의 권리를 능동적으로 행사하여 민주주의를 실현함으로써 시민으로서의 행복감을 높이기 위함.
> - 사례 : 민원 제기, 청원 운동, 집회 참가 등

① 편익 ② 시민 참여
③ 규모의 경제 ④ 불완전 경쟁

**02** ㉠에 들어갈 용어로 옳은 것은?

> 근대에 들어와 인간이라면 누구나 기본적 권리를 누릴 수 있다는 사상이 확산되었다. 이를 바탕으로 프랑스에서도 시민 혁명이 일어나 '인간과 시민의 권리 선언(1789)'을 통해 천부 [ ㉠ ]을 명시적으로 언급함으로써 [ ㉠ ] 확립의 계기를 마련하였다.

① 억압 ② 인권
③ 종전 ④ 채권

**03** ㉠, ㉡에 들어갈 내용으로 옳은 것은?

> 우리나라 헌법에서는 권력 분립의 원리를 실현하기 위해 [ ㉠ ]은 국회에, [ ㉡ ]은 정부에, 사법권은 법원에 속한다고 규정하고 있다.

| | ㉠ | ㉡ |
|---|---|---|
| ① | 건강권 | 주거권 |
| ② | 입법권 | 행정권 |
| ③ | 참정권 | 사회권 |
| ④ | 청구권 | 단결권 |

**04** ㉠에 들어갈 내용으로 가장 적절한 것은?

> 시민 스스로 법을 지키려는 자세인 [ ㉠ ]은 사회적 측면에서도 매우 중요하다. 구성원들의 [ ㉠ ]이 잘 확립되어야 정의 실현 및 사회 질서 유지가 가능하기 때문이다.

① 유동성 ② 기회비용
③ 준법 의식 ④ 인플레이션

**05** 다음에서 설명하는 경제 주체는?

> - 조세 정책을 세워 소득 불평등을 완화한다.
> - 공정 거래 위원회를 통해 불공정 거래 행위를 규제한다.

① 정부 ② 기업가
③ 노동자 ④ 소비자

**06** 다음에서 설명하는 것은?

> 특정 국가 간에 무역 특혜를 부여하기 위해 관세나 무역 장벽을 완화하거나 제거하기로 맺은 약정

① 브렉시트(Brexit)
② 님비(NIMBY) 현상
③ 누리 소통망(SNS)
④ 자유 무역 협정(FTA)

**07** 다음 주장이 반영된 자본주의 체제는?

> 대공황을 극복하기 위해서는 정부가 지출을 확대하여 실업자를 구제하는 등 적극적으로 시장에 개입해야 한다.

① 연고주의 ② 상업 자본주의
③ 수정 자본주의 ④ 자유 방임주의

**08** ㉠에 들어갈 용어로 가장 적절한 것은?

> "계란을 한 바구니에 담지 말라."라는 격언은 투자의 위험을 줄이기 위해 다양한 금융 자산으로 [ ㉠ ]을/를 구성해 분산 투자를 해야 함을 의미한다.

① 빨대 효과 ② 외부 효과
③ 포트폴리오 ④ 사이버 불링

**09** 다음에서 설명하는 용어는?

> 사회 구성원 전체의 이익이 개인의 이익과 조화를 이룸으로써 공동체 모두에게 유익한 것

① 공동선 ② 희소성
③ 무임승차 ④ 인간 소외

**10** 사회 복지 제도 중 사회 보험의 사례를 〈보기〉에서 고른 것은?

> 보기
> ㄱ. 국민연금 ㄴ. 고용 보험
> ㄷ. 돌봄 서비스 ㄹ. 재개발 사업

① ㄱ, ㄴ ② ㄱ, ㄹ
③ ㄴ, ㄷ ④ ㄷ, ㄹ

**11** 다음에서 설명하는 문화 변동 양상은?

> 기존의 문화 요소와 다른 사회로부터 전파된 문화 요소가 함께 공존하는 현상

① 발견 ② 소멸
③ 문화 동화 ④ 문화 병존

**12** ㉠, ㉡에 들어갈 문화 이해 태도로 옳은 것은?

> • [ ㉠ ]는 다른 문화를 더 우월한 것으로 믿고 자신의 문화를 무시하거나 낮게 평가하는 태도이다.
> • [ ㉡ ]는 문화의 우열을 가릴 수 없다고 보며, 해당 사회의 환경과 역사적 맥락 속에서 문화를 바라보는 태도이다.

| | ㉠ | ㉡ |
|---|---|---|
| ① | 문화 사대주의 | 문화 상대주의 |
| ② | 문화 사대주의 | 자문화 중심주의 |
| ③ | 자문화 중심주의 | 문화 사대주의 |
| ④ | 자문화 중심주의 | 문화 상대주의 |

**13** ㉠에 들어갈 내용으로 옳은 것은?

> OO국 △△신문 0000년 0월 0일
>
> **다문화 정책이 나아갈 방향**
>
> 현재 다문화 정책은 다양한 문화를 우리 사회의 주류 문화에 동화시키려는 [ ㉠ ] 이론을 바탕으로 하고 있다. 앞으로는 다양한 인종과 문화가 어울릴 수 있는 샐러드 볼 이론을 바탕으로 하는 정책이 필요할 것이다.

① 효용 ② 용광로
③ 유리 천장 ④ 로컬 푸드

**14** 한대 기후 지역의 전통 생활 모습으로 옳지 않은 것은?

① 순록 유목을 한다.
② 오아시스 주변에서 농업을 한다.
③ 폐쇄적인 가옥 구조가 나타난다.
④ 동물의 털가죽으로 의복을 만든다.

**15** 다음에서 설명하는 자연재해로 옳은 것은?

> • 분류 : 기후적 요인에 의한 자연재해
> • 영향 : 교통 혼란, 비닐하우스나 축사 등의 붕괴
> • 대책 : 자가용 이용 자제, 신속한 제설 작업

① 가뭄 ② 지진
③ 폭설 ④ 화산

**16** 국제 환경 문제 해결을 위한 협약으로 옳지 않은 것은?

① 교토 의정서 ② 차티스트 운동
③ 몬트리올 의정서 ④ 사막화 방지 협약

**17** 도시화가 가져온 변화로 옳은 것은?

① 열섬 현상이 사라졌다.
② 직업의 다양성이 증가하였다.
③ 도시의 인공 건축물이 감소하였다.
④ 공업 중심의 사회에서 농업 중심의 사회로 변화하였다.

**18** 다음에서 설명하는 용어는?

> 한 여성이 가임 기간(15~49세) 동안 낳을 것으로 예상되는 평균 출생아 수를 말한다.

① 고령화 ② 인구 구조
③ 인구 이동 ④ 합계 출산율

**19** 지도에 표시된 (가) 문화권에 대한 설명으로 옳은 것은?

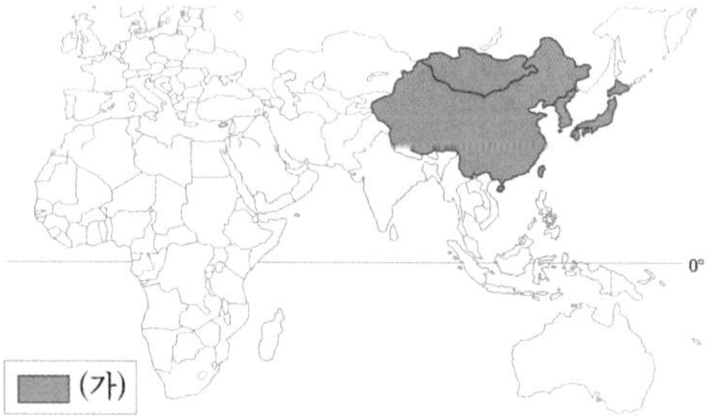


① 불교 문화가 나타난다.
② 고대 유럽 문명의 발원지이다.
③ 대표적인 원주민은 마오리족이다.
④ 사하라 사막 이남의 아프리카 지역이다.

**20** 이슬람교에 대한 설명으로 옳은 것은?

① 다신교이다.
② 소를 신성한 동물로 여긴다.
③ 돼지고기 먹는 것을 금기시한다.
④ 갠지스강에서 종교 의식으로 목욕을 한다.

**21** 인간과 자연의 공존을 위한 노력으로 옳지 않은 것은?

① 지속 가능한 발전을 추구한다.
② 생태 통로를 만들어 동물을 보호한다.
③ 인간의 이익을 위해 자연을 훼손한다.
④ 생태계 구성원으로서 환경친화적 가치관을 가진다.

**22** 다음에서 강조하는 세계화의 문제점으로 가장 적절한 것은?

> 세계화가 진행되면서 각 사회가 가지고 있는 고유한 문화가 사라질 수 있습니다. 예컨대 영어 사용이 확산되면서 영어를 제외한 다른 언어들이 소멸될 위기에 처해 있습니다.

① 저출산 ② 플랜테이션
③ 공간적 분업 ④ 문화의 획일화

**23** 다음에서 설명하는 국제기구에 해당하는 것은?

> • 국제 비정부 기구이다.
> • 전쟁·기아·질병·자연재해 등으로 고통받는 세계 각 지역의 주민들을 구호하기 위해 설립한 단체이다.

① 국제 통화 기금(IMF)
② 세계 무역 기구(WTO)
③ 국경 없는 의사회(MSF)
④ 경제 협력 개발 기구(OECD)

**24** ㉠에 들어갈 내용으로 가장 적절한 것은?

> **정보화에 따른 문제점 : ㉠**
>
> - 개인의 행동이나 기록이 정보화 기기에 노출되는 빈도가 늘어남.
> - 폐회로 텔레비전(CCTV)의 발전으로 개인이 감시나 통제를 받을 수 있음.

① 환경 난민 ② 사생활 침해
③ 자원 민족주의 ④ 산아 제한 정책

**25** 밑줄 친 ㉠, ㉡에 대한 설명으로 옳은 것은?

> 오늘날 주로 사용되는 에너지 자원에는 ㉠ 석유, ㉡ 천연가스 등이 있다.

① ㉠은 고생대 지층에만 매장되어 있다.
② ㉠은 연소하면서 오염 물질을 배출하지 않는다.
③ ㉡은 18세기 산업 혁명의 주요 동력원이 되었다.
④ ㉠은 ㉡보다 현재 세계에서 소비량이 더 많다.

EBS 교육방송교재

고졸 검정고시 **사회**

EBS 교육방송교재

# 2025 고졸 검정고시

EBS 교육방송교재

# 고졸 검정고시

- 최신기출 완벽분석
- 시험에 꼭 나오는 핵심 이론 정리
- 적중률 높은 문제 구성

# 2025 고졸 검정고시

# 사회

# 정답 및 해설

인터넷 강의
검스타트
www.gumstart.co.kr

신지원

EBS 검정고시 방송교재 **저자직강**

## 2025 검정고시
## **검스타트**가 앞서갑니다

온라인서점
판매
**1위 교재**

과목별 기본서 부문
온라인서점 판매 1위
(고졸 및 중졸 : 예스24, 2024.7 기준)

시험후기
합격수기
**최다 1위**

최근 6개년('19.1회~'24.1회)
시험후기/합격수기 최다
(시험후기/합격수기 1,457건 등록)

브랜드
검색어 조회
**1위**

검정고시 브랜드
검색어 조회 1위
(네이버데이터랩/카카오데이터트렌드,
2024.1~2024.8)

365일
합격만을 생각합니다

검스타트 www.gumstart.co.kr 1644-7590

# 2025
# 고졸 검정고시
# 사회

# 정답 및 해설

인터넷 강의
검스타트
www.gumstart.co.kr

# 정답 및 해설

## 제1부 삶의 이해와 환경

### PART I 인간, 사회, 환경과 행복

**적중 예상 문제** 본문 31~38p

| | | | | |
|---|---|---|---|---|
| 01 ④ | 02 ② | 03 ④ | 04 ① | 05 ② |
| 06 ③ | 07 ① | 08 ③ | 09 ③ | 10 ② |
| 11 ② | 12 ④ | 13 ③ | 14 ① | 15 ④ |
| 16 ① | 17 ② | 18 ④ | 19 ③ | 20 ② |
| 21 ③ | 22 ④ | 23 ① | 24 ④ | 25 ③ |
| 26 ④ | 27 ③ | 28 ② | 29 ③ | 30 ① |
| 31 ② | 32 ② | 33 ④ | | |

**01** 정답 ④

인간, 사회, 환경을 바라보는 관점으로는 시간적 관점, 공간적 관점, 사회적 관점, 윤리적 관점, 통합적 관점이 있다. 커피 생산자가 정당한 임금을 받을 수 있도록 공정 커피를 소비해야 한다는 것은 인간의 도덕적 행위 기준이 나타나기 때문에 윤리적 관점에 해당한다.

오답피하기

① 시간적 관점은 시대의 변화 속에서 나타나는 현상을 살펴보는 관점이다.
② 사회적 관점은 사회 구조와 제도가 사회 현상에 미치는 영향을 파악하는 관점이다.
③ 공간적 관점은 공간 속에서 서로 영향을 주고받는 관계를 파악하는 관점이다.

**02** 정답 ②

사회적 관점은 사회 제도와 구조가 개인이나 집단에 영향을 준다는 관점으로, 사회 현상에 미치는 영향을 파악하는 관점이다.

**03** 정답 ④

통합적 관점은 사회 현상을 탐구할 때 시간적 관점, 공간적 관점, 사회적 관점, 윤리적 관점을 모두 고려하여 통합적으로 살펴보는 것이다. 통합적 관점은 복잡한 사회 현상을 정확하고 깊이 있게 이해하고, 이를 바탕으로 사회 문제를 해결하는 것에 도움을 준다.

**04** 정답 ①

군맹무상(群盲撫象)은 '맹인 여럿이 코끼리를 만진다.'는 것으로 사물을 좁은 소견과 주관으로 잘못 판단하는 것을 비유할 때 사용하는 말이다. 즉, 다양한 사회 현상을 파악하기 위해서는 통합적 관점이 필요하다는 내용이다.

오답피하기

② 학문의 전문화, 세분화가 아닌 종합적 관점, 통합적 관점이 필요하다.
③ 한 부분만으로는 사회 현상을 파악하기 어렵다.
④ 자연 과학적 지식이 필요하다는 내용이 아니다.

**05** 정답 ②

시간적 관점은 시대의 변화 속에서 나타나는 현상을 살펴보는 관점이다. 기후 변화에 대한 국가별 대응 방안은 공간적 관점에 해당한다.

**06** 정답 ③

(가)의 내용은 시대별 인구 변화와 그 배경을 살펴보기 때문에 시간적 관점에 해당한다.
(나)는 공간의 영향으로 나타나는 다문화의 분포, 지역별 특징을 살펴보기 때문에 공간적 관점에 해당한다.

**07** 정답 ①

문제에 제시된 관점은 사회 구조나 제도가 개인이나 집단의 생활에 영향을 준다는 점에서 사회적 관점에 해당한다.

법은 대표적인 사회 제도에 해당하므로 쓰레기 매립지 건설을 위한 법적 절차 조사는 사회적 관점에 해당한다.

**오답피하기**

② 공간적 관점, ③ 윤리적 관점, ④ 시간적 관점

## 08 정답 ③

ㄴ. 반려동물이 유기되는 지역에 대한 질문으로 공간적 관점에 해당한다.

ㄷ. 반려동물의 유기를 예방하는 제도는 사회적 관점에 해당한다.

**오답피하기**

ㄱ. 반려동물을 대하는 태도는 윤리적 관점에 해당한다.

ㄹ. 반려동물의 유기 증가 시기에 대한 질문은 시간적 관점에 해당한다.

## 09 정답 ③

제시된 관점은 다양한 사회 현상을 위치, 장소 등의 맥락 속에서 살펴보는 공간적 관점에 해당한다.

**오답피하기**

① 역사적 전개 과정 – 시간적 관점

② 헌법과 법률에서의 인권 보장 – 사회적 관점

④ 인권 침해에 대한 바람직한 자세 – 윤리적 관점

## 10 정답 ②

바람직한 가치나 규범을 고려하는 관점은 윤리적 관점이다. 사회적 관점이란 사회의 구조, 제도가 개인 또는 집단에게 많은 영향을 준다는 관점이다.

## 11 정답 ②

갑은 18세기부터 커피가 대량 생산되었고 오늘날 활발한 세계무역으로 인해 커피가 확산되었다고 바라보는 시간적 관점에 해당한다. 을은 커피를 많이 마시는 이유가 사회에 커피 전문점이 많기 때문이라고 생각한다는 입장에서 개인에게 사회가 많은 영향을 준다는 사회적 관점에 해당한다.

## 12 정답 ④

행복의 기준은 시대나 지역에 따라 차이를 보이는 상대성과, 인간의 기본적인 욕구 충족이나 신체적·정신적 건강, 원만한 인간관계 등 시대나 지역을 초월하여 누구나 원하는 공통된 기준인 보편성을 가진다. 하지만 자신의 행복을 위해 타인의 행복에 피해를 주는 행위는 정당화될 수 없다.

## 13 정답 ③

중세 시대는 유한한 인간이 참된 행복에 도달하려면 신앙을 통해 신의 은총을 받고 영원하고 완전한 신과 하나가 될 때 행복할 수 있다고 본다.

## 14 정답 ①

제시문은 건조 기후 지역에 거주하는 사람들의 어려움을 나타내고 있다. 건조 기후는 연 강수량 500mm 미만인 지역으로 강수량이 적어 식수 공급에 어려움을 겪고 있다. 이들은 생존에 필요한 식수를 확보하는 것을 중요한 행복의 기준으로 본다.

## 15 정답 ④

행복의 기준은 시대나 지역에 따라 차이를 보이는 상대성을 가지고 있다. 주어진 내용을 바탕으로 각자가 처한 상황이 다르기 때문에 행복의 다양한 기준이 중요하다는 것을 알 수 있다.

## 16 정답 ①

작은 나라에 적은 백성, 즉 소국과민(小國寡民)은 도가에서 주장하는 이상적 사회이다. 도교는 무위의 삶, 즉 무위자연적 삶이 행복이라고 본다.

오답피하기

② 유교의 행복은 하늘로부터 부여받은 도덕적 본성을 보존하고 함양하면서 다른 사람과 더불어 살아가며 인(仁)을 실현하는 삶이 행복이라고 본다.
③ 불교는 청정한 불성(佛性)을 바탕으로 '나'라는 의식을 벗어 버리기 위한 수행과 고통받는 중생을 구제하는 실천을 통해 해탈의 경지에 이르는 삶을 행복이라고 본다.
④ 무속 신앙은 주술사인 무(巫), 즉 무당을 통해 복을 빌고, 병을 물리치며, 현실에서 오는 불안과 공포를 이겨낸다는 믿음을 가지고 있다.

**17** 정답 ②

불교는 청정한 불성(佛性)을 바탕으로 '나'라는 의식을 벗어 버리기 위한 수행과 고통받는 중생을 구제하는 실천을 통해 해탈의 경지에 이르는 삶을 행복이라고 본다.

**18** 정답 ④

유교는 하늘로부터 부여받은 도덕적 본성을 보존하고 함양하면서 다른 사람과 더불어 살아가며 인(仁)을 실현하는 삶을 행복이라고 본다.

오답피하기

① 불교의 관점이다.
② 도교의 관점이다.
③ 헬레니즘 시대의 스토아 학파 사상의 관점이다.

**19** 정답 ③

갑은 에피쿠로스 학파, 을은 스토아 학파에 해당한다. 갑과 을은 고대 헬레니즘 시대의 대표적인 사상가이다. 이들은 고대 그리스의 뒤를 이어 제국이 출현하는 과정에서 많은 전쟁을 경험하여 전쟁과 사회적 혼란에서 벗어나는 것을 행복이라고 보았다.

오답피하기

① 근대 공리주의의 입장이다.
② 중세의 행복관이다.
④ 근대 칸트의 의무론에 해당한다.

**20** 정답 ②

벤담은 공리주의자이다. 공리주의는 쾌락, 유용성, 행복을 강조하며, 최대 다수의 최대 행복의 원리를 주장한다.

오답피하기

① 칸트는 의무론을 주장하며 도덕 법칙을 실천하는 것이 도덕적이라고 주장한다.
③ 공자는 인(仁)을 실현하는 삶이 행복이라고 한다.
④ 아리스토텔레스는 이성의 기능이 탁월하게 발휘되며 덕이 있을 때 행복하다고 주장한다.

**21** 정답 ③

칸트는 의무론적 윤리를 주장한다. 결과와 관계없이 도덕 법칙을 따르는 삶이 도덕적인 삶이라고 주장한다.
④ 공리주의는 쾌락과 고통이 우리가 생각하고 말하며, 행동하는 모든 것을 지배한다는 입장이다.

**22** 정답 ④

진정한 행복은 객관적 행복 기준뿐만 아니라 자신만의 행복 기준인 주관적 기준의 고려도 필요하다.

오답피하기

②, ③ 진정한 행복을 위해서는 물질적 가치도 필요하다. 하지만 물질적 가치뿐만 아니라 정신적 가치와의 조화가 중요하다.

**23** 정답 ①

ㄱ, ㄴ. 삶의 목적은 행복이다. 행복을 위해서는 의미 있는 목표를 설정하고, 개인적 측면뿐만 아니라 사회적 측면도 고려해야 한다.

**오답피하기**

ㄷ. 물질적 가치가 우선이 아닌 물질적, 정신적 가치의 조화가 필요하다.
ㄹ. 물질적 풍요는 행복을 위해 필요한 요소이다. 하지만 물질적 풍요가 높아진다고 지속적으로 행복 역시 높아지는 것은 아니다.

## 24 정답 ④

성찰하는 삶을 통해 자아실현이 이루어지면 행복한 삶을 살 수 있다.

**오답피하기**

① 모든 사람의 삶의 목적은 다양하게 나타난다.
② 정신적 가치와 물질적 가치의 조화가 중요하다.
③ 행복을 위해 도덕적 가치를 배제하는 것은 타인과 사회의 행복에 피해를 줄 수 있어 경계해야 한다.

## 25 정답 ③

정주 환경이란 좁은 의미로는 주거 환경이며, 넓은 의미로는 문화, 여가, 자연환경 등 일상생활의 전 영역에 해당한다. 주거 환경은 한 사람이 생활하고 있는 주거 환경뿐만 아니라 사회 구성원들 모두가 활동하며 기억하는 모든 공간을 의미한다.

## 26 정답 ④

질 높은 정주 환경을 만들기 위해서는 쾌적한 자연환경이 무엇보다 중요하다. 현 세대와 미래 세대의 질 높은 정주 환경을 위해서는 자연과 인간의 공존이 필수적이다.

## 27 정답 ③

정주 환경은 그곳에서 살아가는 사람들의 기억과 역사를 담고 있는 장소로 인간의 정서적 행복과 큰 관련을 가지고 있다.

## 28 정답 ②

행복을 위해서는 최저 임금의 보장, 복지를 통한 일정 수준의 소득이 필요하다.

**오답피하기**

① 부유한 국가의 국민일수록 반드시 행복한 것은 아니지만 행복 수준이 낮아진다고 볼 수는 없다.
③ 부와 국민의 행복 수준은 일정 부분 비례하지만 지속적으로 비례하여 증가하는 것은 아니다.
④ 인간다운 삶을 위한 기본적인 경제, 정치, 문화가 갖추어져야지만 행복한 삶의 전제가 될 수 있다. 가난한 국가의 국민이 부유한 국가의 국민보다 행복하다고 단정할 수 없다.

## 29 정답 ③

경제 성장으로 삶의 질이 항상 비례적으로 향상되는 것은 아니지만, 기본적 삶의 조건을 충족시켜 주고 다양한 사회 복지 제도의 기초가 되므로 중요한 의미를 갖는다.

## 30 정답 ①

제시된 내용에서의 복수 정당 제도, 권력 분립 제도는 민주주의 실현을 위한 제도적 장치이다. 국민들의 행복을 위해서는 독재가 아닌 민주주의가 필요하다.

## 31 정답 ②

제시된 내용은 도덕적 실천과 행복에 관한 내용이다. 도덕적 실천을 통해 자신과 타인의 행복을 함께 추구하여 공동체의 행복을 실현할 수 있다.

## 32 정답 ②

국민의 정치 참여 방법 중 가장 기본이 되는 것이 선거이다. 하지만 선거를 통한 대표 선출만으로 국민의 자유와 권리를 보장받기는 힘들다. 선거 이후 지속적으로 국민들이 정치에 관심을 가져야 하며, 시민 단체, 정당 등을 통한 적극적인 정치 참여 자세가 필요하다.

**33** 정답 ④

증자가 강조한 일일삼성(一日三省)은 하루에 세 번 자신의 행동을 반성한다는 뜻이다. 성찰하는 삶을 통해 자신과 타인의 행복을 함께 추구하며 공동체의 행복을 실현해야 한다.

# PART Ⅱ 자연환경과 인간

**적중 예상 문제** 본문 55~61p

| | | | | |
|---|---|---|---|---|
| 01 ④ | 02 ② | 03 ③ | 04 ② | 05 ③ |
| 06 ④ | 07 ④ | 08 ① | 09 ④ | 10 ③ |
| 11 ① | 12 ④ | 13 ③ | 14 ① | 15 ① |
| 16 ② | 17 ④ | 18 ① | 19 ③ | 20 ④ |
| 21 ② | 22 ② | 23 ④ | 24 ① | 25 ② |
| 26 ③ | 27 ④ | 28 ③ | 29 ④ | 30 ④ |
| 31 ③ | 32 ③ | 33 ① | 34 ② | 35 ③ |
| 36 ① | | | | |

**01** 정답 ④

지구가 둥글기 때문에 지역에 따라 일사량의 차이가 발생한다. 적도 부근에서 극지방으로 갈수록 일사량이 줄어들어 연평균 기온이 낮아진다.

**오답피하기**

① 경도에 따라 시간 차이가 발생한다.
② 위도에 따라 일사량 차이가 발생한다.
③ 저위도 지역이 햇볕이 수직으로 닿아 기온이 높다.

**02** 정답 ②

(가)의 기후대는 남・북위 20°~30°대의 연 강수량 500mm 미만 지역으로 강수량보다 증발량이 많은 건조 기후 지역이며, 사막 기후와 스텝 기후로 구분한다.

**03** 정답 ③

열대 기후는 적도 부근에 위치하여 가장 추운 달의 평균 기온이 18℃ 이상이며, 일 년 내내 강수량이 많은 것이 특징이다.

**04** 정답 ②

열대 우림 지역은 음식이 쉽게 상하는 것을 방지하기 위해 기름에 튀겨 먹거나 향신료를 많이 사용하며, 열대 과일을 먹거나 음식의 재료로 사용한다.

**05** 정답 ③
개방적인 가옥 구조로 강수량이 많아 지붕의 경사가 급하다. 고상 가옥으로 열기와 습기, 해충의 피해를 막으며, 수상 가옥도 발달한다.

**06** 정답 ④
열대 우림 지역의 전통 농업은 토양의 비옥도가 낮아 숲에 불을 질러 농사를 짓고 이동하는 이동식 화전 농업을 한다.

**07** 정답 ④
제시된 내용은 열대 우림 지역에서 일어나고 있는 플랜테이션에 대한 설명이다.

**오답피하기**
② 수목 농업은 지중해성 기후에서 여름철 고온 건조한 기후 환경에 잘 견디는 포도, 올리브 등을 재배한다.

**08** 정답 ①
건조 지역에 대한 설명이다. 건조 지역은 연 강수량 500mm 미만 지역이며, 강수량보다 증발량이 큰 것이 특징이다.

**09** 정답 ④
건조 기후 지역은 연교차보다 일교차가 더 크다. 뜨거운 열이 집안으로 들어오는 것을 막기 위해 두꺼운 벽과 작은 창문을 만들어 사용한다.

**10** 정답 ③
지중해에서 행해지는 수목 농업에 대한 설명이다.
여름철 고온 건조한 기후에서 뿌리가 깊고 잎이 두꺼운 나무가 자랄 수 있기 때문에 수목 농업이 발달하였다.

**11** 정답 ①
침엽수를 이용한 통나무집은 냉대 기후 지역에서 나타난다.

**12** 정답 ④
극지 생물 관찰(펭귄), 오로라 관측, 빙하 체험 등은 한대 기후 지역의 관광 특징이다.

**13** 정답 ③
수상 가옥은 주로 열대 기후에서 나타난다. 한대 기후의 가옥 구조는 폐쇄적 구조의 고상 가옥, 또는 이글루가 대표적이다.

**14** 정답 ①
지진은 지각판과 판이 만나는 조산대 및 해저의 해령 부근에서 활발하게 일어나며, 지각판이 움직이면서 땅이 갈라지고 흔들리는 현상으로 각종 시설의 붕괴나 파손, 화재·지진 해일·산사태 등을 동반한다.

**15** 정답 ①
제시된 내용의 자연재해는 태풍에 대한 설명이다.
열대성 저기압인 태풍은 가뭄 해소, 여름철 더위 해소, 적조 현상 완화, 지구의 온도 균형 유지와 같은 긍정적인 영향을 주기도 한다.

**16** 정답 ②
황사에 대한 설명이다.
황사는 산성화된 토양을 알칼리성인 황사가 중화시켜주며, 적조 현상을 완화시켜주는 장점도 존재한다.

**17** 정답 ④
인간 중심주의는 인간을 자연과 구별되는 우월한 존재로 인식하며, 자연을 인간의 욕구 충족을 위한 도구로 본다.

**오답피하기**
①, ②, ③은 생태 중심주의 관점이다. 생태 중심주의는 자연 그 자체의 내재적 가치를 인정하고 무생물을 포함한 자연 전체를 도덕적 고려 대상으로 여기는 관점이다.

**18** 정답 ①

베이컨은 근대의 대표적인 인간 중심주의 사상가이다. 과학자인 베이컨은 자연을 인간을 위해 이용해야 한다고 주장하였다.

**19** 정답 ③

제시된 내용에 해당하는 사상가는 칸트이다. 칸트는 인간 중심주의적 관점을 가지고 있다.
칸트는 자연의 가치가 인간에게 긍정적인 영향을 주기 때문에 가치가 있다고 보았다.

오답피하기

① 칸트는 이분법적 세계관을 반대하는 입장이 아닌 인간 중심주의 입장을 갖는다.
② 자연을 위한 직접적인 도덕적 의무는 없지만, 인간성 실현을 위한 간접적 도덕 의무는 있다고 보았다.
④ 인간과 자연이 본래적 가치가 있다는 것은 생태 중심주의에 해당한다.

**20** 정답 ④

인간 중심주의는 과학 기술의 발전과 경제 성장을 이루는 데 도움을 준다.

오답피하기

①, ②, ③은 생태 중심주의의 장점에 해당한다.

**21** 정답 ②

생태 중심주의는 인간은 자연으로부터 독립된 우월한 지배자가 아니라 자연의 한 구성원이라고 보는 전일론적 관점을 가진다.

오답피하기

① 인간과 자연을 상호 독립적인 존재가 아닌 상호 보완적 관계로 본다.
③ 생태 중심주의는 자연 그 자체의 가치를 인정하고 무생물을 포함한 자연 전체를 도덕적 고려 대상으로 여기는 관점이다.

**22** 정답 ②

레오폴드는 도덕 공동체의 범위를 토양, 물, 식물, 동물 등을 포함한 대지까지 확대하는 대지 윤리를 주장하였다.

**23** 정답 ④

갑은 인간 중심주의자 베이컨이다. 베이컨은 자연을 도구적 관점으로 인간을 위해 사용되어야 한다고 주장한다. 을은 생태 중심주의자 레오폴드이다. 레오폴드는 생태계 전체를 하나의 유기체로 보고 공동체의 범위를 동물, 식물, 토양, 물을 비롯한 대지까지 확대해야 한다고 주장한다.

오답피하기

①, ② 생태 중심주의 입장이다.
③ 인간을 포함하여 자연 전체를 하나로 보는 것이 전일론적 관점이다.

**24** 정답 ①

유교는 만물이 본래적 가치를 지닌다고 보았고, 인간과 자연이 조화를 이루는 경지를 지향하였다.

**25** 정답 ②

불교의 대표적 핵심사상인 연기설(緣起說)에 대한 입장이다. 연기설은 모든 존재와 현상은 원인과 조건에 의해 생겨난다고 강조하며 자연, 즉 만물의 상호 의존성을 강조하였다.

**26** 정답 ③

도교는 자연 그대로의 질서에 따르는 무위자연(無爲自然)의 삶을 추구하며, 신의 섭리에 따라 인간이 자연을 이용하도록 운명 지어졌다라고 보는 입장은 서양 사상가 아퀴나스의 자연관이다.

**27** 정답 ④

인간과 자연의 조화로운 공존을 위해서는 생태계를 위한 인간의 개입은 어느 정도 필요하다. 산에 화재가 발생하면 인간뿐만 아니라 생태계를 위해 인간의 화재 진압 활동은 필요하다.

**28** 정답 ③

갑은 서양의 대표적인 인간 중심주의 관점을 지닌 칸트이다. 을은 동양의 불교의 관점이다.

③ 칸트는 인간을 위해 자연 보호를 해야 하고, 불교는 연기적 관점에 따라 자연을 보호해야 한다고 본다.

**오답피하기**

① 칸트는 인간을 위해 자연을 보호해야 한다는 인간 중심주의이다.
② 칸트는 자연 보호는 인간을 위한 간접적인 의무라고 본다.
④ 칸트는 생태계에 위계질서가 있지만 불교는 모든 생명은 평등하다고 본다.

**29** 정답 ④

환경 문제는 오염 물질 발생 지역과 피해 지역이 일치하지 않는 경우가 많아 전 지구에 영향을 준다. 대표적으로 중국의 타클라마칸 사막, 고비 사막, 황토 고원에서 발원하는 황사는 우리나라뿐만 아니라 미국까지 영향을 준다.

**30** 정답 ④

염화 플루오린화 탄소(CFCs)의 사용량 증가로 오존층이 파괴되어 많은 자외선이 들어와 피부암・백내장의 발병률이 증가하며, 식물 성장을 방해하여 농작물 생산량이 감소한다.

**31** 정답 ③

지구 온난화는 화석 연료(석유, 석탄)의 사용 증가로 온실 기체(이산화 탄소, 메탄가스 등)의 증가가 일어나는 현상이다. 이로 인하여 해수면 상승, 이상 기후 현상 등이 발생한다.

**32** 정답 ③

몬트리올 의정서는 염화 플루오린화 탄소(CFCs)의 사용량 증가로 인해 나타나는 문제를 해결하기 위해 염화 플루오린화 탄소 배출 규제, 대체 냉매제 개발을 위한 국제 협약이다.

**33** 정답 ①

사헬 지대가 사막처럼 변하는 원인은 오랜 가뭄, 인구 증가로 인한 지나친 농경지 확대, 인간의 무분별한 개발과 과도한 목축 때문이다.

① 공업화로 인한 생태계 파괴와는 관련이 없다.

**34** 정답 ②

오염 물질을 배출하는 사업자나 소비자를 처벌하거나 부담금, 벌금을 부과해야 한다.

정부는 환경 문제를 해결하기 위해 적정한 환경 기준에 대한 법률・제도를 정비하며, 환경 영향 평가 제도를 실시한다.

**35** 정답 ③

정부의 환경 정책과 기업의 환경 오염 유발 활동을 견제하며 환경 문제의 심각성을 홍보하고, 환경 보호 활동에 시민의 참여를 유도하는 역할을 한다.

**36** 정답 ①

환경 영향 평가 제도는 환경 문제 해결을 위한 정부의 노력에 해당한다.

기업은 제품 생산 과정에서 환경 보호를 위해 노력해야 하며 오염 물질 정화 시설 설치, 친환경 기술 개발 및 제품 생산, 신・재생 에너지 개발의 역할을 담당한다.

# PART Ⅲ 생활 공간과 사회

**적중 예상 문제** 본문 75~80p

| | | | | |
|---|---|---|---|---|
| 01 ④ | 02 ③ | 03 ① | 04 ② | 05 ③ |
| 06 ② | 07 ④ | 08 ② | 09 ③ | 10 ② |
| 11 ① | 12 ③ | 13 ② | 14 ④ | 15 ③ |
| 16 ① | 17 ① | 18 ③ | 19 ③ | 20 ④ |
| 21 ④ | 22 ④ | 23 ① | 24 ② | |

**01** 정답 ④

도시화는 한 국가 내에서 도시 거주 인구 비율이 높아지고 농촌의 인구 비율이 낮아진다. 또한 도시적 생활 양식과 도시적 경관이 확대되는 현상이 나타난다.

**02** 정답 ③

산업화·도시화에 따라 교통이 발달하고 활발한 교류를 통해 대도시권이 형성된다.

**오답피하기**

① 도시화에 따라 인공 포장 면적이 증가하면서 도시의 홍수 발생 위험도가 증가한다.
② 도심 지역은 인공열 방출로 주변 지역보다 온도가 높게 나타나는 열섬 현상이 나타난다.
④ 도심에는 중심 업무와 상업 기능이 입지하며, 주거와 공업 기능은 주변으로 분산한다.

**03** 정답 ①

산업화·도시화에 따라 구성원들은 개성이 강조되며, 개인주의적 가치관이 확산되고 개인 간 경쟁이 치열해진다.

**04** 정답 ②

제시된 내용은 도심에서 나타나는 열섬 현상이다.
열섬 현상은 건물이 밀집된 지역이나, 교통량이 많은 도심 지역에서 주로 나타난다. 호수와 공원이 많은 경우는 주변보다 온도가 낮게 나타난다. 도심은 열섬 현상을 완화하기 위해 옥상에 녹지 또는 바람길을 조성한다.

**05** 정답 ③

열섬 현상을 해결하기 위해서는 투수성이 높은 블록을 깔아 빗물의 지표 흡수를 증가시킨다. 이것은 호수 또는 녹지와 같은 효과를 가져온다.

**06** 정답 ②

제시된 그래프는 우리나라의 산업 구조의 변화를 나타낸다. 1963년에는 1차 산업인 농림어업의 비중이 컸지만, 2015년에는 2차 산업인 광공업과 3차 산업인 서비스업의 비중이 높아진 것을 통해 산업화·도시화가 진행되었다는 것을 알 수 있다.
산업화·도시화가 나타나는 사회는 공동체 의식이 약화되고 개인주의적 가치관, 개인 간 경쟁이 치열해지는 현상이 나타난다.

**오답피하기**

① 2·3차 산업의 비중이 높은 사회는 1차 산업 중심 사회보다 직업의 종류가 다양하다.
③ 1차 농업 사회는 가구원 수가 많은 확대가족이었지만 산업화·도시화로 인해 2·3차 산업 비중이 높은 현대 사회는 가족의 수가 적은 핵가족 형태가 나타난다.
④ 평균적인 소득 수준은 1차 산업 사회보다 2·3차 산업 사회가 더 높다.

**07** 정답 ④

산업화·도시화로 인해 노동 과정에서 인간이 도구나 기계로 전락하여 소외되는 인간 소외 현상이 나타난다. 이것은 노사 갈등에 영향을 준다.

**08** 정답 ②

지역 불평등 완화를 위해서는 낙후된 지역의 생활 환경을 개선하여 불평등을 완화해야 한다.

**09** 정답 ③

ㄴ, ㄷ은 환경 문제를 해결하기 위해 의식의 변화를 강조하는 개인적 측면의 해결 방안에 해당한다.

**오답피하기**

ㄱ, ㄹ에서 법, 제도, 정책 추진을 통해 환경 문제를 해결하는 주체는 정부에 해당하며 개인적 해결 방안이 아닌 사회적 해결 방안에 해당한다.

**10** 정답 ②

ㄱ, ㄷ. 교통·통신의 발달에 따라 시·공간적 제약은 완화되며 생활 공간의 범위는 확대된다.

ㄴ, ㄹ. 공간 인식의 범위는 확대되며 지역 간 상호 의존성은 높아진다.

**11** 정답 ①

교통·통신의 발달에 따라 접근성이 좋은 대도시가 주변의 중소 도시, 농촌의 경제력을 흡수하여 지역 격차가 심화되는 빨대 효과로 인하여 지역 격차가 심화된다.

**오답피하기**

④ 선박의 무게 중심을 유지하기 위해 선박 내에 채워 넣거나 빼는 바닷물을 평형수라고 한다. 이 과정에서 외래종이 유입되며 생태계가 교란될 수 있다.

**12** 정답 ③

통신의 발달에 따라 홈쇼핑, 인터넷 쇼핑이 증가하여 소비자의 평균 쇼핑 거리는 줄어든다.

**오답피하기**

② 점포를 갖지 않고 상품을 판매하는 업체를 무점포 상점이라 한다. 인터넷의 발달로 손님을 받는 공간이 없는 무점포 상점이 증가하는 추세이다.

**13** 정답 ②

접근성이 좋은 대도시가 주변의 중소 도시, 농촌의 경제력을 흡수하여 지역 격차를 심화시키는 현상을 빨대 효과라고 한다. 정부는 이러한 빨대 효과를 약화시키기 위한 정책 수립이 필요하다.

**14** 정답 ④

제시된 내용은 위치 기반 서비스인 위치정보시스템(GPS)이다. 이것은 핸드폰의 위치 확인 서비스에도 사용이 된다.

**오답피하기**

① 사물을 네트워크로 연결하여 시간·장소에 관계없이 이용할 수 있게 하는 기술이다.

② SNS는 온라인을 통해 인적 관계망을 연결하여 시간이나 장소에 제약받지 않고, 자유롭게 의사소통을 할 수 있다.

③ 지리 정보를 수치화하여 컴퓨터에 입력·저장하고, 이를 다양한 방법으로 분석·종합하여 제공하는 시스템이다.

**15** 정답 ③

지리정보시스템(GIS)은 입지 분석, 상권 분석 및 입지 선정, 자원 개발 및 재난 예방 등에 사용된다.

**16** 정답 ①

제시된 내용은 인터넷 중독에 대한 설명이다. 이를 해결하기 위한 방안으로 인터넷 중독 예방 및 치료 프로그램 운영 등이 있다.

**17** 정답 ①

정보화 시대는 인터넷을 통한 재택 근무가 가능해져 가정과 일터의 결합 정도가 높아진다.

**18** 정답 ③

사이버 범죄 관련 법령은 사생활 침해, 또는 사이버 범죄를 해결하기 위한 방안이며, 정보 격차 문제 해결을 위한 방안으로는 적절하지 않다.

**19** 정답 ③

지역 조사 과정은 '조사 주제 선정 → 실내 조사 → 야외 조사 → 자료 분석·도표 작성 → 토의 → 조사 보고서 작성'의 과정을 거친다.

## 20 정답 ④

야외 조사는 해당 지역을 직접 방문하여 면담, 설문, 촬영 등을 통해 지리 정보를 수집하는 과정이다.

## 21 정답 ④

(가)는 지리 정보의 수집 단계이다. 지리 정보의 수집은 실내 조사와 야외 조사가 진행된다.

**오답피하기**

① 조사 주제 선정 과정에서 조사 지역을 선정한다.
②, ③ 조사 계획 수립 단계에서 조사 항목, 조사 방법을 결정한다.

## 22 정답 ④

주민들의 가치관을 알아보기 위해서는 질문지 또는 면접을 통한 자료 수집이 적절하다. 항공 사진·위성 사진은 인간이 접근하기 어려운 지역의 자료를 수집할 때 주로 사용하는 방법이다.

## 23 정답 ①

도시와 가까운 촌락은 도시화가 진행되면서 도시의 인구가 촌락으로 유입되며 공동체 의식과 전통문화가 약화되는 현상이 나타난다.

**오답피하기**

③ 도시와 멀리 떨어진 촌락은 인구 감소로 인한 노동력 부족, 성비 불균형으로 인한 농촌 총각 결혼 문제 등이 발생된다.

## 24 정답 ②

지리적 표시 제품은 오랜 역사와 좋은 품질을 자랑하는 지역 대표 특산품이다.

**오답피하기**

① 지역이나 지역의 상품을 특별한 브랜드로 인식시키고 홍보하는 것을 말한다.
③ 푸드 마일리지는 생산된 식품이 최종 소비자에게 도달하기까지 이동거리를 뜻한다. 식품이 장거리 운송이 될 경우 이산화 탄소 등이 늘어나 지구 환경의 오염을 심화시키기 때문에 인근 지역에서 생산된 식품을 우선적으로 소비하자는 로컬 푸드 운동과 관련이 있다.
④ 탄소 마일리지 제도는 가정, 기업에서 에너지를 절약하여 이산화 탄소 배출을 줄이면 줄인 양에 해당하는 포인트를 쌓아 보상하여 주는 제도이다.

# 제2부 인간과 공동체

## PART IV 인권 보장과 헌법

**적중 예상 문제** 본문 99~103p

| | | | | |
|---|---|---|---|---|
| 01 ② | 02 ① | 03 ① | 04 ② | 05 ① |
| 06 ③ | 07 ① | 08 ④ | 09 ③ | 10 ④ |
| 11 ④ | 12 ④ | 13 ② | 14 ② | 15 ① |
| 16 ④ | 17 ④ | 18 ③ | 19 ③ | 20 ② |
| 21 ④ | 22 ② | 23 ④ | 24 ② | 25 ② |
| 26 ③ | 27 ② | 28 ④ | | |

**01** 정답 ②

인권의 특징으로 보편성, 천부성, 항구성, 불가침성이 있다.

**02** 정답 ①

② 천부성은 태어나면서 하늘로부터 부여된 자연적 권리이다.

③ 항구성은 일정 기간에만 보장받는 것이 아니라 영원히 보장되는 권리이다.

④ 불가침성은 타인이 함부로 빼앗거나 양도할 수 없는 권리이다.

**03** 정답 ①

인간의 존엄성은 인간은 인간이라는 이유만으로 존중받아야 하며 그 자체가 목적적 존재로 대우되어야 한다.

**오답피하기**

ㄷ. 인간이라면 누구든지 누릴 수 있는 권리이다.

ㄹ. 권력이 분산되어야 인간의 존엄성이 실현될 수 있다.

**04** 정답 ②

시민 혁명 결과 일부 부유한 계층은 참정권을 얻었지만 농민, 노동자, 여성은 제외되었다. 이후 지속적인 노력을 통해 보통선거가 확립되었다.

**05** 정답 ①

세계 3대 시민 혁명은 17~18세기에 일어난 사건으로 근대 시민 사회가 만들어지는 계기가 되었다. 하지만 참정권이 모든 국민에게 부여된 보통선거는 이루어지지 않고 자본가인 부르주아 계급에게만 부여가 됐다는 한계가 있다.

**오답피하기**

② 사회 계약설, 계몽사상, 천부 인권 사상 등은 시민 혁명의 결과가 아닌 사상적 배경이다.

③ 영국의 인클로저 운동과 관련된다.

④ 미국에 대한 설명이다.

**06** 정답 ③

제시된 설명과 관련된 문서는 독일 바이마르 헌법(1919년)이다.

**오답피하기**

① 권리 장전은 영국 명예 혁명과 관련 있다.

② 프랑스의 인권 선언이다.

④ 세계 인권 선언의 내용은 모든 인간의 천부적 존엄성은 세계의 자유·정의·평등의 기반임을 명시하고 있다.

**07** 정답 ①

가장 오래된 기본권은 자유권이다.

**오답피하기**

②, ③, ④는 사회권에 대한 설명이며, 사회권은 헌법에 열거되어 있는 것만을 보장한다.

**08** 정답 ④

인종이나 국적에 관계없이 인권 문제를 해결하기 위한 인류 공동의 노력을 강조하는 것을 연대권이라고 한다.

오답피하기

① 시민 혁명 결과 인권을 강조하는 선언들이 발표되고 자유권, 평등권, 참정권의 등장으로 인권이 신장되었다.
② 국가에 대하여 적극적인 배려를 요구할 수 있는 권리는 사회권이다.
③ 선거에서 투표를 할 수 있고, 선거에 후보자로 나갈 수 있는 권리는 참정권이다.

## 09 정답 ③

1세대 인권은 자유권과 평등권, 2세대 인권은 사회권, 3세대 인권은 연대권과 단결권을 강조한다.

## 10 정답 ④

2013년 유럽사법재판소에서 구글 검색 결과의 링크 삭제를 요청한 스페인 변호사의 요청은 잊힐 권리의 일부로 인정될 수 있다고 판시하면서 잊힐 권리에 대한 관심이 많아지고 있다.

오답피하기

① 환경권은 건강하고 쾌적한 환경에서 살 권리이다.
② 주거권은 쾌적하고 안정적인 주거 환경에서 인간다운 주거 생활을 할 권리이다.
③ 안전권은 국민이 각종 위험으로부터 안전을 보호받을 권리이다.

## 11 정답 ④

제시된 조항으로는 확인할 수 없다.
①, ②, ③은 헌법 제10조에 명시된 설명이다.

## 12 정답 ④

제시된 내용은 청구권에 대한 설명이며 재판 청구권, 청원권, 형사 보상 청구권, 국가 배상 청구권, 범죄 피해자의 국가 구조 청구권 등이 이에 해당한다.

오답피하기

① 자유권은 개인의 자유스런 생활에 대하여 국가의 간섭·침해를 받지 않을 권리이며 소극적 권리이다.
② 평등권은 모든 국민은 성별, 종교, 사회적 신분에 의하여 법 앞에서 차별받지 않는다는 권리이다.
③ 참정권은 국민이 국가의 정책 결정에 직접 참여하거나 대표자를 뽑는 선거에 참여할 수 있는 권리이다.

## 13 정답 ②

평등권의 설명이며, 모든 국민은 성별, 종교, 사회적 신분에 의하여 법 앞에서 차별받지 않는다는 권리이다. 법 앞의 평등, 차별 금지 등이 이에 해당한다.

## 14 정답 ②

설명하는 글은 헌법 재판소에 청구할 수 있는 헌법 소원에 관한 내용이다.

오답피하기

① 행정청의 위법·부당한 처분 등으로 인해 권리를 침해받은 국민이 행정 기관에 제기하는 제도이다.
③ 공무원의 직무상 불법 행위, 공공시설의 설치·관리의 하자로 국민이 손해를 입었을 때 국가가 배상을 해주는 제도이다.
④ 형사 피의자 또는 피고인으로 구금되었던 자가 불기소 처분이나 무죄 판결을 받았을 때 그가 입은 정신적, 물질적 손실에 대한 보상을 국가에 청구할 수 있는 제도이다.

## 15 정답 ①

대통령제는 대통령을 중심으로 하는 정부 형태를 말한다.

오답피하기

② 시민들의 다양한 의견을 반영할 수 있는 여러 정당의 활동을 위한 제도이다.

③ 국가 권력을 입법부, 사법부, 행정부로 나누어 서로 견제하고, 균형을 이루게 하여 힘의 집중을 방지한다.
④ 주권이 국민에게 있다는 원리이다.

**16** 정답 ④
국민 주권의 원리란 주권이 국민에게 있다는 원리로, 국민 투표를 통한 헌법 개정, 국민 선거에 의한 대통령 및 국회의원을 선출할 권리를 말한다.

**17** 정답 ④
국민의 기본권은 필요한 경우 법률로써 제한할 수 있다. 하지만 기본권의 본질적인 내용은 침해할 수 없다.

**18** 정답 ③
기본권의 본질적인 내용은 침해할 수 없고, 인간의 존엄성이나 행복 추구권 등은 제한이 불가능하다.

**19** 정답 ③
시민 불복종의 정당화 조건으로는 공개적, 공익성, 비폭력성, 처벌 감수, 최후의 수단 등이 있다. 시민 불복종은 위법행위이기 때문에 적법성은 불복종 정당화 조건으로 옳지 않다.

**20** 정답 ②
시민 불복종은 위법 행위이므로, 위법 행위에 대한 처벌을 감수해야 한다.

**21** 정답 ④
사회적 소수자는 그가 처한 사회의 환경에 따라 상대성을 가진다. 즉, 현재 주류 집단에 처해 있는 사람도 다른 사회로 가면 소수자가 될 수 있다.

**22** 정답 ②
사회적 소수자는 단순히 구성원의 수가 적은 집단을 말하는 것이 아니라, 사회적으로 약자 위치에 있는 사람들을 의미한다.

**23** 정답 ④
사회적 소수자의 편견을 버리는 것은 개인적 해결 방안에 해당한다. 사회적 차원의 노력으로는 사회적 소수자를 차별하는 정책과 법률을 정비하는 것이다.

**24** 정답 ②
청소년은 위험한 일, 유해한 업종의 일은 할 수 없으며 노동 시간은 하루에 7시간, 일주일에 35시간을 넘겨서는 안 된다.

오답피하기
① 청소년도 성인과 같은 임금을 적용받는다.
③ 근로계약서상 근로 조건에 따르면 되고, 그 외의 사용자의 부당한 요구 등은 응할 필요가 없다.
④ 말로 하는 구두 계약이 아니라 문서로 계약해야 한다.

**25** 정답 ②
부모님의 동의서와 나이를 알 수 있는 증명서가 필요하다.

**26** 정답 ③
① 인권 문제는 약소국에서만 발생하는 문제가 아니다.
② 국가 경제 수준이 낮아 사회권을 보장받지 못하는 경우도 있다.
④ 독재 또는 내전 등으로 인해 정치·경제 체제의 문제가 발생하며 자유권을 제한받는 경우도 여전히 존재한다.

**27** 정답 ②
유리벽 현상은 조직 내 개인적인 능력에 따른 차이가 아니라 직장 내의 차별적 구조·문화에 따른 현상이다.

**28** 정답 ④
국제 사회가 인권 문제 해결을 위해 노력하는 것은 주권 침해와 거리가 멀다.

# PART V 시장 경제와 금융

**적중 예상 문제** 본문 120~127p

| | | | | |
|---|---|---|---|---|
| 01 ② | 02 ① | 03 ④ | 04 ③ | 05 ③ |
| 06 ② | 07 ④ | 08 ② | 09 ④ | 10 ③ |
| 11 ② | 12 ① | 13 ② | 14 ③ | 15 ③ |
| 16 ③ | 17 ④ | 18 ② | 19 ④ | 20 ④ |
| 21 ④ | 22 ③ | 23 ① | 24 ④ | 25 ④ |
| 26 ① | 27 ④ | 28 ② | 29 ② | 30 ③ |
| 31 ③ | 32 ④ | 33 ③ | | |

**01** 정답 ②

사유 재산 제도를 바탕으로 자유로운 경제 활동이 보장되는 시장 경제 체제를 자본주의라고 한다.
산업 자본주의는 산업 혁명으로 대량 생산이 가능해지고 시장의 작동원리 '보이지 않는 손'에 의해 운영되는 자본주이 형태를 말한다.

**02** 정답 ①

제시된 내용은 신자유주의 발생 배경이다. 신자유주의는 정부의 역할을 제한하고 시장의 자유로운 경제활동을 강조하는 자본주의이다.

**03** 정답 ④

자본주의는 '상업 자본주의 ➜ 산업 자본주의 ➜ 수정 자본주의 ➜ 신자유주의' 순서로 전개되었다.

**04** 정답 ③

1929년 세계 대공황으로 인해 기업이 도산하고 실업이 증가하자 정부의 개입이 필요하다는 케인스의 경제 이론이 확산된다. 이것을 수정 자본주의라 한다.

**05** 정답 ③

어떤 것을 선택함으로써 포기하는 기회 비용보다 선택함에 따라 얻을 수 있는 만족이 큰 편익을 선택한다.

**오답피하기**

① 이미 지불하여 회수할 수 없는 비용으로 어떤 선택을 함에 있어 고려해서는 안 되는 비용이다.

④ 편익이 같다면 비용이 가장 적게 드는 것을 선택하는 것이 합리적이다.

**06** 정답 ②

기회 비용이란 어떤 것을 선택함으로써 포기한 것들 가운데 가장 가치가 큰 것으로 명시적 비용과 암묵적 비용을 합한 값을 말한다. 갑은 독서실 아르바이트를 선택하였고, 명시적 비용은 없다. 포기한 빵집에서의 한 시간 아르바이트 비용 9,000원은 암묵적 기회 비용에 해당하여 총 기회 비용은 9,000원이다.

**07** 정답 ④

(가)는 매몰 비용, (나)는 기회 비용이다
기회 비용은 가격이 동일한 상품 중 하나를 소비할 때 포기한 대안들 중 가장 편익이 큰 것을 말한다. 예를 들어 사과와 배, 귤의 가격은 동일하고, 사과 하나의 편익은 1,000원, 배 하나의 편익은 1,500원, 귤 하나의 편익은 800원일 때 사과 하나를 선택할 경우 포기한 편익은 배 1,500원과 귤의 편익 800원이다. 이 중에서 배의 편익이 더 크기 때문에 사과 하나에 대한 기회 비용은 배 1,500원에 해당한다.

**오답피하기**

①, ② 합리적 선택 시 매몰 비용을 고려하는 것은 옳지 않다.

**08** 정답 ②

합리적 선택의 과정으로는 문제의 명확화 단계인 '문제 인식' ➜ 관련 자료 및 정보 수집 단계인 '대안 나열' ➜ 대안을 평가하는 기준을 마련하는 '평가 기준 설정' ➜ 기준에 따라 각 대안의 점수를 매겨 보는 '대안 평가' ➜ 최선의 대안을 선택하여 실행하는 '선택 및 실행 단계'를 거친다.

**09** 정답 ④

밴드왜건 효과는 타인을 의식하는 소비로 합리적 소비가 아닌 비합리적 소비에 해당한다.

**10** 정답 ③

스노브 효과를 백로 효과 또는 속물 효과라 한다. 이것은 타인과 다른 자신을 강조하는 소비로 합리적 소비가 아닌 비합리적 소비 형태 중 하나이다.

오답피하기

② 밴드왜건 효과, ④ 베블런 효과

**11** 정답 ②

정부의 개입으로 나타나는 비효율적 시장 문제는 정부 실패라고 한다.

**12** 정답 ①

경제 주체가 경제 활동을 하는 과정에서 의도치 않게 타인에게 이익을 주는 것을 외부 경제라고 하며, 의도치 않게 피해를 입히고도 대가를 치르지 않는 현상을 외부 불경제라 한다.

**13** 정답 ②

시장에 하나(독점) 또는 소수의(과점) 공급자만 존재하는 상태로 이들 기업이 생산량이나 가격을 임의로 조정(담합)하여 소비자에게 피해를 주는 것을 독과점 문제라고 한다.

**14** 정답 ③

미래의 위험과 불확실성을 감수하고, 혁신과 창의성을 바탕으로 새로운 상품 개발, 새로운 시장 개척을 통해 이윤을 추구하는 기업가 정신은 기업의 역할에 해당한다.

**15** 정답 ③

기업의 사회적 책임으로 노동자 및 소비자의 권리를 존중하고 생산 과정에서 법규를 준수해야 한다.

**16** 정답 ③

자연 조건 및 생산 요소의 양과 질의 차이로 각 나라마다 상품의 생산비가 다르게 나타난다. 따라서 각국이 비교 우위에 있는 상품을 특화하여 생산한 뒤 교환하면 모두에게 이익이 된다.

**17** 정답 ④

무역으로 인해 국제 경제는 국내 경제에 큰 영향을 준다. 이에 따라 정부가 독자적인 경제 정책을 실행하기는 어렵다.

**18** 정답 ②

국제 무역의 증가 원인으로는 교통 통신 발달과 자유 무역 협정(FTA), 세계 무역 기구(WTO) 출범이 있다.
현재까지 거래와 관련된 무역 장벽이 완전히 사라졌다고 볼 수는 없다.

**19** 정답 ④

특정 상품을 상대 국가보다 낮은 생산비로 생산할 수 있을 때 그 상품에 대해 절대 우위를 가진다고 한다. 만약 두 나라 중 모든 상품의 생산비가 한 나라에 절대 우위가 있다면 무역은 발생하지 않는다.

**20** 정답 ④

특정 상품 생산이 다른 국가에 비해 상대적으로 더 작은 기회 비용으로 상품을 생산할 수 있을 때 비교 우위를 가진다고 한다. 이에 따라 다른 나라에 비해 생산의 기회 비용이 작은 상품을 생산하고, 기회 비용이 큰 상품을 수입한다.

**21** 정답 ④

을국에서 X재와 Y재 상품에 낮은 생산비를 가지기 때문에 두 상품 모두 절대 우위를 가진다. 한 나라가 모든 상품의 생산비에 절대 우위를 가진 경우 국제 무역을 설명할 수 없다. 낮은 생산비로 상품을 생산할 때 절대 우위가 있다.

## 22 정답 ③

을국에서 X재와 Y재 상품에 낮은 생산비를 가지기 때문에 비교 우위를 통한 무역이 필요하다.
기회 비용을 통한 비교 우위를 〈표〉로 표현하면 다음과 같다.

| 구분 | 갑국 | 을국 |
|---|---|---|
| X재 | Y재 5/6 | Y재 8/5 |
| Y재 | X재 6/5 | X재 5/8 |

X재에 대한 기회 비용이 갑국이 작고, Y재에 대한 기회 비용이 을국이 작기 때문에 갑국은 X재에, 을국은 Y재에 비교 우위가 있다.

## 23 정답 ①

② 세계 무역 기구(WTO)는 자유 무역을 확대하기 위해 1995년에 설립된 국제 기구로 회원국 간의 무역 분쟁 조정, 관세 인하 요구 등의 법적 권한과 구속력을 행사한다.
③ 국제 연합(UN)은 2차 세계대전 후 세계 평화와 각국의 경제 및 사회적인 자립을 돕는 기구이다.
④ 비정부기구(NGO)는 지역, 국가, 국제적으로 조직된 자발적인 비영리 시민 단체이다.

## 24 정답 ④

세계 무역 기구(WTO)는 자유 무역을 확대하기 위해 1995년에 설립된 국제 기구로 회원국 간의 무역 분쟁 조정, 관세 인하 요구 등의 법적 권한과 구속력을 행사한다.

## 25 정답 ④

자유 무역이 확대되어 국가 간 무역 마찰로 인한 갈등이 발생한다. 이러한 현상을 해결하기 위해 국제 무역 기구(WTO)가 출범하였다.

## 26 정답 ①

제시된 내용의 금융 자산은 주식에 대한 설명이다.
주식은 기업이 사업 자금 조달을 위해 발행하는 것으로 자금을 투자한 사람에게 그 대가로 회사 소유권의 일부를 지급하는 증서를 말한다.

## 27 정답 ④

제시된 내용의 금융 자산은 펀드에 해당한다.
펀드는 투자전문가에게 돈을 맡겨 투자하도록 하는 상품이다. 이에 따라 발생하는 원금 손실은 보상받을 수 없다.

## 28 정답 ②

제시된 내용은 채권에 대한 설명으로 국가, 지방 자치 단체, 회사, 은행 등이 여러 사업에 필요한 자금을 빌리기 위해 발행하는 유가 증권을 말한다.

## 29 정답 ②

ㄱ. (가)는 수익성은 높고, 안전성은 낮으므로 '고수익-고위험' 상품이다.
ㄴ. 수익성과 안전성이 모두 낮은 (다)와 같은 금융 상품보다 (나)와 같이 수익성도 높고, 안전성도 높은 상품에 투자하는 것이 바람직하다.
ㄷ. 수익성이 높은 대신 원금 보장이 되지 않아 안전성이 낮은 주식은 (가)에 가깝다.
ㄹ. 예금은 원금이 보장되어 안전성은 높지만 수익성이 낮으므로 (다)보다는 (라)에 가깝다.

## 30 정답 ③

(가)는 안전성, (나)는 수익성, (다)는 유동성이다. 일반적으로 은행 예금은 부동산보다 유동성이 높고, 안전성과 수익성 간에는 상충 관계가 나타나는 경향이 있다.
ㄱ. 수익성은 (나)에 해당한다.
ㄹ. 저위험 자산을 선호하는 사람은 안전성을 중시한다.

## 31 정답 ③

① ㉠은 수입과 지출이 일치하여 저축이 '0'이다.
② B는 수입보다 지출이 많은 시기로 가계 부채가 늘어날 수 있다.
③ (가)는 수입보다 지출이 크므로 수입만으로 지출을 충당할 수 없다.
④ (나)는 저축이 가능한 시기이다.

**32** 정답 ④
노년기의 일반적인 발달 과업은 노후 자금의 안정성을 고려하여 자산 관리를 하는 것이다. 노후 자금 준비는 노년기 이전에 준비해야 하는 것이 일반적이다.

**33** 정답 ③
생애 설계는 개인의 전 생애에 걸친 종합적이고 장기적인 계획을 세우는 것이다.

## PART Ⅵ 사회 정의와 불평등

**적중 예상 문제** 본문 141~147p

| | | | | |
|---|---|---|---|---|
| 01 ③ | 02 ② | 03 ③ | 04 ① | 05 ④ |
| 06 ① | 07 ③ | 08 ② | 09 ② | 10 ③ |
| 11 ② | 12 ① | 13 ② | 14 ④ | 15 ③ |
| 16 ③ | 17 ④ | 18 ② | 19 ③ | 20 ④ |
| 21 ③ | 22 ② | 23 ② | 24 ④ | 25 ① |
| 26 ③ | 27 ② | | | |

**01** 정답 ③
정의는 사회를 구성하고 유지하는 공정하고 올바른 도리로서, 개인이나 사회가 추구해야 할 기본적이고 핵심적인 덕목이다.

**02** 정답 ②
아리스토텔레스는 정의를 일반적 정의와 특수적 정의로 구분한다. 일반적 정의는 준법정신을 의미하며, 특수적 정의는 분배적 정의, 교정적 정의, 교환적 정의로 구분된다.
ㄱ. 일반적 정의는 법을 준수하는 준법정신을 말한다.
ㄹ. 교환적 정의는 등가 원칙에 따라 두 물건을 교환하게 하는 것이다.

**오답피하기**
ㄴ. 분배적 정의는 각자의 가치에 따라 재화를 분해하는 기하학적 비례이다.
ㄷ. 교정적 정의는 시정적 정의라고도 한다. 교정적 정의는 교섭에 있어 잘못된 것을 바로 잡는 것이다.

**03** 정답 ③
산술적 비례는 타인에게 해를 끼치면 그만큼 보상해주고, 타인에게 이익을 준 경우 그만큼 받아 이익과 손해의 균등을 회복시켜 주는 교정적 정의를 말한다.

**04** 정답 ①

① 당사자들이 성취하고 이바지한 정도에 따라 분배하면 성취욕과 창의성이 높아진다.

**오답피하기**

② 구성원들 간의 과열 경쟁은 필요에 다른 분배가 아닌 업적이나 능력에 따른 분배에서 나타날 수 있다.
③ 업적에 따른 분배는 사회 구성원 등의 잠재 능력이 개발되는 장점이 있다.
④ 욕구가 아니라 업적을 기준으로 하는 분배로 잠재 능력이 개발된다고 본다.

**05** 정답 ④

인간다운 삶을 보장하기 위해 사람들의 필요에 따라 분배한다.

**오답피하기**

① 개인이 지닌 잠재력과 재능에 따라 분배하는 것이다.
② 당사자들이 성취하고 이바지한 정도에 따라 분배하는 것이다.
③ 결과의 평등을 강조하는 분배이다.

**06** 정답 ①

공자는 사람이 행해야 할 바른길(정도)을 삶의 목표로 한다.

**오답피하기**

② 칸트는 도덕 법칙을 따르는 것을 정의라고 한다.
③ 마르크스는 사회주의 분배 방식인 능력에 따라 일하고 필요에 따른 분배를 주장한다.
④ 아리스토텔레스의 정의는 일반적 정의와 특수적 정의로 구분된다.

**07** 정답 ③

자본주의는 능력, 업적, 노력에 따른 분배를 인정한다. 사회주의 분배는 능력에 따라 일하고 필요에 따라 분배한다.

**08** 정답 ②

필요에 따른 분배는 사회적 구성원들의 인간다운 삶을 보장할 수 있으며, 사회적 불평등을 완화시킬 수 있다.

**오답피하기**

①, ③, ④ 능력, 업적에 따른 분배의 특징 또는 한계에 해당한다.

**09** 정답 ②

자본주의 분배 방식은 능력, 노력, 업적에 따른 결과의 불평등을 인정하며, 자연스러운 것으로 본다.

**10** 정답 ③

공동체주의는 공동선을 실현하는 것이 정의이며, 국가는 개인에게 공동체의 미덕을 제시하고 권장하는 역할을 강조한다.

**11** 정답 ②

존 롤스는 최소 수혜자에게 최대의 이익이 되도록 분배가 될 때 경제적 불평등을 인정한다. 복지를 인정하지만 경제적 평등을 주장하는 것은 아니다.

**12** 정답 ①

제시된 내용을 주장한 사상가는 J. 롤스이다.
롤스의 정의관은 공정으로서의 정의이다. 정당한 절차에 따라 제1, 2원칙이 도출되고 이러한 원칙들이 적용되는 사회가 정의롭다고 본다.

오답피하기

② 노직의 정의관이다.
③ 최소 수혜자에게 최대의 이익이 되도록 분배하는 것을 차등의 원칙이라고 한다.
④ 차등의 원칙을 바탕으로 복지를 주장한다.

**13** 정답 ②

제시된 내용의 사상가는 R. 노직이다. 노직은 국가에 의한 복지를 반대하는 것이지 정부가 없어져야 한다는 무정부주의자는 아니다. 노직이 원하는 국가는 치안 유지와, 외적 방어 기능을 담당하는 최소 정부(야경국가)이다.

**14** 정답 ④

롤스와 노직의 공통점은 자유주의적 정의관을 주장한다는 것이다. 자유주의적 정의관은 개인의 자유과 권리를 강조한다.

오답피하기

① 롤스와 노직은 자본주의를 주장한다.
② 자본주의를 인정하기 때문에 결과의 불평등을 인정한다.
③ 노직은 소유 권리로서의 정의관이다.

**15** 정답 ③

공동체주의는 개인의 자유와 권리보다 공동체에 대한 의무를 중시한다.

**16** 정답 ③

연고적 자아, 관계적 자아는 공동체에 소속된 존재로서, 공동체가 추구하는 가치에 따라 바람직한 역할을 요구받으며 살아가는 인간을 말한다.

오답피하기

①, ②, ④ 자유주의에 대한 설명이다.

**17** 정답 ④

집단의 이익과 목적을 위해 개인의 희생을 강요하는 것은 집단주의라고 한다. 집단주의는 개인과 사회의 행복 증진을 추구하는 공동체주의와는 차이가 있다. 집단주의는 개인과 공동체의 바람직한 관계로 볼 수 없다.

**18** 정답 ②

갑의 입장은 사유 재산의 보장을 위해 개발 제한 구역 규제를 완화해야 한다는 개인의 권리를 강조하는 자유주의적 관점에 해당한다. 개발 제한 구역이 개인에게 이익이 아닌 해가 된다고 보는 입장이다.

**19** 정답 ③

을은 공동체를 개인의 정체성을 형성하고 삶의 방향을 설정하는 기반으로 여긴다. 그리고 갑은 자유와 권리를 강조하는 자유주의 관점이다.

**20** 정답 ④

불평등 현상은 경제적 측면에서만 나타나는 현상이 아니라 경제, 문화, 정치 등 여러 측면에서 사회적 가치의 불평등한 분배로 발생한다.

**21** 정답 ③

사회 계층의 양극화 현상은 개인적 측면과 사회적 측면의 다양한 원인에 대한 결과이다. 해결 방법 역시 개인적 측면의 노력과 사회적 측면인 법·제도의 제정·개정이 필요하다.

**22** 정답 ②

제시된 내용은 유리 천장 지수에 대한 설명이다. 유리 천장 지수를 통해 우리나라의 여성에 대한 차별 정도를 알 수 있다.

**23** 정답 ②

공간 불평등은 지방 정부가 아닌 중앙 정부 주도의 성장 위주 경제 개발 정책을 추진하여 발생한 현상이다. 우리나라는 1960년 이후 산업화와 더불어 이촌 향도 현상으로 심화되었다.

**24** 정답 ④
도시와 농촌의 공간 불평등을 해결하기 위해서는 지역 특징에 맞는 개발 방식을 사용해야 한다. 농촌 인구의 도시 유출은 더 큰 지역 격차를 가져온다.

**25** 정답 ①
제시된 내용은 사회 보험에 대한 설명이다. 사회 보험은 국민 건강 보험, 고용 보험, 국민 연금, 산업 재해 보상 보험이 있다. 사회 보험은 우리나라 국민이면 누구나 가입해야 하는 의무가입을 원칙으로 하며, 소득과 재산에 따라 차등 납부를 하기 때문에 부의 재분배 효과가 나타난다.

**26** 정답 ③
사회 서비스는 도움이 필요한 모든 국민을 대상으로 다양한 서비스 혜택을 지원하는 제도이다.

**오답피하기**

① ㉠은 사회 보험에 해당하며 사회 보험은 모든 국민의 의무가입을 원칙으로 하기 때문에 보편적 복지에 해당한다.
② ㉡의 공공 부조는 보편적 복지가 아닌 선별적 복지에 해당한다.
④ ㉠, ㉡, ㉢은 국민의 삶의 질을 높이는 제도에 해당하지만, 공공 부조는 선별적 복지에 해당한다.

**27** 정답 ②
적극적 우대 조치로 인해 오히려 반대편이 차별을 받게 되는 경우 역차별의 문제가 생긴다.

# 제3부 사회 변화와 공존

## PART Ⅶ 문화와 다양성

**적중 예상 문제** 본문 164~170p

| | | | | |
|---|---|---|---|---|
| 01 ④ | 02 ① | 03 ④ | 04 ① | 05 ② |
| 06 ② | 07 ③ | 08 ③ | 09 ④ | 10 ② |
| 11 ① | 12 ④ | 13 ③ | 14 ② | 15 ④ |
| 16 ① | 17 ② | 18 ④ | 19 ① | 20 ④ |
| 21 ① | 22 ② | 23 ② | 24 ④ | 25 ① |
| 26 ③ | 27 ④ | 28 ④ | 29 ③ | 30 ① |
| 31 ③ | 32 ③ | 33 ② | 34 ④ | 35 ③ |

**01** 정답 ④
문화는 자연환경과 인문환경의 영향을 받는다. 자연환경은 주로 의복, 음식, 주거 문화에 영향을 주며, 인문환경은 대표적으로 종교가 그 사회에 큰 영향을 주어 문화 경관을 만들어낸다.

**02** 정답 ①
건조 기후 지역은 빵과 고기를 중심으로 하는 음식 문화가 발달한다. 연 강수량 500mm 미만인 지역을 건조 기후 지역이라고 한다. 벼(쌀) 농사는 연 강수량 800mm 이상인 지역에서 가능하다.

**03** 정답 ④
열대 기후 지역의 가옥 구조는 수상 가옥, 또는 고상 가옥이 나타난다. 이 지역은 강수량이 많은 지역이기 때문에 지붕의 경사가 급하다.

**04** 정답 ①
이슬람교는 모스크, 돼지고기와 술 금기, 할랄 식품, 여성들은 얼굴과 몸을 가리는 베일(히잡, 부르카)을 착용한다. 힌두교는 소를 신성시하며 갠지스강에서 종교의식으로 목욕을 한다.

**05** 정답 ②
유럽 문화권은 게르만족과 개신교 비율이 높다. 라틴족과 가톨릭의 비율이 높은 지역은 남부 유럽이다.

**06** 정답 ②
아프리카 문화권은 사하라 사막 이남 지역에서 나타난다. 유럽 식민 지배의 영향으로 부족과 국경이 불일치하여 지역 분쟁이 자주 발생한다.

**07** 정답 ③
남부 아시아는 대표적 국가인 인도와 그 주변국 네팔, 파키스탄, 방글라데시, 스리랑카 등이 있다. 이들 국가는 민족, 언어, 종교가 다양하게 분포하고 있으며 종교는 힌두교를 중심으로 이슬람교, 불교이다. 인도는 불교와 힌두교의 발생지이다.

**08** 정답 ③
라틴 아메리카는 남부 유럽의 영향으로 주로 에스파냐어와 포르투갈어를 사용하고 가톨릭이 우세하다. 원주민, 백인, 흑인의 다양한 문화가 나타나고, 혼혈 인종이 많다.

**09** 정답 ④
북극 문화권은 고위도에 분포하여 기온이 낮다. 나무가 자라지 못하는 무수목 기후로 농업에는 불리한 기후 조건이다. 북극 문화권은 주로 이끼를 먹이로 하는 순록의 유목을 행하며 수렵 생활을 한다.

**10** 정답 ②
제시된 내용은 남부 유럽에 관한 설명이다. 북서 유럽은 게르만족과 개신교의 비율이 높으며 동부 유럽은 슬라브족과 그리스정교의 비율이 높다.

**11** 정답 ①
발명은 기존에 존재하지 않았던 새로운 문화 요소를 만들어 내는 것을 말한다. 활을 발명한 것은 1차 발명으로 볼 수 있으며, 활 시위를 이용하여 현악기를 만든 것은 2차 발명이다.

**12** 정답 ④
자극 전파는 다른 사회의 문화 요소에서 아이디어를 얻어 새로운 문화 요소가 발명되는 것을 말한다.

**13** 정답 ③
간접 전파는 인터넷이나 TV를 통해 문화가 전달되는 현상을 말한다. 간접 전파의 대표적인 예로는 한류 열풍이 있다.

**14** 정답 ②
제시된 사례는 이슬람 제국과 중국 당의 전쟁인 탈라스 전투에 대한 내용이다. 탈라스 전투를 통해 종이 만드는 방법이 이슬람 세계로 전파된다. 이것은 사람에 의한 전파로 직접 전파에 해당한다.

**15** 정답 ④
외부의 압력에 의해 일어나는 문화 접변을 강제적 문화 접변이라고 한다. 창씨개명은 강제적 문화 접변에 해당하며, 이러한 강제적 문화 접변은 자발적 문화 접변과는 달리 문화 접변에 대한 저항이 나타난다.

**16** 정답 ①
제시된 내용은 문화 융합에 대한 설명이다. 문화 융합의 대표적인 예는 우리나라 전통 음식인 불고기와 외국에서 들어온 피자가 결합하여 만들어진 제3의 새로운 문화 요소인 불고기 피자이다.

**17** 정답 ②
다른 사회의 문화 요소와 기존의 문화 요소가 각각의 고유한 문화 특성을 유지하며 한 사회에서 함께 공존하는 현상을 문화 병존이라고 한다. 한 사회에 여러 종교가 공존하는 현상 역시 문화 병존에 해당한다.

**18** 정답 ④
㉠은 발견에 해당하며, ㉡은 외재적 요인에 해당한다. 발명은 기존에 존재하지 않았던 새로운 문화 요소를 만들어 내는 것이며, 기존에 존재하고 있었지만 알려지지 않았던 것을 찾아내는 것은 발견에 해당한다.

**19** 정답 ①

전통문화는 과거의 것을 단순히 재현하고 유지하는 것이 아니라 끊임없이 변화하며 발전한다.

**20** 정답 ④

자신들의 문화가 다른 사회의 문화보다 우월하다고 보는 입장은 자문화 중심주의, 또는 국수주의라고 볼 수 있다. 이러한 관점은 '타 민족을 침략하여 자신들의 우수한 문화를 전해준다.'라는 문화 제국주의로 변질될 가능성이 높다.

**21** 정답 ①

문화의 특성으로는 보편성과 특수성이 있다. 보편성은 모든 문화에 내재된 공통적인 문화 요소가 있으며, 특수성은 자연환경, 역사적 배경, 사회적 환경 등의 차이에 따라 문화가 다양한 양상으로 나타난다.

**22** 정답 ②

문화 상대주의는 각각의 문화의 고유한 가치를 인정하는 입장이다. 다양한 문화가 평화롭게 공존할 수 있다.

**오답피하기**

④ 극단적 문화 상대주의는 인류의 보편적 가치도 무시하고 모든 문화를 인정하는 태도이다.

**23** 정답 ②

인류의 보편적 가치를 무시하고 모든 문화를 인정하는 태도는 극단적 문화 상대주의에 해당한다.

**오답피하기**

③ 자문화 중심주의의 장점으로 자문화의 정체성을 유지하며, 자문화를 중심으로 사회 통합이 강화된다.

**24** 정답 ④

인류의 보편적 가치인 인간의 존엄성을 위배하는 문화를 인정하는 태도를 극단적 문화 상대주의라고 한다. 극단적 문화 상대주의는 경계해야 할 태도로, 인간의 존엄성에 위배되는 문화는 인정해서는 안 된다.

**25** 정답 ①

자신의 문화는 저급하며 다른 나라 문화는 고급 문화라고 이해하는 태도를 문화 사대주의라고 한다. 이러한 태도는 전통문화를 상실할 수 있다는 문제점을 가지고 있다.

**26** 정답 ③

제시된 내용의 문화 이해 태도는 자문화 중심주의이다. 이는 자신의 문화만을 고급 문화라고 생각하고 상대방의 문화를 상대방 입장이 아닌 자신의 문화를 기준으로 이해하는 태도를 말한다.

**27** 정답 ④

인간의 존엄성에 위배되는 문화를 이해하는 것은 옳지 못한 문화 이해 태도이다. '명예살인'을 문화로 보고 이해한다는 것은 인간의 존엄성에 위배가 된다.

**28** 정답 ④

자문화의 우월성을 강조하며 국수주의, 문화 제국주의를 초래하는 것은 자문화 중심주의에 해당한다.

**29** 정답 ③

문화의 다양성에 기여를 하는 A 문화 이해 관점은 문화 상대주의에 해당한다. 국수주의를 초래할 위험이 있는 B 문화 이해 관점은 자문화 중심주의에 해당한다.

**30** 정답 ①

보편 윤리는 인간의 존엄성, 생명 존중의 가치를 중시하기 때문에 극단적 문화 상대주의를 경계할 수 있다.

## 31 정답 ③

국제결혼, 외국인 노동자 증가로 인해 문화의 다양성이 가속화되고 있다.

## 32 정답 ③

다문화 사회에 다양한 문화의 유입으로 문화적 충돌 발생 가능성이 높아진다.

## 33 정답 ②

다문화 사회의 갈등을 해결하기 위한 개인적 차원의 방안으로는 다른 문화를 깊이 이해하도록 노력해야 하며, 개방적인 자세로 다른 민족 문화를 인정하고 포용하는 세계 시민 의식을 함양해야 한다.

## 34 정답 ④

제시된 자료를 보면 초중고 다문화 학생 수가 지속적으로 증가하는 것을 알 수 있다. 다문화 사회에서는 다문화 교육 강화, 문화를 평가의 대상이 아닌 이해의 대상으로 바라보는 태도가 필요하다.

다양한 문화를 한국 문화로 동화시키는 것은 문화의 획일화를 초래하고 사회적 갈등을 유발할 수 있기 때문에 적절한 대응방안으로 볼 수 없다.

## 35 정답 ③

제시된 글은 여러 문화의 고유한 특성을 인정하면서 조화를 이루는 다문화주의 관점에 해당한다. 이러한 관점을 샐러드 그릇 이론이라고 한다.

문화를 통합하여 새로운 문화를 발명한다는 것은 문화의 다양성을 보장하는 것이 아니라 문화 획일화를 추구하는 입장이다.

# PART Ⅷ 세계화와 평화

### 적중 예상 문제

본문 185~190p

| | | | | |
|---|---|---|---|---|
| 01 ④ | 02 ③ | 03 ③ | 04 ② | 05 ③ |
| 06 ② | 07 ② | 08 ① | 09 ④ | 10 ① |
| 11 ④ | 12 ① | 13 ② | 14 ② | 15 ③ |
| 16 ④ | 17 ④ | 18 ① | 19 ③ | 20 ③ |
| 21 ④ | 22 ③ | 23 ④ | 24 ② | 25 ③ |
| 26 ① | 27 ② | 28 ④ | 29 ① | 30 ③ |

## 01 정답 ④

무역 분쟁 해결을 위해 세계 무역 기구(WTO)가 출범되었다. 하지만 이로 인해 무역 갈등이 사라졌다고 보기는 힘들다.

**오답피하기**

② 세계화에 따른 장점으로 다양한 문화를 경험할 수 있지만, 특정 문화만 고집한다면 문화의 획일화라는 단점이 나타날 수 있다.

## 02 정답 ③

지역화는 지역의 독특한 사회·문화적 특성이 세계적 가치를 지니게 되는 현상을 말한다. 세계와의 단절을 통한 지역 문화를 발전시킨다는 것은 지역화 의미에 부합되지 않는다.

## 03 정답 ③

경제, 정치, 문화의 세계적인 중심 기능을 담당하는 도시를 세계 도시라 한다. 주요 세계 도시로는 뉴욕, 도쿄, 런던 등이 있다.

## 04 정답 ②

다국적 기업의 본사는 주로 본국의 대도시에 입지하며, 연구소는 대학 및 연구 시설이 밀집한 곳, 쾌적한 환경을 고려하여 입지한다. 생산 공장은 주로 저렴한 노동력이 풍부한 개발 도상국 또는 시장 개척을 위해 선진국에 입지한다.

**05** 정답 ③
다국적 기업에 대한 경제적 의존도가 심화되어 다국적 기업의 철수 또는 투자를 회수할 경우 경제적 타격을 입을 수 있다. 이는 부정적 측면에 해당한다.

**06** 정답 ②
자유 무역의 확대로 기술과 자본이 풍부한 선진국과 상대적으로 경쟁력이 약한 개발 도상국의 빈부 격차가 더 심화된다.

**07** 정답 ②
경쟁력이 강한 선진국과 상대적으로 경쟁력이 약한 개발 도상국 사이에 자유 무역이 나타나면 빈부 격차가 심화된다.

**08** 정답 ①
모든 인간과 사회에 타당한 객관적이고 일반적인 도덕 원칙을 보편 윤리라고 한다. '살인을 해서는 안 된다.'와 같은 원칙이 이에 해당한다.

**09** 정답 ④
특수 윤리는 특정 사회에서만 준수하는 특수한 윤리이다. 특정 종교에서 나타나는 교리 역시 특수 윤리에 해당한다. 이러한 특수 윤리는 보편 윤리를 바탕으로 보편적 가치를 훼손하는지에 대한 비판적 사고가 필요하다.

**10** 정답 ①
세계화로 인해 국가 간 분업은 확대된다.

**오답피하기**

② 경제적, 정치적 상호 의존성이 커진다.
③ 생활 공간의 범위는 넓어진다.
④ 교역 증가로 선진국과 개발 도상국의 빈부 차가 심화된다.

**11** 정답 ④
국제 갈등의 해결 방법으로는 국제 협약, 국제법을 통한 해결 방안뿐만 아니라 갈등 당사자 간의 대화와 양보를 통한 평화적 해결 노력 역시 필요하다.

**12** 정답 ①
인도와 파키스탄 간 분쟁이 카슈미르 분쟁이다. 이슬람교도가 대부분인 카슈미르를 힌두교를 믿는 인도가 통치권을 주장하면서 벌어진 분쟁이다. 카슈미르는 이슬람교와 힌두교인 간의 종교 갈등과 영유권을 둘러싼 인도·파키스탄 정부 간의 마찰이 복잡하게 뒤얽혀 있다.

**13** 정답 ②
제시된 그림의 분쟁지역은 팔레스타인으로 유대교를 믿는 이스라엘과 이슬람을 믿는 아랍 국가와의 분쟁이다. 따라서 이 지역의 분쟁 원인은 종교이다.

**14** 정답 ②
이스라엘은 유대교를 믿는 유대인 국가이고, 팔레스타인은 이슬람을 믿는 아랍 국가로 종교와 민족이 달라 분쟁이 지속되고 있다.

**15** 정답 ③
제시된 내용은 국제 기구에 대한 설명이다. 대표적인 국제 기구는 국제 연합(UN), 세계 보건 기구(WHO), 국제 통화 기금(IMF) 등이 있다.

**16** 정답 ④
제시된 내용은 비정부 기구(NGO)에 대한 설명이다. 비정부 기구는 개인이나 민간단체 주도로 만들어진 국제 사회 행위 주체로 국제 사회의 보편적 가치인 환경 보호, 인권 보장 등을 위해 노력한다. 비정부 기구의 예로 국경 없는 의사회(MSF), 그린피스(Greenpeace), 국제 사면 위원회(AI) 등이 있다.

**17** 정답 ④
다국적 기업, 개별 국가 내의 지방 정부, 국제적 영향력이 강한 개인을 국제 사회 행위 주체로 볼 수 있다.

**18** 정답 ①
전쟁, 테러, 범죄, 폭행 등의 물리적 폭력이 발생하지 않아 직접적 폭력이 제거된 상태를 소극적 평화라고 한다. 소극적 평화는 국가 안보 차원의 평화를 말한다.

**19** 정답 ③
갈퉁이 제시한 적극적 평화는 직접적 폭력뿐만 아니라 구조적, 문화적 폭력이 제거된 상태로 예방적 차원의 성격을 가진다. 실질적인 국제 평화를 이루려면 소극적 평화에 머무르지 말고 적극적 평화를 실현하도록 노력해야 한다.

**20** 정답 ③
문화적 폭력은 직접적 폭력이나 구조적 폭력을 정당화하는 데 이용된다. 적극적 평화를 위해서는 직접적 폭력, 구조적 폭력, 문화적 폭력이 사라져야 가능하며 인간다운 삶을 보장받을 수 있다.

**21** 정답 ④
제시된 내용은 통일을 통해 얻을 수 있는 경제적 이익을 설명한 것이다. 통일을 통해 국제 경쟁력을 강화할 수 있다가 가장 적절하다.

**22** 정답 ③
통일은 개인적, 민족적 측면, 정치적 측면, 경제적 측면, 사회 문화적 측면 등 다양한 필요성이 있다.
남북한의 통일을 통해 세계에서 우리나라의 위상은 높아질 수 있지만 세계의 대표 국가가 되기 위해 통일이 필요한 것은 아니다.

**23** 정답 ④
분단 비용은 분단에 따른 대립과 갈등으로 발생하는 비용으로 외교, 국방 비용과 같은 유형적 비용과 이산가족의 고통, 전쟁의 공포와 같은 무형적 비용이 있으며 소모적 성격의 비용이다.

**24** 정답 ②
평화 비용은 통일 이전에 평화 정착 및 유지를 위해 지불하는 비용으로 북한의 사회 간접 자본 확충, 남북 경제 협력과 관련된 비용이 대표적인 예이다. 통일 편익을 증진하기 위한 비용은 통일 비용에 해당한다.

**25** 정답 ③
센카쿠 열도는 청·일 전쟁 이후 일본이 차지하였으나 이 지역에 석유와 천연가스가 풍부하다는 사실이 밝혀지면서 중국, 타이완이 자국의 영토라고 주장하며 분쟁이 일어난 지역이다.
② 센카쿠 열도는 현재 일본의 실효적 지배 지역이다.

**26** 정답 ①
쿠릴 열도는 1905년 러·일 전쟁 이후 일본의 영토로 편입되었으나, 제2차 세계 대전 이후 소련이 점령함으로써 영토 분쟁이 발생한 지역이다.

**27** 정답 ②
센카쿠 열도는 중국, 타이완, 일본 간 분쟁이고, 시사 군도는 중국과 베트남 간 분쟁이며, 난사 군도는 중국, 필리핀, 베트남, 브루나이, 타이완 간 분쟁이다. 따라서 이 세 분쟁에 공통된 국가는 중국이다.

**28** 정답 ④
동북공정 사업 추진 문제는 일본의 역사 왜곡이 아닌 중국의 역사 왜곡에 해당한다. 동북공정은 고조선, 고구려, 발해 등 우리나라의 역사를 중국의 역사에 포함하고자 한다.

**29** 정답 ①
우리나라가 국제 사회에서 갖는 중요성으로 지정학적 측면, 정치적 측면, 경제적 측면, 문화적 측면이 있다.

지정학적 측면이란 지리와 정치적으로 중요한 지역이란 의미이며, 우리나라는 반도국으로 유라시아 대륙과 태평양을 연결하는 요충지이다.

### 30 정답 ③

지하자원 개발, 생산력 확대는 국제 사회의 평화에 기여하기보다는 환경 파괴, 무역 갈등을 조장할 우려가 있다.

## PART Ⅸ 미래와 지속 가능한 삶

**적중 예상 문제** 본문 205~210p

| | | | | |
|---|---|---|---|---|
| 01 ③ | 02 ④ | 03 ① | 04 ③ | 05 ① |
| 06 ③ | 07 ② | 08 ② | 09 ① | 10 ③ |
| 11 ③ | 12 ① | 13 ② | 14 ④ | 15 ② |
| 16 ③ | 17 ④ | 18 ③ | 19 ② | 20 ④ |
| 21 ① | 22 ① | 23 ④ | 24 ② | 25 ④ |
| 26 ③ | | | | |

### 01 정답 ③

최근에는 개발 도상국 주도로 인구성장이 이루어지고 있다.

산업 혁명 이전에는 기아, 질병, 전쟁 등으로 사망률이 높아 세계의 인구가 오랜 기간 동안 느린 속도로 증가하였다. 산업 혁명 이후에는 의학 기술이 발달하고 생활 수준이 향상되면서 사망률이 감소하고, 경제 발전으로 인구 부양력이 높아지면서 세계의 인구가 급속히 증가하기 시작하였다.

### 02 정답 ④

- 1단계 : 근대화 이전 단계인 전통적인 농업 사회에서 나타나는 다산 다사형의 고위 정체기로, 저개발 국가의 인구 성장을 나타낸다.
- 2단계 : 의학 기술의 발달과 경제 발달로 인구 부양력이 향상됨에 따라 다산 감사형의 인구 폭발기로, 개발 도상국의 인구 성장을 나타낸다.
- 3단계 : 여성들의 사회·경제적 지위의 향상과 가족 계획 등의 산아 제한 정책 등에 따른 감산 소사형의 인구 증가 둔화기로, 중진국의 인구 성장을 나타낸다.
- 4단계 : 낮은 인구 성장률과 노인 문제가 대두되는 소산 소사형의 인구 안정기로 저위 정체기에 해당하며, 고도의 산업화를 이룬 선진국의 인구 성장을 나타낸다. 현재 우리나라는 3단계에서 4단계로 넘어가는 선진국형의 인구 안정기에 접어들고 있다.

**03** 정답 ①
세계의 인구 분포는 살기 좋은 지역에 집중하여 불균등하게 분포한다.
자연적 요인으로는 풍부한 천연 자원, 평야 지형, 생활에 적합한 기온이, 인문적 요인으로는 풍부한 일자리, 편리한 교통, 발달된 산업 지역에 인구가 집중하는 경향이 있다.

**04** 정답 ③
산업화 이전에는 자연환경(기후, 지형 등)이, 산업화 이후에는 사회 경제적 요인(교통, 일자리 등)이 큰 영향을 준다.

**05** 정답 ①
최근의 인구 이동은 교통·통신의 발달과 세계화 현상으로 인해 과거에 비해 활발하게 나타난다.
경제적, 정치적, 자연적 조건이 다르기 때문에 인구 이동이 일어나며, 자원의 국제 이동도 같은 요인에 의한 발생이라고 볼 수 있다.

**06** 정답 ③
그래프를 통해 유소년 인구와 생산 가능 인구의 비중은 계속 감소하고, 고령 인구의 비중은 지속적으로 증가하는 고령화 현상이 나타나고 있음을 알 수 있다.

**07** 정답 ②
고령화 현상은 전체 인구 중 65세 이상이 차지하는 비율이 높아지는 현상이다.
고령화 문제점으로 경제 활동 인구가 감소하며 노년층 인구 비율 증가로 노인 부양에 따른 사회 보장 비용이 증가한다. 이를 해결하기 위해서 출산율을 높이는 출산 장려 정책이 필요하며 노인 일자리 창출, 사회 보장 제도의 개선이 필요하다.

**08** 정답 ②
통계를 통해 점차적으로 유소년 인구의 비중은 줄어들고, 고령 인구의 비중이 늘어나고 있음을 통해 저출산이 고령화로 이어진다는 것을 알 수 있다.
- 유소년 부양비 = 유소년 인구/청장년 인구×100
- 노년 부양비 = 노년 인구/청장년 인구×100

**09** 정답 ①
〈가〉는 방추형으로 일부 선진국에서 나타나며, 인구 감소 현상과 초고령화 사회가 나타난다. 예 영국, 프랑스
〈나〉는 피라미드형으로 개발 도상국에서 나타나며 인구의 급증, 유·소년층 비율이 높다.

**오답피하기**
③ 노년 부양비가 아닌 유소년 부양비가 늘어난다.
별형은 도시에서, 표주박형은 농촌에서 나타난다.

**10** 정답 ③
노년 부양비 증가로 세대 간 갈등이 나타나는 현상은 개발도상국이 아닌 선진국에서 발생하는 인구 문제이다. 선진국은 저출산, 의학 발달과 생활 수준 향상으로 평균 고령화에 따른 사회 문제가 나타난다.

**11** 정답 ③
제시된 자원의 특징은 가변성에 대한 설명이다. 석유는 고대 시대에는 설사약, 피부약으로 사용되었다. 19C 내연기관이 발명되면서 중요한 동력 자원으로 가치가 변화하였다. 즉, 기술 발달에 따라 자원의 가치가 변화한다.

**12** 정답 ①
제시된 설명은 가채 연수이다. 가채 연수를 늘리는 방법은 대체 자원의 개발, 에너지 절약, 새로운 매장지 개척 등이 있다.

**13** 정답 ②
석유는 신생대 3기층의 배사 구조에 주로 매장되어 있다. 페르시아만을 중심으로 서남아시아 지역에 세계 석유의 약 60% 이상이 매장되어 있다.

**14** 정답 ④

천연가스에 대한 설명이다. 천연가스는 신생대 제3기 지층에 석유와 함께 매장되어 있는 경우가 많으며, 냉동 액화 기술의 발달과 파이프라인 건설 등으로 저장과 수송이 가능해지면서 이용이 증가하고 있다.

**15** 정답 ②

제시된 내용은 자원의 특징 중 편재성 때문에 나타나는 현상이다.

자원의 소비량이 증가하고, 자원이 고갈되는 문제는 자원의 유한성으로 나타나는 현상이다.

**16** 정답 ③

자원 민족주의의 대표적인 예는 석유 수출 기구(OPEC)이다. 석유 수출 기구의 가맹국들은 자국의 민족적 이익을 지키기 위해 석유 생산량을 조정하며 국제 유가를 통제한다.

**17** 정답 ④

지속 가능한 발전은 자연의 재생 능력의 범위 안에서 자연 조건을 만족시키는 개발을 말한다. 사회와 경제, 환경이 조화를 이룬 발전을 추구한다.

**18** 정답 ③

지속 가능한 발전을 위한 국제·국가적 차원의 노력은 국제 환경 협약 체결, 온실 가스 감축을 위한 제도 실시, 공적 개발 원조(ODA) 실시 등이 있으며, 개인적 노력으로는 윤리적 소비 실천, 공정 무역 제품 이용, 로컬 푸드 구매 등이 있다.

**19** 정답 ②

석탄은 과거에 가정용 연료로 많이 이용하였으나, 최근 소득 수준이 높아지고 석유와 천연가스가 이용되면서 가정용 소비가 감소하고 있다.

**20** 정답 ④

여러 국가들이 신재생 에너지를 개발을 하고 있지만 여전히 석유, 석탄, 천연가스의 사용량이 많으며, 자원의 편재성으로 에너지 자원의 국제적 이동이 활발하다.

**21** 정답 ①

미래 예측을 통해 어느 정도의 문제 대처가 가능하지만 완벽하게 미래를 예측하여 대처하는 것은 불가능하다.

**22** 정답 ①

전문가 합의법을 델파이 기법이라고 한다. 각 분야의 전문가에게 설문을 반복하여 특정한 주제에 대한 전문가 집단의 합의를 도출하는 방식이다.

**오답피하기**

②, ③은 시나리오 기법에 대한 설명이다.

**23** 정답 ④

전 지구적으로 나타나는 문제는 한 국가의 노력만으로 해결하지 못한다. 국가 간 협력 강화를 통해 문제를 해결할 수 있다.

**24** 정답 ②

(가) 전자 민주주의 발달, 국제 기구 활동 증가, 영토와 종교 분쟁 축소 등은 정치적 측면에 해당된다.

(나) 저출생·고령화, 불평등, 삶의 질 중시, 다문화 확산, 사이버 범죄 등은 사회적 측면에 해당한다.

**25** 정답 ④

미래 사회에 힘을 바탕으로 미래 사회 문제점과 갈등을 해결한다는 것은 더 큰 문제를 일으킬 수 있다. 힘의 바탕이 아닌 대화와 협력을 통해 문제를 해결하는 것이 바람직한 자세이다.

**26** 정답 ③

자동차, 냉장고와 같은 사물에 센서와 통신 기능을 내장하여 인터넷에 연결하는 기술을 사물 인터넷이라 한다.

# 제4부 실전 모의고사 및 기출문제

## PART X 실전 모의고사

**제1회 정답** 본문 216~219p

| | | | | |
|---|---|---|---|---|
| 01 ② | 02 ④ | 03 ③ | 04 ① | 05 ① |
| 06 ④ | 07 ④ | 08 ④ | 09 ③ | 10 ④ |
| 11 ③ | 12 ③ | 13 ④ | 14 ② | 15 ④ |
| 16 ② | 17 ③ | 18 ② | 19 ③ | 20 ④ |
| 21 ② | 22 ③ | 23 ① | 24 ④ | 25 ② |

**01** 정답 ②

사회 현상을 바라보는 관점으로 시간적 관점, 공간적 관점, 사회적 관점, 윤리적 관점이 있다.

**오답피하기**

공간적 관점은 장소와 분포 유형 및 네트워크 형태를 고려해야 하며, 윤리적 관점은 규범적 방향성과 가치를 고려해야 한다.

**02** 정답 ④

사회 현상은 다양한 원인, 여러 가지 가치 문제와 사실 문제로 나타난다. 이러한 현상을 탐구하기 위해서는 종합적이고 통합적인 관점이 필요하다.

**03** 정답 ③

유교의 행복론은, 하늘로부터 부여받은 도덕적 본성을 보존하고 함양하면서 다른 사람과 더불어 살아가는 인(仁)을 실현하는 삶이 행복이다.

**04** 정답 ①

중세는 신앙 중심의 시대이다. 진정한 행복은 신과 하나가 되고, 신의 은총을 받아야지만 이루어진다고 보는 행복관이다.

**05** 정답 ①

행복을 위해 경제적 안정, 질 높은 정주 환경, 민주주의가 필요하다. 높은 학력은 행복을 위한 조건으로 보기 어렵다.

**06** 정답 ④

제시된 내용은 카르스트 지형에 대한 설명이다. 카르스트 지형은 석회암이 용식되어 형성된 지형을 말한다.

**07** 정답 ④

냉난방 시설이 함께 나타나는 것은 계절풍 기후 지역, 즉 온대 기후 지역의 특징이다.

**08** 정답 ④

아리스토텔레스는 인간 중심주의 관점으로 이성을 가진 인간이 자연을 이용할 수 있다는 관점이다. 모든 것은 목적이 있다는 목적론적 세계관으로 식물은 동물을 위해, 동물은 인간을 위해 존재한다고 주장한다.

**09** 정답 ③

레오폴드는 생태 중심주의의 대표적인 사상가이다. 레오폴드는 대지 윤리를 제시하여 생태계 전체를 하나의 유기체로 보고 공동체의 범위를 동물, 식물, 토양, 물을 포함한 대지까지 확대하려는 입장이다.

**10** 정답 ④

오존층 파괴는 염화 플루오린화 탄소(CFCs)의 사용량 증가로 나타나는 현상이다. 오존층 파괴를 막기 위해 대체 냉매제 개발이 필요하며 국제적 협력을 위해 몬트리올 의정서를 채택하였다.

**11** 정답 ③

우리나라의 도시화는 현재 종착 단계에 해당한다. 도시의 인구가 도시에서 벗어나 농촌이나 주변 도시 지역으로 이동하는 현상이 나타난다.

## 12 정답 ③
열섬 현상은 도심 지역의 인공열 방출로 인해 주변 지역보다 도심 지역의 기온이 상승하는 현상을 말한다.

## 13 정답 ④
유비쿼터스로 인해 시간과 장소에 관계없이 네트워크에 연결하여 이용할 수 있는 접근성이 향상된다.

## 14 정답 ②
지역 조사 과정은 '주제 선정 ➜ 지리 정보 수집(실내 조사, 야외 조사) ➜ 지리 정보의 분석(도표 작성) ➜ 보고서 작성' 순으로 이루어진다. 제시된 설명에 해당하는 과정은 실내 조사에 해당한다.

## 15 정답 ④
3세대 인권의 예로 자결권, 평화의 권리, 재난 구제를 받을 권리가 해당된다. 교육권, 근로 3권 등은 2세대 인권에 해당한다.

## 16 정답 ②
제시된 설명은 평등권에 대한 설명이다. 평등권은 성별, 종교, 사회적 신분 등에 의해 불합리한 차별은 받지 않을 권리이다.

## 17 정답 ③
시민 불복종은 공익성, 공개적, 비폭력, 처벌 감수, 최후의 수단으로 정당성을 확보할 수 있는 위법 행위이다.

## 18 정답 ②
제시된 설명은 자유방임주의를 주장하는 애덤 스미스의 산업 자본주의에 해당한다.

**오답피하기**

④ 신자유주의는 복지의 축소, 정부 개입의 축소를 강조한다.

## 19 정답 ③
제시된 설명은 비교 우위이다. 다른 나라에 비해 생산의 기회 비용이 작은 상품을 생산하고, 기회 비용이 큰 상품을 수입한다. 기회 비용은 작은 것이 경제적인 것이다.

## 20 정답 ④
펀드는 금융 기관에 돈을 맡겨서 대신 투자하도록 하는 금융 상품으로, 예금 상품보다 높은 수익을 기대할 수 있으나 자산 운용의 결과 원금 손실이 발생할 수 있다.

## 21 정답 ②
공공부조는 국가가 전액 지원하여 저소득 계층의 최저 생활을 보장하는 제도이다. 국민 기초 생활 보장 제도, 기초 연금, 의료 급여가 대표적인 예이다.

## 22 정답 ③
제시된 내용은 문화 융합에 내한 설명이나. 문화 융합은 다른 사회 문화 요소가 전통 문화 요소와 결합하여 제3의 새로운 문화 요소가 만들어지는 현상이다.

**오답피하기**

①, ④ 다른 사회의 문화 요소와 기존의 문화 요소가 각각의 고유한 특성을 유지하면서 함께 공존하는 것을 문화 병존이라 한다.

② 내재적 문화 변동은 발명, 발견에 해당한다.

## 23 정답 ①
제시된 설명은 소극적 평화이다. 갈퉁은 소극적 평화뿐만 아니라 구조적, 문화적 폭력이 제거된 상태를 적극적 평화, 완전한 평화라고 한다.

## 24 정답 ④
개발 도상국은 사망률의 빠른 감소, 높은 출생률에 따른 인구 급증 현상이 나타난다. 산업화와 도시화 역시 국가 주도로 이루어져 급격하게 일어나 도시 문제, 실업 문제 등 다양한 사회 문제가 나타난다. 높은 출생률로 인해 유소년 부양비가 높으며 노년 부양비 증가로 세대 갈등이 나타나는 사회는 선진국에 해당한다.

### 25 정답 ②

A자원은 석탄에 해당한다. 세계 에너지 소비 구조에서 가장 많이 사용하는 화석 에너지 순서는 석유 > 석탄 > 천연가스 순이다. 석탄은 고기 조산대에 주로 매장되어 있으며 18세기 산업 혁명 이후 동력 자원으로 이용되면서 주요 자원이 되었다. 제철 공업 및 화력 발전의 연료로 이용되며 석유보다 수송·이용 면에서 불편하여 공업용, 화력 발전용으로 이용되고 있다.

## 제2회 정답

본문 220~223p

| | | | | |
|---|---|---|---|---|
| 01 ② | 02 ③ | 03 ② | 04 ① | 05 ③ |
| 06 ③ | 07 ① | 08 ① | 09 ④ | 10 ② |
| 11 ④ | 12 ③ | 13 ② | 14 ② | 15 ① |
| 16 ② | 17 ① | 18 ④ | 19 ④ | 20 ② |
| 21 ④ | 22 ② | 23 ② | 24 ① | 25 ④ |

### 01 정답 ②

ㄱ의 관점은 통합적 관점이다. 사회 현상은 다양한 원인과, 여러 가지 복잡한 현상으로 나타나기 때문에 이러한 현상을 탐구하기 위해서는 종합적인 통합적 관점이 필요하다.

### 02 정답 ③

제시된 내용은 자원의 불평등한 분배에 대한 내용이다. 고통받는 어린이를 위해 원조를 의무로 간주해야 한다는 주장은 윤리적 관점에서 사회를 탐구하는 것이다.

### 03 정답 ②

불교의 행복관은 청정한 불성을 바탕으로 '나'라는 의식을 버리기 위한 수행과 고통받는 중생을 구제하는 실천을 통해 해탈의 경지에 이르는 삶이 행복이라고 본다.

### 04 정답 ①

칸트는 참된 행복이란 인간으로서 마땅히 지켜야 할 도덕 법칙을 실천하는 삶이라고 주장한다.

### 05 정답 ③

제시된 그래프는 이스털린의 역설이다. 소득과 행복은 일정 부분 영향을 주고 비례 관계가 나타나지만 항상 비례하는 것은 아니다. 일정 수준 이상으로 소득이 증가해도 행복의 정도는 변화가 없다.

### 06 정답 ③

주어진 그림과 같은 가옥을 고상 가옥이라고 한다. 고상 가옥은 열대 기후 지역에서 잘 나타난다. 강수량이 많기 때문에 지붕의 경사는 급하며, 뜨거운 열기와 습기를 차단하기 위해 지면으로부터 띄워서 건물을 짓는다. 전통 농업으로는 이동식 화전 농업으로 얌, 카사바를 재배하며, 플랜테이션으로 상업적 농업이 행해진다.

**07 정답 ①**

제시된 내용은 열대성 저기압인 태풍에 대한 설명이다. 태풍은 지역마다 다른 명칭을 사용하며 막대한 인명 피해, 재산 피해를 입힌다. 태풍에 대한 대비를 통해 피해를 최소화할 수 있다.

**08 정답 ①**

제시된 내용은 유교의 자연관이다. 만물이 본래적 가치를 지닌다고 보며, 인간과 자연이 조화를 이루는 천인합일의 경지를 지향한다.

**09 정답 ④**

제시된 설명은 생태 중심주의 관점에 해당한다. 생태 중심주의는 대지를 경제적 가치로만 평가할 수 없으며, 인간 역시 생명 공동체의 한 구성원으로 자연과 균형을 유지해야 한다는 관점이다.

**10 정답 ②**

지구 온난화는 화석 연료의 사용 증가로 인해 지구의 온도가 올라가는 현상을 말한다. 이에 대한 영향으로 빙하가 축소되고 해수면이 상승한다. 이에 따라 육지의 면적은 감소하게 된다.

**11 정답 ④**

우리나라의 도시화율의 변화를 보면 점차 도시화율의 증가가 둔화되는 현상이 나타난다. 오히려 도시에서 농촌으로 이동하는 U턴 현상 또는 교외화 현상이 나타난다.

**12 정답 ③**

도시 내부 공간은 지대 지불 능력에 따라 분화된다. 도시 지역은 효율성을 높이기 위해 고층 건물, 아파트가 등장하며 인공 구조물이 많아져 불투수층의 면적이 넓어진다.

**13 정답 ②**

CCTV 설치, 휴대 전화 위치 추적, 드론의 상용화로 인해 사생활 침해가 나타난다.

**14 정답 ②**

도시와 가까운 촌락은 도시화가 진행되면서 도시 인구의 유입이 활발하게 나타난다. 이로 인해 도시와 가까운 촌락은 인구가 증가하고 있다.

**15 정답 ①**

사회권은 산업 혁명 이후 빈부 격차, 사회 불평등 심화로 사회적 약자의 인간다운 생활을 보장하고자 국가에 대하여 적극적으로 배려를 요구할 수 있는 권리이다.

**16 정답 ②**

제시된 내용은 헌법 재판소에 대한 설명이다. 헌법 재판소는 법률이 헌법에 위배되는지를 판단하는 위헌 법률 심판, 국민의 기본권이 침해되었을 때 마지막 수단으로 권리를 보호받기 위해 진행하는 헌법 소원 심판 등을 담당한다.

**17 정답 ①**

A는 법률에 해당한다. 기본권은 법률로써 제한 가능하지만 본질적인 자유와 권리는 침해 불가능하다.

**18 정답 ④**

시민 불복종은 정의롭지 못한 법이나, 정책을 변혁하기 위한 의도적인 위법 행위이다. 시민 불복종은 처벌을 감수해야 한다.

**19 정답 ④**

청소년은 위험한 일과 유해한 업종의 일은 할 수 없다.

## 20 정답 ②

스노브 효과는 타인이 소비하는 것은 무조건 거부하고 남과 다른 것만을 소비하는 현상이다.

**오답피하기**

① 과시 소비 현상이다.
③ 물건의 생산 과정을 보고 환경 오염과 노동자의 근무 조건을 판단하여 소비하는 형태이다.
④ 유행 추구 현상이다.

## 21 정답 ④

신발과 옷에 대해 을국은 모두 절대 우위를 가진다. 갑국은 신발 5개를 생산할 때 옷 7개를 포기해야 하기 때문에 신발 5개 생산에 대한 기회 비용은 옷 7개이다.

즉, 신발 1개당 옷 $1\frac{2}{5}$를 포기한 것이다.

을국은 신발을 6개를 생산할 때 옷 11개를 포기해야 하기 때문에 신발 6개 생산에 대한 기회 비용은 옷 11개이다.

즉, 신발 1개당 옷 $1\frac{5}{6}$를 포기한 것이다.

## 22 정답 ②

취득, 양도, 교정의 원칙은 노직의 정의론이다.

**오답피하기**

롤스는 모든 사람은 기본적 자유를 최대한 누려야 하며, 최소 수혜자에게 최대의 이익이 되도록 분배가 되어야 함을 강조한다. 롤스의 정의의 원칙으로 제1원칙은 평등한 자유의 원칙, 제2원칙은 기회균등·차등의 원칙이다.

## 23 정답 ②

문화 변동의 요인으로 내재적 요인과 외재적 요인이 있다. 내재적 요인은 발명과 발견이 있으며, 외재적 요인으로는 직접 전파, 간접 전파, 자극 전파가 있다.

**오답피하기**

① 문화 접변이란 둘 이상의 다른 문화가 접촉을 통해 일어나는 현상이다.
③ 발명이 일어나도 많은 사람들이 사용해야 문화 변동이 일어났다고 볼 수 있다.
④ 외재적 문화 변동에 대한 설명이다.

## 24 정답 ①

쿠릴 열도는 일본과 러시아의 영토 분쟁 지역이다. 1905년 러·일 전쟁 이후 일본의 영토로 편입되었고 제2차 세계 대전 이후 소련이 점령함으로써 영토 분쟁이 발생한 지역이다.

## 25 정답 ④

투발루 섬은 지구 온난화로 인해 해수면 상승으로 섬이 바다에 잠겨 주민들이 삶의 터전을 뉴질랜드나, 오스트레일리아로 이동하고 있다.

# PART XI 2024년 기출문제

## 제1회 정답

본문 226~230p

| | | | | |
|---|---|---|---|---|
| 01 ① | 02 ④ | 03 ④ | 04 ② | 05 ② |
| 06 ① | 07 ② | 08 ② | 09 ④ | 10 ② |
| 11 ① | 12 ① | 13 ③ | 14 ④ | 15 ③ |
| 16 ③ | 17 ④ | 18 ① | 19 ① | 20 ② |
| 21 ② | 22 ④ | 23 ③ | 24 ① | 25 ③ |

### 01 정답 ①

행복한 삶을 실현하기 위한 조건으로 질 높은 정주 환경, 경제적 안정, 민주주의 실현, 도덕적 실천과 성찰하는 삶 등이 있다.

정주 환경이란 좁은 의미로는 주거지를 넓은 의미로는 일상생활 전 영역을 말한다. 질 높은 정주 환경을 갖추기 위해서는 깨끗한 자연환경과, 안락한 주거 환경, 문화·예술·체육·복지 시설 등의 사회적 환경이 필요하다.

### 02 정답 ④

인권의 특성으로 태어나면서 하늘로부터 부여받는 자연적 권리인 천부성, 나이·사회적 신분 등과 관계없이 모든 인간이 누려야 할 권리인 보편성, 타인이 함부로 빼앗거나 양도할 수 없는 권리인 불가침성, 영원히 보장되는 권리인 항구성이 있다.

**오답피하기**

ㄱ, ㄴ. 인권은 타인이 침범할 수 없으며 양도할 수 없는 불가침성의 권리이다.

### 03 정답 ④

우리나라 헌법상의 기본권 중 참정권은 국가의 의사 결정 과정에 참여할 수 있는 능동적 권리로 선거권, 공무담임권, 국민 투표권 등이 있다.

**오답피하기**

① 사회권은 국가에 대하여 인간다운 생활의 보장을 요구할 수 있는 권리이다.
② 평등권은 다른 기본권 보장의 전제 조건으로 성별, 종교, 사회적 신분 등에 의해 불합리한 차별을 받지 않을 권리이다.
③ 청구권은 다른 기본권을 보장하기 위한 수단적 권리로 국가에 대해 일정한 행위를 청구할 수 있는 권리이다.

### 04 정답 ②

자본주의는 사유 재산 제도를 바탕으로 자유로운 경제 활동이 보장되는 시장 경제 체제이다.

**오답피하기**

① 법치주의는 국가 운영을 국회가 정한 법률에 근거하여 수행한다.
③ 공동체주의는 인간의 삶이 공동체에 있음을 강조하는 사상이다.
④ 자문화 중심주의는 자기 사회의 문화는 우수하며 다른 사회 문화는 열등하다고 여기는 태도이다.

### 05 정답 ②

㉠은 공공복리이다. 기본권을 헌법으로 보장하지만 국가 안전 보장, 질서유지, 공공복리를 위하여 필요한 경우 국회에서 제정한 법률로써 기본권 제한이 가능하다. 하지만 기본권을 제한하는 경우에도 자유와 권리의 본질적인 내용은 침해할 수 없다.

**오답피하기**

③ 문화 동화란 기존의 문화 요소가 다른 사회의 문화 요소로 흡수되어 정체성을 상실하는 현상이다.

**06** 정답 ①

사회 복지 제도의 유형에는 사회 보험, 공공 부조, 사회 서비스가 있다.

사회 보험은 개인과 정부, 기업이 보험료를 분담하여 사회적 위험에 대비하는 제도로 국민 건강 보험, 고용 보험, 국민연금, 산업 재해 보상 보험 등이 있다.

공공 부조는 국가가 전액 지원하여 저소득 계층의 최저 생활을 보장하는 제도로 국민 기초 생활 보장 제도가 대표적이다. 사회 서비스는 도움이 필요한 전 국민 대상으로 다양한 서비스 혜택을 지원하는 제도로 노인 돌봄 서비스 등이 있다.

**07** 정답 ②

시장 실패의 사례로 독과점 문제, 공공재 공급 부족, 외부 효과 등이 있다. 공공재는 대가를 지불하지 않은 사람도 사용할 수 있는 무임승차 문제로 시장에서 충분히 공급되지 못하여 공공재 부족 문제가 발생한다.

오답피하기

③ 생산량이 증가할수록 단위당 생산비용이 감소하는 규모의 경제는 시장 실패의 사례가 될 수 없다.

④ 소비자가 윤리적인 가치 판단을 하고 상품을 소비하는 것은 윤리적 소비이다.

**08** 정답 ②

편익은 어떤 대안을 선택함에 따라 얻을 수 있는 만족이나 이득을 의미한다.

오답피하기

ㄴ. 경기 침체와 동시에 물가가 상승하는 현상은 스태그플레이션이다. 스태그플레이션은 석유 가격 상승에 의한 석유 공급 부족으로 발생한 경기 침체로, 정부의 개입으로 적절한 대응이 어려웠으며, 이로 인하여 정부 기능의 한계에 대한 문제가 제기되며 신자유주의가 등장하게 되었다.

ㄷ. 매몰 비용은 이미 지불하여 회수할 수 없는 비용으로 어떤 선택을 함에 있어 고려해서는 안 되는 비용이다.

**09** 정답 ④

근로 3권은 헌법에서 보장하는 노동자의 권리이다. 노동조합을 결성할 수 있는 권리를 단결권, 노동조합이 사용자와 교섭할 수 있는 권리를 단체 교섭권, 파업 등의 쟁의 행위를 할 수 있는 권리를 단체 행동권이라 한다.

**10** 정답 ②

생애 주기별 금융 설계가 필요한 이유는 평균 수명 연장에 따른 삶의 대비가 필요하기 때문이다. 금융 설계의 원칙은 현재의 소득만을 기준으로 하는 것이 아니라, 전 생애 동안의 예상 소득을 기준으로 장기적 관점에서 소비와 저축을 결정해야 한다.

오답피하기

④ 생애 주기의 발달 과업에 따라 필요한 자금의 크기는 다르다.

**11** 정답 ①

문화 변동 요인 : 내재적 요인, 외재적 요인

- 내재적 요인으로는 기존에 존재하지 않았던 새로운 문화 요소를 만들어내는 발명과 기존에 존재하고 있었지만 알려지지 않았던 것을 찾아내는 발견이 있다.
- 외재적 요인으로는 직접 전파, 간접 전파, 자극 전파가 있다.

오답피하기

③ 무역 상대국에 비해 상대적으로 더 작은 기회비용으로 상품을 생산할 수 있을 때 비교 우위를 가진다고 한다.

④ 무역 상대국에 비해 낮은 생산비로 생산할 수 있을 때 그 상품에 대해 절대 우위를 가진다고 한다.

**12** 정답 ①

제시된 내용은 사회 불평등의 의미에 해당한다. 사회 불평등은 모든 사회에서 보편적으로 나타나는 현상이지만, 사회나 시대에 따라 불평등의 기준이 다양하게 나타난다.

**오답피하기**

② 시장의 가격 결정이나 기업의 생산에 영향을 끼침으로써 시장에서 자원 분배의 방향을 결정하는 것을 소비자 주권이라 한다.
③ 문화 상대주의는 다른 사회의 문화를 해당 사회의 맥락에서 이해하는 태도이다.

## 13 정답 ③

- **분배적 정의** : 사회적 지위와 권리, 재화와 서비스 등 사회적·경제적 가치를 공정하게 분배하는 것과 관련된 정의이다.
- **분배적 정의 기준** : 업적, 능력, 필요 등 다양한 실질적 기준이 존재한다. ㉠에 따른 분배는 인간다운 삶을 보장하기 위한 필요에 따른 분배에 해당한다.

**오답피하기**

① 담합은 유사한 제품을 생산하는 기업끼리 가격, 판매 지역 등에 관한 협정을 맺어 서로 경쟁을 제한하는 것을 말한다.
④ 특화는 자신이 갖고 있는 생산 요소를 특정 재화나 서비스 생산에 집중함으로써 생산성을 높이는 것을 말한다.

## 14 정답 ④

한대 기후 지역은 일 년 내내 기온이 낮아 보온을 위해 동물의 가죽과 털로 만든 두꺼운 옷을 입는다. 순록 유목을 하며 날생선, 육류와 저장 음식을 먹는다. 가옥은 폐쇄적 가옥 구조가 나타나며 대표적인 가옥으로는 이글루가 있다.

## 15 정답 ③

사막화는 사막 주변에 장기간 가뭄, 인간의 과도한 목축과 개간으로 나타나는 환경 문제이다. 사막화로 식량 생산 감소, 황사 현상이 심화되며 대표적인 발생 지역은 사헬 지대이다.

## 16 정답 ③

자연을 바라보는 대표적인 관점으로 인간 중심주의와 생태 중심주의가 있다.
인간 중심주의는 인간을 다른 자연적 존재들보다 가치 있는 존재로 여기고, 인간과 자연의 관계에서 인간의 이익이나 행복을 먼저 고려하는 관점이다. 인간 중심주의는 과학 기술의 발전과 경제 성장을 이루는 데 도움을 주었지만 환경오염 등과 같은 환경 위기를 초래하였다는 비판도 받는다.

**오답피하기**

② 생태 중심주의는 자연 그 자체의 가치를 인정하고 무생물을 포함한 자연 전체를 도덕적 고려 대상으로 여기는 관점이다. 레오폴드의 대지 윤리가 대표적인 생태 중심주의 자연관이다.

## 17 정답 ④

- 힌두교는 다신교이며 소를 신성시 한다. 힌두교의 성지는 갠지스강이다.
- 이슬람교는 돼지고기와 술을 금기하며 여성들은 얼굴과 몸을 가리는 베일을 착용한다. 이슬람교의 성지는 메카이다.

## 18 정답 ①

- **저출산의 원인** : 초혼 연령 상승, 결혼 및 출산에 대한 가치관 변화 등
- **저출산의 문제점** : 생산 연령 인구 감소에 따른 노동력 부족, 잠재 성장률 하락 등
- **해결 방안** : 보육 시설 확충, 출산 장려금 지원 등 사회적 지원 강화

## 19 정답 ①

교통·통신 발달에 따라 생활 공간이 확대되고 시공간적 제약이 완화되어 지구촌 사회가 형성되었다. 또한 경제 활동 범위와 여가 공간이 확대되어 다양한 문화 체험 기회가 증가하였다.

**20** 정답 ②

다국적 기업은 기업의 이윤 극대화를 위해 본사, 연구소, 생산 공장 등을 세계적 범위로 공간적 분업을 실시한다. 본사는 주로 본국의 대도시나 세계 도시에 입지를 하며, 연구소는 대학가 근처, 생산 공장은 저렴한 노동력이 풍부한 개발 도상국이나 시장 개척을 위해 선진국에 입지한다.

**오답피하기**

① 공정 무역은 개발 도상국에서 생산하는 제품에 정당한 가격을 지급하여 생산자가 경제적으로 자립할 수 있도록 해주는 무역 방식이다.
③ 탄소 발자국은 일상생활에서 만들어 내는 탄소의 양을 말한다.
④ 지리적 표시제는 농산물 및 그 가공품의 특징이 지리적 특성에 기인하는 경우 그 지역의 특산품임을 인증하는 제도이다.

**21** 정답 ②

제시된 개인 정보 유출, 사생활 침해, 사이버 범죄 등은 정보화 사회의 문제점이다. 정보화 사회란 지식과 정보가 부의 원천이 되는 사회로 인터넷 중독, 사이버 범죄, 사생활 침해, 정보 격차 등의 문제가 나타난다.

**오답피하기**

① 교외화란 중심도시가 가지고 있는 여러 기능이 주변지역으로 확산되는 현상이다.
③ 님비 현상은 자신이 속한 지역에 이익이 되지 않는 일을 반대하는 지역 이기주의의 예이다.
④ 열섬 현상은 도시 내 콘크리트나 아스팔트로 포장된 면적 증가, 인공열 증가로 도시의 평균 기온이 주변 지역보다 높아지는 현상이다.

**22** 정답 ④

세계 문화권은 유럽 문화권, 건조 문화권, 아프리카 문화권, 아시아 문화권, 아메리카 문화권, 오세아니아 문화권으로 구분한다. 아메리카는 리오그란데강을 기준으로 북쪽은 앵글로 아메리카, 남쪽은 라틴 아메리카로 구분한다. 에스파냐어와 포르투갈어를 사용하고 가톨릭을 믿는 문화권은 라틴 아메리카인 D이다.

**23** 정답 ③

인구 구조는 피라미드형, 종형, 방추형, 표주박형, 별형으로 구분한다. 인구 구조를 통해 해당 지역의 사회·경제적 특성을 파악할 수 있다.

**오답피하기**

① 인구 절벽이란 인구가 급격히 줄어들어 인구 분포가 마치 절벽이 깎인 것처럼 분포된다는 의미이다.
② 인구 과잉이란 한 지역에 인구가 적정 수준을 넘어서 초과한 상태를 말한다.

**24** 정답 ①

그린피스(Greenpeace)와 국경없는 의사회(MSF)는 비정부 기구(NGO)이다. 개인이나 민간단체 주도로 만들어진 국제 사회 행위 주체로 환경 보호, 인권 보장 등을 위해 노력하고 있다.

**오답피하기**

③ 국제 연합(UN)은 정부 간 국제기구로 평화 유지군을 파견한다.
④ 국가를 회원으로 하는 정부 간 국제기구로 국제 연합(UN), 세계 보건 기구(WHO), 국제 통화 기금(IMF) 등이 있다.

**25** 정답 ③

자원은 유한성, 편재성, 가변성의 특징을 가진다. 유한성은 자원의 매장량이 한정되어 있어 언젠가 고갈되고, 편재성은 자원이 특정 지역에 편중되어 분포하며, 가변성은 기술·경제·문화적 조건 등에 따라 자원의 의미와 가치가 달라짐을 의미한다.

## 제2회 정답

본문 231~235p

| | | | | |
|---|---|---|---|---|
| 01 ② | 02 ② | 03 ② | 04 ③ | 05 ① |
| 06 ④ | 07 ③ | 08 ③ | 09 ① | 10 ① |
| 11 ④ | 12 ① | 13 ② | 14 ② | 15 ③ |
| 16 ② | 17 ② | 18 ④ | 19 ① | 20 ③ |
| 21 ③ | 22 ④ | 23 ③ | 24 ② | 25 ④ |

### 01 정답 ②

행복한 삶을 실현하기 위해서는 질 높은 정주 환경의 조성, 경제적 안정, 민주주의의 발전 및 도덕적 실천이 필요하다. 민원 제기, 청원 운동, 집회 참가 등의 시민 참여를 통해 시민의 권리를 능동적으로 행사하여 민주주의를 실현함으로써 시민으로서의 행복감을 높인다.

**오답피하기**

① 편익이란 어떤 대안을 선택함에 따라 얻을 수 있는 만족이나 이득이다.
③ 규모의 경제는 생산량이 늘어남에 따라 제품 단위당 평균 생산비가 하락하는 것을 말한다.
④ 완전 경쟁의 조건을 만족하지 않는 공급자가 1명인 독점과 공급자가 소수인 과점 현상을 불완전 경쟁이라 한다.

### 02 정답 ②

인권은 인간 존엄성을 유지하며 살아갈 수 있도록 모든 사람이 누려야 하는 기본적인 권리이다. 영국 명예혁명, 미국의 독립 혁명, 프랑스 혁명을 통해 인권을 강조하는 선언들이 발표되고 자유권, 평등권, 참정권의 등장으로 인권이 신장되었다.

**오답피하기**

③ 종전은 전쟁이 끝난 상태를 말한다.
④ 채권은 정부, 기업 등이 필요한 자금을 빌리면서 발행하는 증서이다.

### 03 정답 ②

인권 보장을 위한 제도로 권력 분립은 국가 권력을 입법부, 사법부, 행정부로 나누어 서로 견제하고, 균형을 이루게 하는 제도이다. 국회에는 입법권, 정부는 행정권, 법원은 사법권을 가진다.

### 04 정답 ③

준법 의식은 권리와 이익 보호, 공동선 실현을 위해 사회 구성원들이 법을 지키고자 하는 자세이다.

**오답피하기**

① 유동성은 필요할 때 쉽게 현금으로 전환할 수 있는 정도이다.
② 기회비용은 어떤 것을 선택함으로써 포기한 것들 가운데 가장 가치가 큰 것으로 명시적 비용과 암묵적 비용을 합한 값이다.
④ 인플레이션은 화폐 가치가 하락하여 물가가 상승하는 경제 현상이다.

### 05 정답 ①

시장의 경제 주체인 정부는 빈부 격차 문제 개선, 외부 효과 개선, 공공재 생산, 공정한 경쟁 촉진 등의 역할을 담당한다. 정부는 빈부 격차 문제는 사회 보장 제도, 누진세를 통해 소득 재분배 정책을 강화하며, 독과점과 같은 불공정 거래 행위를 규제하여 공정한 경쟁을 유도한다.

### 06 정답 ④

자유 무역 협정(FTA)은 개별 국가끼리 상품이나 서비스의 자유로운 이동을 위해 물품의 관세를 낮추거나 무관세로 상품과 서비스의 수출입 거래가 이루어지도록 하는 협정이다.

**오답피하기**

① 브렉시트(Brexit)는 영국의 유럽 연합 탈퇴를 뜻하는 단어이다.
② 님비(NIMBY)는 자신이 속한 지역에 혐오 시설 설치를 반대하는 지역 이기주의 현상이다.

③ 누리 소통망(SNS)은 네트워크를 바탕으로 다른 사람과 교류할 수 있는 응용 프로그램을 관리하는 서비스이다.

**07 정답 ③**

1929년 대공황으로 기업이 도산하고 실업자가 증가하는 시장 실패로 정부의 시장 개입이 필요하다는 케인스의 경제 이론을 수정 자본주의라 한다. 미국은 수정 자본주의를 바탕으로 뉴딜 정책을 실시하였다.

**08 정답 ③**

일반적으로 투자 수익이 크면 투자 위험도 커지므로 주식, 채권 등 여러 종류의 금융 자산에 투자하는 포트폴리오 투자(분산 투자)가 필요하다.

오답피하기

① 빨대 효과란 교통이 편리한 지역이 상대적으로 교통이 불편한 지역의 경제력을 흡수하는 현상이다.
② 외부 효과는 경제 주체가 경제 활동을 하는 과정에서 의도치 않게 타인에게 이익을 주거나 피해를 입히고도 대가를 치르지 않는 현상이다.
④ 사이버 불링은 사이버 공간에서 특정인을 집단적으로 따돌리거나 욕설, 험담 따위로 집요하게 괴롭히는 행위이다.

**09 정답 ①**

공동선이란 공동체 구성원 모두에게 이익이 되거나 공동체의 발전을 이루게 하는 것이다. 사회 통합을 위해 개인선과 공동선을 조화하여 사회 갈등을 최소화해야 한다.

오답피하기

② 희소성은 자원은 유한하지만 인간의 욕구는 무한하기 때문에 발생한다.
③ 무임승차는 대가를 치르지 않고 승차하는 행위를 말한다.
④ 인간 소외는 인간이 본래 가지고 있는 인간성을 박탈당하는 현상이다.

**10 정답 ①**

사회 복지 제도는 누구나 경험할 수 있는 다양한 사회적 위험에서 벗어나 최소한의 인간다운 삶을 살 수 있도록 지원하는 제도이다.

- 사회 보험 제도는 개인과 정부, 기업이 보험료를 분담하여 사회적 위험에 대비하는 제도로 국민 건강 보험, 고용 보험, 국민연금, 산업 재해 보상 보험이 있다.
- 공공 부조는 국가가 전액 지원하여 저소득 계층의 최저 생활을 보장하는 제도로 국민 기초 생활 보장 제도, 기초 연금, 의료 급여 등이 있다.
- 사회 서비스는 도움이 필요한 모든 국민을 대상으로 다양한 서비스 혜택을 지원하는 제도로 노인 돌봄 서비스, 가사 · 간병 서비스 등이 있다.

**11 정답 ④**

문화 변동 양상으로 문화 동화, 문화 병존, 문화 융합이 있다. 기존의 문화 요소와 다른 사회로부터 전파된 문화 요소가 함께 공존하는 현상을 문화 병존이라 한다.

오답피하기

① 발견은 문화 변동의 내재적 요인으로 찾아내지 못하였거나 아직 알려지지 아니한 사물이나 현상을 찾아낸 것을 말한다.
③ 문화 동화는 기존의 문화 요소가 다른 사회의 문화 요소로 흡수되어 정체성을 상실하는 현상이다.

**12 정답 ①**

문화를 이해하는 태도는 문화 사대주의, 문화 상대주의, 자문화 중심주의가 있다.

- 문화 사대주의는 다른 사회의 문화가 우월하며 자신의 문화를 열등하다고 여기는 태도이다.
- 문화 상대주의는 다른 사회 문화를 해당 사회의 맥락에서 이해하는 태도이다.
- 자문화 중심주의는 자기 사회의 문화는 우수하며 다른 사회 문화는 열등하다고 여기는 태도이다.

## 13 정답 ②

다양한 문화를 우리 사회의 주류 문화에 동화시키려는 이론을 용광로 이론이라 한다. 용광로 이론은 문화적 동질성, 사회 통합에 유리하지만 다양성을 무시하는 단점이 있다.

**오답피하기**

③ 유리 천장은 충분한 능력을 갖춘 사람이 직장 내 성 차별이나 인종 차별 등의 이유로 고위직을 맡지 못하는 상황을 의미한다.

④ 로컬 푸드는 장거리 운송을 거치지 않은, 가까운 지역에서 생산되는 농산물을 의미한다.

## 14 정답 ②

한대 기후는 일 년 내내 기온이 낮은 지역으로 툰드라 기후와 빙설 기후로 나뉜다. 보온을 위해 동물의 가죽과 털로 만든 두꺼운 옷을 입고 날고기·날생선, 저장 음식을 섭취한다. 가옥 구조는 이글루와 폐쇄적 구조가 나타난다.

## 15 정답 ③

자연재해는 기상 재해와 지형 재해로 구분한다. 기상 재해는 홍수·가뭄·폭설·열대성 저기압·황사 등이며, 지형 재해는 화산 활동·지진이 있다. 폭설은 많은 눈이 단시간에 집중해서 내리는 현상으로 교통 혼잡, 비닐하우스 붕괴 등의 영향을 준다.

**오답피하기**

① 가뭄은 기상 재해이며 오랫동안 비가 내리지 않아 발생한다.

② 지진은 지형 재해이며 땅이 갈라지고 흔들리면서 건축물과 도로 등이 붕괴된다.

④ 화산은 지형 재해이며 용암, 화산 가스, 화산재 등에 의한 피해가 발생한다.

## 16 정답 ②

차티스트 운동은 영국 노동자들이 보통 선거권을 획득을 위한 사회 운동이다.

**오답피하기**

① 교토 의정서는 지구 온난화를 해결하기 위한 국제 협약이다.

③ 몬트리올 의정서는 오존층 파괴 문제를 해결하기 위한 국제 협약이다.

④ 사막화 방지 협약은 사헬 지대, 사막 주변에 나타나는 사막화 현상을 막기 위한 국제 협약이다.

## 17 정답 ②

도시화는 한 국가 내에서 도시 거주 인구 비율이 높아지고 도시적 생활 양식과 도시적 경관이 확대되는 현상이다. 2·3차 산업의 발달로 인해 직업이 분화되고 전문성이 증가하며 특히 도시 거주민의 직업이 다양하게 나타난다.

**오답피하기**

① 도시는 인공열 증가로 기온이 주변 지역보다 높아지는 열섬 현상이 나타난다.

③ 도시의 인공 건축물이 증가하였다.

④ 농업 중심의 사회에서 공업 중심의 사회로 변화하였다.

## 18 정답 ④

제시된 내용은 합계 출산율이다.

**오답피하기**

① 고령화 현상은 총인구 중에서 65세 이상 노년층 인구가 차지하는 비율이 높아지는 현상이다.

② 인구 구조는 남성과 여성의 인구, 연령별 기준 등으로 집계하여 분류한 인구 피라미드이다.

## 19 정답 ①

한국, 중국, 일본은 동아시아 문화권이다. 동아시아 문화권은 유교와 불교 문화가 발달하였고 젓가락과 한자를 공통으로 사용한다.

**오답피하기**

③ 뉴질랜드의 원주민이 마오리족이다.
④ 사하라 사막 이남의 아프리카 지역은 아프리카 문화권이다.

## 20 정답 ③

이슬람교는 유일신 알라를 믿는 종교로 예배 장소인 모스크가 있고 돼지고기와 술을 금기시한다. 여성들은 얼굴과 몸을 가리는 부르카, 히잡, 차도르 등을 입는다.
①, ②, ④는 힌두교에 대한 설명이다.

## 21 정답 ③

인간과 자연의 공존을 위한 관점으로 생태 중심주의가 있다. 자연 그 자체의 가치를 인정하고 무생물을 포함한 자연 자체를 도덕적 고려 대상으로 여기는 관점으로 ①, ②, ④가 해당한다.
③ 인간의 이익을 위해 자연을 훼손하는 것은 인간 중심주의 관점이다.

## 22 정답 ④

전 세계의 문화가 비슷해져 가는 현상을 문화의 획일화라고 한다. 이를 해결하기 위한 방안으로 자문화의 정체성을 유지하며 외래 문화를 능동적으로 수용해야 한다.

**오답피하기**

① 저출산은 초혼 연령 상승, 출산에 대한 가치관 변화 등의 원인으로 발생한다.
② 플랜테이션은 선진국의 자본과 기술, 원주민의 노동력을 바탕으로 열대 기후에서 이루어지는 농업 방식이다.
③ 다국적 기업은 이윤을 극대화하기 위해 본사, 연구소, 공장 등의 입지를 세계적인 범위에서 공간적 분업을 한다.

## 23 정답 ③

비정부 기구(NGO)는 지역, 국가, 국제적으로 조직된 자발적인 비영리 시민 단체로 국경 없는 의사회(MSF), 그린피스(Greenpeace), 국제 사면 위원회(AI)가 있다.
①, ②, ④는 국제 정부 기구이다.

## 24 정답 ②

정보화 사회란 과학 기술의 발달로 컴퓨터, 인터넷, 인공위성 등을 이용한 정보 수집이 가능해지고, 지식과 정보가 부의 원천이 되는 사회를 말한다.
정보화에 따른 문제점으로 인터넷 중독, 사이버 범죄, 사생활 침해, 정보 격차 등이 있다.
개인 정보 유출, CCTV의 발전으로 개인이 감시나 통제를 받을 수 있는 것은 사생활 침해에 해당한다.

**오답피하기**

① 환경 난민은 기후 변화 등 환경 파괴가 원인으로 생존을 위협받아 본래 있던 지역에서 이주한 사람들을 말한다.
③ 자원 민족주의는 천연자원을 소유한 국가가 자국의 이익을 위해 정치적으로 이용하는 현상이다.
④ 산아 제한 정책은 아이를 덜 낳도록 유도하는 것이다.

## 25 정답 ④

세계의 화석 에너지 사용량은 석유 > 석탄 > 천연가스 순이다.

**오답피하기**

① ㉠은 신생대 지층 배사 구조에 매장되어 있다.
② ㉠은 화석 연료로 탄소 등의 오염 물질이 배출된다.
③ 18세기 산업 혁명의 주요 동력원은 석탄이다.

EBS 교육방송교재

EBS 검정고시 방송교재 **저자직강**

**검스타트가**
**제일 잘 하는 것은**
**합격**
**입니다**

검스타트 www.gumstart.co.kr 1644-7590

**2025**

고졸 검정고시 **사회**

# 정답 및 해설

인터넷강의 검스타트 www.gumstart.co.kr

EBS 교육방송교재

# 고졸 검정고시

- 최신기출 완벽분석
- 시험에 꼭 나오는 핵심 이론 정리
- 적중률 높은 문제 구성

인터넷 강의
검스타트
www.gumstart.co.kr